W0407451

Martin Stade

Der junge Bach

Roman

Hoffmann und Campe

Für Dagmar

Mein Dank für besondere Hilfe und Unterstützung
während der Arbeit am Manuskript gilt vornehmlich
Herrn Klaus Kästner sowie Peter Unger und Peter Lang
in Arnstadt, Frau Hildegard Hartung in Haarhausen und
Marina Stade in Görlsdorf.
Besonderen Dank schulde ich Frau Ingeborg G. in Berlin.

Altrosenthal-Vorwerk, 31.12.1984
Martin Stade

CIP-Kurztitelaufnahme der Deutschen Bibliothek

Stade, Martin:
Der junge Bach: Roman / Martin Stade. –
1. Aufl. – Hamburg: Hoffmann und Campe, 1985.
ISBN 3-455-07383-2

Copyright © 1985 by Hoffmann und Campe Verlag, Hamburg
Schutzumschlaggestaltung Hannes Jähn
Gesetzt aus der Baskerville
Satz Bercker Graphischer Betrieb GmbH, Kevelaer
Druck und Bindung Ebner Ulm
Printed in Germany

Der Fuhrmann

Der Wagen fuhr unter dem hohen, blauen Himmel einem Horizont entgegen, der grau und dunstig war, mit vagen Umrissen nur, die zerflossen wie ferne Schatten.

Das Land zu beiden Seiten glitt träge vorüber, gelbe Getreidefelder wölbten sich und versanken. Staub wirbelte hoch und legte sich über verdorrtes Gras, um still auf Regen oder Wind zu warten.

Der Fuhrmann nahm die Zügel in die linke Hand, fuhr mit Daumen und Zeigefinger der rechten an die Nase und schneuzte sich kräftig. Bach sah ihn von der Seite her an und dachte: Er trompetet wie ein Kapelliste. Und weiter dachte er, als er die schleudernde Handbewegung und hernach das Abstreifen der Finger in der linken Achselhöhle am grauweißgestreiften Leinenkittel sah: Die Bauern sind grobe Klötze und benehmen sich alleweil wie die Säue, aber ehrlich sind sie und sagen, was sie meinen.

Und er sah, wie der Fuhrmann Weller noch einmal die Finger durch die spreckigte Achselhöhle zog, während über ihnen, in der blauen, flirrenden Luft, eine Lerche in den Vormittag sang, unermüdlich und im hohen Diskant, bis sie, wie von einer Kugel getroffen, plötzlich herabstürzte und auf dem Acker vor der Sonne Schutz suchte.

»Ich sag's Euch«, nahm der Fuhrmann das Gespräch wieder auf, »wie es mein dummer Bauernschädel erfaßt: Das Leben von unsereinem ist ein ewiges Stolpern von einem Jammertal ins andere. Anno vierundneunzig, vor neun Jahren, hab ich drei Kinder begraben. Der älteste Sohn war gerade sieben, und ich hatte ihn eben an Zügel und Peitsche gewöhnt, damit er mir zur Hand gehen konnte bei all der Mühsal. Im Winter fraßen wir alles Saatgetreide, und im März, grad zur Tag- und Nachtgleiche, starb das Jüngste, ein Mägdelein, Rosina mit Namen, das auch nur Lederriemen gekaut hatte wie die anderen. Ich dachte, daß einmal doch das Frühjahr kommen muß mit grünem Gras, doch der Winter war zäh und dauerhaft, und so saß das Elend immer noch am Tisch und glotzte solange in die Runde, bis es auch noch die beiden anderen auf den Jacobsfriedhof gescheucht hatte. Meine Frau war ebenso klapperdürr wie der Gaul, den ich dazumal besaß. Ein solches Leben, Herr Organiste, seht Ihr immer nur aus der Ferne, denn Euch – – – «

»Wie könnt Ihr das sagen?« Bach hatte sich jäh umgewandt und sah den Fuhrmann vorwurfsvoll an.

Weller schwang die Zügel, und in einer Wellenbewegung schlug das Leder aufs Hinterteil des Pferdes, das vor ihnen lief und den ächzenden Kastenwagen zog. »Der Gaul gehört vor den Kopf geschlagen.« Weller griff nach der Peitsche. »Je älter er wird, desto weniger zieht er. Jetzt schläft er schon an der Deichsel ein.« Und er schlug das Pferd, einen Rappen mit weißen Fesseln, zwischen die Ohren, daß es erschrocken den Kopf emporwarf und sogleich in eine schnellere Gangart verfiel.

»Was schlagt Ihr das Pferd?« Bach sah ihn noch immer an. »Ihr lebt doch von ihm, und da Ihr in Arnstadt ausspannt und über Nacht bleiben wollt, hat es keine Eile. Laßt ihn laufen, wie er will. Ihr werdet auch einmal älter und geht langsamer.«

Der Fuhrmann warf ihm einen schrägen Blick zu, war aber mitnichten beschämt, eher ein wenig erstaunt oder verwundert.

Bach forschte in diesem Blick, und zugleich fiel ihm ein, daß es gar nicht seine Worte und Gedanken waren, die er eben

geäußert hatte. Sein älterer Bruder hatte sie gebraucht, damals, als er ihn von Eisenach nach Ohrdruf holte und mit dem Fuhrmann schalt, weil der das Pferd schlug und gotteslästerlich fluchte dabei.
Er sagte sich: Jetzt wird der Weller denken, der junge Bach da, Organiste und Musikus, schmalen Gesichts, stolz und hoffärtig, will mir Lehren erteilen und weiß selber nichts vom Leben mit seinen achtzehn Jahren.
»Ihr habt mir noch immer nicht geantwortet.« Bach wandte den Blick nach vorn und sah über Pferd und Weg zum Horizont, wo schemenhaft, wie graublaue Schatten, Wälder und Berge emporstiegen und verschwammen in Dunst und Nebel. »Wie könnt Ihr sagen, daß ich das Elend nur aus der Ferne sehe?«
»Es kommt nicht bis zu Euch«, brummte der Fuhrmann und schlug noch einmal mit der Peitsche zu, diesmal auf die Hinterbacken des Pferdes, das einen jähen Satz machte und mit einem Fuß ans Ortscheid schlug. »Und so, Herr Organiste, wird es Euch immer fern bleiben. Ihr könnt, wenn Ihr einmal Frau und Kinder habt, Sorgen haben noch und noch, aber das Elend der armen Leute werdet Ihr nicht erleben.«
Bach sah noch immer zum Horizont, wo die Bläue des Himmels weißgrau und eins wurde mit Wald und Höhenzügen, und er sah, wie vor ihnen auf den Äckern die Luft flimmerte in der beginnenden Hitze dieses Augusttages. Was redet er, schoß es ihm durch den Kopf. Ist man schon ein anderer, abgesonderter Mensch, wenn man an der Orgel sitzt? Ist man getrennt vom Volk, oben vor dem Orgelprospekt und am Spieltisch? Und bei diesem Gedanken war ihm wirklich, als sei es so. Immer würde er getrennt sitzen vom Volk unten auf den Kirchenbänken, das mit offenen Mündern und gewendeten, emporgereckten Köpfen verwundert und erstaunt zum Spieltisch starren würde, ob da vielleicht ein Verrückter saß

oder ein Zauberer, der etwas tat, was niemals bisher ein anderer getan hatte. Es würde immer eine Kluft geben, die nicht er empfand und die ihm noch nie bewußt geworden war, die andere aber zu fühlen glaubten. Und warum diese Scheu hernach, die er in Weimar gespürt hatte? Warum ihm gegenüber diese Scheu, die er nicht wollte?
Er hob den Blick und sah wieder über das Land. Da war es ihm, als ob die Felder unbewegt und starr ihm zu Füßen lagen, nur mit der flimmernden Luft und dem müden Horizont, und das einzige, was sich bewegte, war der Wagen mit seiner kümmerlichen Habe auf dem Weg von Weimar nach Arnstadt, wo er offenbar tatsächlich gut traktiert wurde und das Elend nur aus der Ferne sah.
Dieser Fuhrmann und Bauer hatte so unrecht nicht. Aber daß er, Bach, das Elend nicht kennen sollte, darin hatte Weller unrecht. Er wandte sich um und blickte ihn an. »Ich will nichts gegen Euch sagen und ganz still sein, da Ihr der Ältere seid. Doch da Ihr vom Jahr vierundneunzig gesprochen habt, muß ich Euch sagen, daß mir damals, ich zählte neun Jahre, meine Mutter weggestorben ist. Im Jahr darauf war es der Vater. Was Ihr mir gesagt habt, kenne ich sehr gut. Bei jeder Leiche in diesen beiden Jahren habe ich im Chor gesungen, und es gab sie zur Genüge.«
Der Fuhrmann sah starr geradeaus. »Mag sein«, brummte er, »aber Euer Vater wird auch ein Organiste gewesen sein, und an Hunger ist er gewiß nicht gestorben.« Er hob die Peitsche aufs neue und schlug seitwärts, nicht aufs Pferd diesmal, sondern mit einem lauten, knallenden Schlag in die Luft, und Bach sah, wie ein Fetzen von der Schmitze, die am Lederriemen festgebunden war, hochgeschleudert wurde und langsam auf die vorübergleitende Erde sank.
»Die armen Kinderchen«, jetzt sah ihn Weller an, eindringlich und bedeutsam, »sie sterben weg, wie man sie in die

Welt setzt, ohne Schuld und Sünde. Ich hab seitdem keinen Sohn mehr gehabt.«

Und er sah den jungen Bach an, als sei Neid oder Haß in ihm, weil ein Achtzehnjähriger neben ihm saß, der das Schlimmste überstanden hatte und, wenn auch nicht mit Pferden, so doch mit einer Orgel umgehen konnte.

Bach mied seinen Blick und sah auf den schwankenden Widerrist des Pferdes. Es gibt etwas, dachte er, was ich nicht verstehe. Die Menschen sind voller Mitgefühl und voller Haß. Sie fühlen mit ihresgleichen, und sie sind voller Haß gegen das Fremde. Und manchmal auch hassen sie sich selbst. Ich hasse mich auch wegen meines Kleinmuts und wegen meiner Unzulänglichkeit. Manchmal weiß ich nicht, wer ich bin, und ich frage mich: Bist du das? Aber ich kann sitzen und spielen, und es fügt sich eins zum anderen, ohne daß ich's weiß. Also gibt es etwas in mir oder außer mir, was dieses Fügen bewirkt. Aber was es ist, weiß ich nicht. Ich sitze am Spieltisch, und es entsteht etwas von selbst. Bin ich das, oder ist es Gott? Ist Gott in mir, oder bin ich außer mir? Wie kann es sein, daß es am Ende zusammenpaßt? Und es paßt immer zusammen. Wie ist das möglich? Es kann doch nicht sein, daß ich es nur kann. Ich bin doch kein Besonderer. Und doch möchte ich es gern sein. Und manchmal weiß ich sogar, daß ich es bin. Als ob ich bestimmt wäre, es zu sein. Es ist vielleicht auch eine Last, die man dann zu tragen hat ein Leben lang. Da liegt mein Kram hinter mir, und ich gehe von einer Stadt in eine andere, und was am Ende herauskommt, weiß Gott allein.

»Aber ohne Sorgen lebt Ihr nicht!« Weller schnalzte mit der Zunge. Die Peitsche in seiner Rechten hing herunter und schwang mit dem Wagen auf und ab. »Da erzählte mir mein Barbier, der auch der Eure war und Euch spielen hörte, daß Ihr zeitweise abschweift und seltsame Kapriolen schlagt.«

»Der Christian Böckel? Sagt er das?«
»Ja, er sprach von seltsamen Kapriolen beim Orgelschlagen und von wunderlichen Tönen, als wäret ihr hin und wieder gar nicht bei der Sache.«
»Soll ich am Spieltsich sitzen wie alle anderen und wie von altersher?«
»Mir fiele es nicht ein, mein Pferd anders einzuspannen oder den Acker anders zu bestellen. Das Sicherste ist immer, das, was die Vorväter getan haben, auch weiterhin zu tun.«
Bach saß stumm auf dem harten Brett. Der Fuhrmann Weller starrte neben ihm verbissen in die Ferne. Vor ihnen erklangen die Hufschläge des Pferdes, und der Wagen, auf dem sie saßen, ächzte und knarrte auf dem zerfahrenen Weg.
Die Vorväter, dachte Bach, was waren ihm die Vorväter? Da war die Achtung vor dem, was sie getan hatten.
»Es ist nicht immer das Sicherste«, widersprach er dem Fuhrmann, »denkt an die Protestanten in Frankreich. Sie wollen am Glauben ihrer Väter festhalten. Von Paris kommt aber die Zeitung, daß man dreitausend Bauern auf die Galeeren geschafft hat und ihre Weiber gefangenhält.«
»Hab's gehört«, versetzte Weller und knallte erneut mit der Peitsche. »Und es ist trotzdem recht, daß sie an ihrem Glauben festhalten. In der Bibel heißt es: Ihr sollt nicht allein an ihn glauben, sondern auch um seinetwillen leiden.«
»Aber die dreitausend Bauern werden zu Tode geschunden. Wenn Ihr die Wahl hättet, an Eurem Glauben festzuhalten und deshalb zu sterben oder katholisch zu werden und darum zu leben, was würdet Ihr tun?«
Wieder warf ihm der Fuhrmann einen schrägen Blick zu, von dem Bach diesmal dachte, er enthielt einen Vorwurf.
»Was wollt Ihr von mir?« brummte Weller und sah wieder

geradeaus zum Horizont, wo sich verstreute Dörfer aus dem Dunst erhoben. Ihre Kirchtürme, spitze Wahrzeichen, stachen in die Bläue, als suchten sie etwas am Himmel, in dem nichts war als Luft und Leere. Und Bach schien es, als stellten auch sie Fragen, auf die nie eine Antwort erfolgte. »Was wollt Ihr?« wiederholte der Fuhrmann. »Wir Bauern sterben doch schon lange. Noch keine zweihundert Jahre ist es her, da prügelte und stach man uns zu Tode, und vor einem Menschenalter noch hat man unsereinen wie Vieh behandelt. Da hieß es:

Sobald ein Soldat wird geboren
Sind ihm drei Bauern auserkoren:
Der erste, der ihn ernährt,
Der zweite, der ihm ein schönes Weib beschert,
Der dritte, der für ihn zur Hölle fährt.

Bis heute hat sich nichts geändert, und es wird sich auch nichts ändern.«

»Ihr weicht aus.«

»Ich sag nur, wie es ist. Wenn man nichts hat als den Glauben, dann ist es so, wie es in der Bibel heißt: daß ihr durch den Glauben das Leben habet. Wird mir aber der Glaube genommen, so ist auch das Leben zum Teufel. Also wißt Ihr, was ich tun würde!«

»Aber der Glaube wird weniger. Oft ist ein Lärm in der Kirche, daß man sein eigenes Wort nicht versteht, geschweige denn das des Predigers. Ihr kennt sicher die Verordnung des herzoglichen Amts, in der die Rede davon ist, daß die Leute sich zu langsam zum Gottesdienst einfinden und ihn vor dem gesprochenen Segen wieder verlassen. Ich bin kaum mit dem Orgelspiel zu Ende, da sind sie schon alle wie die Schafe aus dem Pferch gelaufen. Ihr mögt eine rühmliche Ausnahme sein, aber die Mehrheit hat, wie mir scheint, keinen rechten Glauben mehr.«

»Sie kommen nicht schnell genug ins Wirtshaus. Aber Ihr seid mit schuld daran, wenn Ihr spielt, daß es keiner versteht. Ein Krug Bier, Herr Organiste, ist viel handlicher und schmeckt besser als Euer unverständiges Orgelspiel, das voller Neuerungen ist. Es ist ja kaum etwas zu begreifen, wenn die Töne auseinanderfallen und nichts miteinander zu tun haben.«

Auf dem schmalen, gelben Getreidefeld rechter Hand sah Bach drei Personen, vielleicht zehn Klafter von ihm entfernt. Der Bauer ganz vorn im weißen Kittel schwang unablässig Oberkörper und Hände mit der Sense zum Weg hin, fünf Schritte hinter ihm stand ein halbwüchsiger Bursche mit einem Streifen Stroh unterm Arm und drehte Seile, und hinter jenem, wieder fünf Schritte zurück, bückte sich eine Frau und rappte mit der Sichel die geschnittenen Halme zu Garben zusammen. Ihre weißblaue Haube fuhr auf und nieder, und auf ihrer Sichel blinkten die Sonnenstrahlen. Er sah den zusammengerafften Rock der Frau und den kniehohen, kümmerlichen Hafer, und ihm war, als dringe der Schweißgeruch aller drei Menschen bis zum Weg und bis zum Wagen hin, auf dem sie fuhren und Staub aufwirbelten.

Und Bach glaubte sich zurückversetzt nach Ohrdruf, wo er als Elf- oder Zwölfjähriger ebenso auf dem Feld seines Bruders gestanden hatte, es lag nach dem Tambuch zu, und er stand damals und drehte ebenso Strohseile, die ihm die Achselhöhle wundgescheuert hatten, und er sah sich, wie er stand und in die Luft sah, die erfüllt war von vielerlei Geräuschen, die glänzenden Blätter der nahen Pappeln wisperten im Wind, er hörte das Zischen der Sensen und das Schaben der Wetzsteine und dumpfes Poltern manchmal, wenn sie in die Ochsenhörner fielen, wo das Wasser schwappte und die Rücken der Bauern benäßte. Und wie immer verband sich diese Erinnerung mit der Melodie, die seine

Schwägerin vor sich hinsummte damals, manchmal sang sie halblaut unter dem heftigen Auf und Ab der Sichel, und er hatte sich gewundert, daß sie so fröhlich war trotz aller Arbeit:

Der Müller in die Mühlen trat,
Er wünscht den Säcken einen guten Tag.
Er tät die Lauten schlagen,
Und welcher Sack nit tanzen will,
Den nimmt er bei dem Kragen.

Und unter dem Müller stellte er sich Veit Bach vor, den Vorfahr, von dem ihm sein Vater erzählt hatte, der im nahen Wechmar – er sah ihn leibhaftig vor Augen – in seiner Mühle stand und zum Rumpeln des Wasserrades die Laute spielte und darauf wartete, daß die Säcke zu tanzen anfingen. Das Rumpeln war der Orgelpunkt, ein immerwährender, unendlicher Baßton, der gratis von der Natur geliefert wurde und das Gebälk der Mühle erschütterte, und vielleicht sogar die Säcke zum Schwanken brachte. Er wußte es noch, als sei es gestern gewesen. Die Schwägerin sang und er stand, die Achselhöhle brannte, ohne daß er es noch spürte, der Strohwisch zielte auf den Rücken des Bruders, der die Sense schwang, während der Orgelpunkt dröhnte und die Säcke tanzten, Veit Bach, sein Vorfahr, hielt das Instrument, seine Zipfelmütze, weiß und voller Staub und umfänglich, hing herab und baumelte im Takt der Musik, und er, Bach, wurde urplötzlich durch eine gewaltige Schelle auf das Kornfeld zurückversetzt.

Er starrte den Bruder an, ohne Verstand und mit brennendem Gesicht, jener aber, mit unbewegter Miene, zog den Wetzstein hinterm Rücken aus dem Horn und begann die Sense zu schärfen.

Da war er wieder der Halbwüchsige wie zuvor, die Hitze flirrte zwischen den Halmen, und die Pappelblätter wisper-

ten in dem leisen Wind, der von den Bergen kam und sachte über den Hang strich. Weit weg war Veit Bach aus Wechmar mitsamt der Mühle und dem Orgelpunkt, und er bückte sich und legte fein säuberlich das Strohseil auf die Stoppeln, die in die wunden Füße stachen, und griff erneut nach den Halmen, um das nächste Seil zu drehen.
Der Junge, zehn Klafter von ihm entfernt, bückte sich auch, sein wirrer Haarschopf fiel herab und war ebenso gelb wie Halme und Ähren, und im Aufrichten wandte er sich um und sah zum Wagen des Fuhrmanns Weller hin, Bach sah die Augen im sonnenverbrannten, schmutzigen Gesicht und dachte: Ob er wohl auch träumt oder etwas sieht und hört, was es nicht gibt?
Auch der Bauer im weißen Kittel richtete sich auf, nahm die Sense hoch, stützte sich auf sie und sah zum Weg. Weller hob die Peitsche zu einer Geste der Begrüßung, und der Bauer machte eine müde Bewegung mit der linken Hand bis zur Höhe des Kopfes. Weller aber sah schon mit prüfendem Blick auf den Bauernwagen am Wegrain und auf den Ochsen, der ein Stück weiter im Gras lag und wiederkäute.
»Mich wundert«, sagte er, »daß die hiesigen Bauern soviel Ochsen haben. Ich sah noch kein Pferd, seit wir die Landesgrenze passierten. Unsere Obrigkeit ließe das nicht zu.«
»Als ich in Ohrdruf war bei meinem Bruder, gab es fortwährend Händel mit dem herzoglichen Amt. Es drang darauf, daß die Bauern Pferde hielten wegen des Vorspanns, die Bauern aber spannten Ochsen an und redeten sich heraus.«
»Wenn ich nur meinen Acker hätte, würde ich beide Pferde verkaufen. Ein Ochse nämlich, der wächst ins Geld. Pferde hingegen bringt man am Ende zum Schinder für nichts und wieder nichts. Und wenn man welche hat, muß man immerfort Dienste leisten, daß einem zuletzt die Zunge zum Halse heraushängt.«

»Vielleicht kann der Arnstädter Graf darauf verzichten.«
»Er wird seine Untertanen auf eine andere Art schröpfen. Das gibt es nicht, daß die Herrschaft vergißt, ihren Anteil einzutreiben.«
»Glauben kann ich es auch nicht, das ist wahr. Aber, um auf die Musik zurückzukommen, was wollt Ihr denn für ein Orgelspiel? Der Barbier hat mit keinem Wort von Kapriolen geschwatzt, als ich auf dem Stuhl saß. Immer nur war die Rede vom Wetter und von den schlechten Zeiten.«
»Da könnt Ihr sehn, Herr Organiste, wie die Barbierer einem nach dem Barte reden. Sie wollen ihre Kundschaft an sich binden und kriegen mit der Zeit von den Kratzfüßen, die sie immerfort machen, ein ganz krummes Kreuz. Der Christian Böckel sieht schon aus wie ein Fleischerhaken.«
»Das stimmt. In Eisenach, als ich noch ein Kind war, da hatten wir einen, der lief so gebückt, daß er dauernd auf seine Schürze trat und in den Straßenkot fiel. Da lag er dann und hielt sein silbernes Becken hoch, daß es nicht beschmutzt wurde. Ich weiß noch, daß wir hinterherliefen und ihm zum Spott ein Lied sangen.«
»Das war unrecht, Herr Organiste. Aber es ist schon wahr, wer den Buckel hat, der braucht für den Spott nicht zu sorgen. Was habt Ihr für ein Lied gesungen?«
Bach versuchte sich zu erinnern. Er sah nach vorn, wo der Weg stetig anstieg und wo auf der Höhe ein einzelner, großer Baum stand, der sich abhob vor dem gleißenden Himmel und dessen Zweige und Blätter sich unmerklich und träge bewegten.
»Es liegt mir auf der Zunge. Der Barbier, nein, der Bader, der Bader – – –. Jetzt hab ich's:

Der Bader durch die Gassen geht
mit Becken, Scher' und Messer.
Und wenn der Wind ein bißgen weht,

so wird er blaß und blässer.
Fällt endlich in den Kot hinein.
Sieht aus wie Nachbars schwarzes Schwein.«

»Das war unrecht, Herr Organiste. Aber so sind die Kinder. Sie wissen nicht, was Recht und was Unrecht ist.«

Bach dachte daran, daß nach solchen Späßen, wenn er wieder für sich war und ohne die anderen, ein ungutes Gefühl in ihm hochgestiegen war, als nage ein Wurm an seinem Herzen. Und er sagte, indem er nach wie vor zu dem Baum sah, der immer größer wurde, je näher sie kamen und jetzt vor der Sonne stand, so daß seine Umrisse wie poliertes Zinn glänzten: »Nein, das glaube ich nicht. Vielleicht sind die Kinder die einzigen, die Recht und Unrecht unterscheiden. Im Augenblick des Schabernacks und der Quälerei gewiß nicht, das gebe ich zu, aber danach, wer weiß, was danach kommt.«

Das Pferd lief langsamer, da der Weg jetzt stärker anstieg. Weller hob die Peitsche und schlug wiederum seitwärts, zum Wegrain hin, wo Brombeeren und Hundsrosen wucherten.

Bach wandte den Kopf, sah das Gesicht des Fuhrmanns im Profil und glaubte zu sehen, wie er es ein wenig verzog, ungläubig oder zweiflerisch, besserwisserisch auch, und Bach dachte: Die Älteren denken immer, daß sie mehr wissen als die Jüngeren, als hätten sie, nur weil sie ihre vielen Jahre mit sich herumschleppen, die Weisheit mit Löffeln gefressen.

Und er fragte hartnäckig: »Was wollt Ihr denn nun für eine Orgelmusik, wenn Euch die gegenwärtige nicht gefällt?«

»Ihr laßt nicht locker, weiß Gott. Ich will eine Musik, Herr Organiste, die ein jeder versteht und an der er sich das Herz erwärmen kann. Wenn der Mensch gebückt und gedrückt gehen muß, dann soll er davon aufgerichtet werden, damit er wieder Augen und Ohren gebrauchen kann, so eine Musik will ich. Ihr könnt nicht vor der Orgel sitzen und nur zu Eurem Vergnügen spielen und Euch selbst etwas vorphantasieren. Die Musik ist doch nicht für Euch, sondern für die Menschen auf den Kirchenbänken unten. Wenn Ihr allein seid in der Kirche, Herr Organiste, dann könnt Ihr tirilieren, wie Ihr wollt, aber beim Gottesdienst, da müßt Ihr an die anderen denken.«

Und Weller schwang die Peitsche und brachte ein helles Knallen hervor, gerade über den Ohren des Pferdes, das den Kopf emporwarf und sich stärker ins Geschirr legte. »Eure Kisten und Truhen sind doch schwerer, als ich dachte. Der Gaul hat zu tun, daß er den Hang hinaufkommt. Ich hätte alle beide anspannen sollen.«

Der Weller, dachte Bach, ist ein Fuchs. Nicht nur, daß er etwas von Musik versteht, er ist auch auf dem besten Wege, mehr Fuhrlohn zu fordern. »So soll ich nach Eurer Meinung eine Musik wie jeder andere machen, nur, damit sie alle verstehen, vielleicht sogar so eine, wie sie auf Hochzeiten und von Bierfiedlern gespielt wird.«

»Ihr versteht mich falsch. Ihr sollt nicht spielen wie bei einer Hochzeit, aber ein wenig davon muß zu finden sein in Eurem Orgelspiel. Der Gottesdienst ist nicht nur eine ernste Sache.«

Links wuchs der Baum empor, eine uralte Linde. Der Stamm war schon geborsten. Sein Inneres war zu sehen, braunes, faulendes Holz, eine klaffende Wunde, vom Blitz vielleicht oder vom Alter. Der Schatten des Baumes legte sich auf Pferd und Wagen, und sie fuhren durch die plötzliche Kühle, die erfüllt war vom Summen der Insekten und vom Duft, den die Linde verströmte und der von einem schwachen Luftzug zu den Äckern rechter Hand getragen wurde.

Bach hörte das leise Rascheln der Blätter und dazwischen das Knarren des Kastenwagens. Ein Bussard schrie über ihnen, und als der Schatten des Baumes hinter ihnen versank, sah Bach den Vogel über sich, wie er leicht und frei von allem, was unter ihm war, vor dem blauen Himmel Kreise zog und dabei seinen durchdringenden Schrei ausstieß, als wollte er sagen, daß er alles erreicht und überwunden hätte.
Bach sah nach vorn über den Weg, der jetzt wieder abfiel und den Blick freigab auf das Land unter dem weiten Himmel. Vor ihnen, etwa eine Viertelmeile entfernt, lag ein Dorf, durch das sie fahren mußten. Er sah den Weg, der aus dem Dorf herausführte und nach einer weiteren Viertel Meile in Arnstadt enden mußte, denn die Türme der Stadt waren zu sehen, links davon das grüne Geratal, das sich in den Bergen zum Thüringerwaldgebirge hin verlor, wo alles in grauem Dunst verschwamm. Über den Türmen und weit hinter ihnen erhob sich die Wachsenburg, der Berg selbst kahl von halber Höhe an und die Gemäuer grau und klein unter der Bläue. Noch weiter weg lagen die Ruinen der beiden anderen Burgen, die in grauweißer Luft schwammen wie die weit entfernten Schiffe auf dem Wasser, die er vom Hamburger Hafen aus gesehen hatte.
Unzählige Male hatte dieses Land von der anderen Seite her vor ihm gelegen, vom Tambuch aus, als er noch in Ohrdruf war. In seinen Träumen auch, als er in Lüneburg die Schule besuchte und nur kümmerliche Hügel vorfand, ein flaches Land, wo die Lüneburger Heide aus der Ferne gesehn wie ein blauer Streif am Horizont sich nicht erhob, sondern geduckt durch die Ebene kroch. Und in seinen Träumen, als ob sie ihm fehlten, sah er die Berge und Wälder von Thüringen, wie sie sich hinabsenkten in die Gothaische Ebene, wo er zu Hause war. Manchmal sehnte er sich heftig nach diesem Zuhause, in dem sogar die Bauern fiedel-

ten und tanzten und darüber vergaßen, ihre Ochsen und Kühe zu füttern.
Hin und wieder schien es ihm geradezu, als bestehe dieses Land selbst aus Musik, als brächte es durch die Vielfalt seiner Formen Töne und Melodien hervor auf Kirmesfesten und Hochzeiten und Kindstaufen von einer ganz eigenen Art und Weise.
Was Weller meinte, verstand er wohl. Die Kirchgänger wollten erinnert werden an Bekanntes, an Althergebrachtes und Gewohntes. Sie wollten etwas wiederfinden im Orgelspiel. Jeder Mensch, dachte er, will in der Gegenwart etwas aus der Vergangenheit entdecken, und wenn er es gefunden hat, vermeint er, mit dem Gegenwärtigen besser leben zu können. Er wandte sich an den Fuhrmann: »Vielleicht habt Ihr recht, doch der Glaube, von dem wir gesprochen haben, hat aus anderen Gründen abgenommen. Die Musik hat keine Schuld daran!«
Weller lächelte verstohlen und zog die Zügel ein wenig an.
»Ich meinte es nicht im Ernst. Freilich, es ist schon schlimm, was alles geschieht. Da muß man denken, daß der Glaube abnimmt. Die Sache vor acht Tagen, als im Feld von Wolteroda die zwei Bauernsöhne den Schafsknecht erschlugen. Mit einem Pflugschar auch noch. Da ist mir ganz grausig geworden. Als gelte das Leben gar nichts mehr. Und alles nur, weil sie einen Streit hatten.«
»Hat man die beiden ertappt?«
»Noch nicht. Es sind ja junge Burschen von zwanzig oder zweiundzwanzig Jahren. Sind längst aus dem Weimarischen heraus.«
»Aber der Steckbrief soll in den anderen Ämtern auch publiziert worden sein.«
»Was nützt das? Selbst wenn von schwarzen und von gelbli-

chen Haaren, von einem pockennarbigen Gesicht und von Leinenstrümpfen geschrieben wird. Wie viele gibt es, die Pockennarben haben und leinene Strümpfe oder graue Bauernröcke tragen! Sie fliehen hinweg, stehlen andere Kleider und lassen sich irgendwo anwerben. Die Offiziere fragen nicht.«

»Dieser Mord war eine Ausnahme. So oft . . .«

Weller unterbrach ihn: »Aber Herr Organiste, im letzten Jahr hat es mehrere solche Fälle gegeben, nicht zu reden von Ehebruch und Hurerei. Wieviel Weiber allein aus Weimar sind mit Staupschlägen bestraft und des Landes verwiesen worden. In den Dörfern ist es nicht anders. Vom Diebstahl wollen wir nicht reden, der ist gang und gäbe. Sogar die Schloßbedienten stehlen wie die Raben.«

»Und früher war es nicht so?«

»In meiner Jugend, jetzt zähl ich fünfzig Jahre und bin ein alter Mann, gab es das alles auch, aber es war nicht so zahlreich.«

»Und warum ist es jetzt anders?«

»Weil der Glaube abgenommen hat! Als ich Kind war, waren die Menschen gottesfürchtiger.«

»Aber warum hat er abgenommen? Mir scheint auch, als ob es vor zehn Jahren noch anders gewesen wäre.«

»Das will ich Euch sagen. Es ist etwas geschehn. Heutzutage ist es soweit gekommen, daß alles dividiert und erklärt wird. Es gibt nichts, was die Professoren und die Doktoren nicht des langen und des breiten sezieren. Sie werden es noch unternehmen zu sagen, wo unser aller Gott wohnt und was er den ganzen Tag über tut. Die Welt, in der wir unsere Notdurft suchen, ist nicht mehr in der Mitte. Sie ist wer weiß wo. Keiner weiß mehr, wo sie ist. Sie sagen, daß sie sich um die Sonne bewegt und daß die Sonne in der Mitte ist. Wie kann es sein, daß es heute so ist und morgen anders?

Vor drei Jahren hat man sogar die Zeit geändert. Da folgte mit einem Mal auf den achtzehnten Februar der erste März. Ich weiß noch, wie es im Dezember schon von den Kanzeln verkündet wurde. Auch noch von unseren Kanzeln, obwohl es doch eine katholische Erfindung war. Da fing das neue Jahrhundert gut an. Wie kann der Mensch die Zeit ändern, wenn sie von Gott gegeben ist, und wie kann der Mensch bestimmen, daß die Erde um die Sonne läuft, wo ein jeder sieht, daß Gott es anders eingerichtet hat? Und wenn der Mensch alles ändert und ein jedes Kind sieht, daß er es tut, warum soll dann der Glaube Bestand haben? An einem zweifeln, heißt an allem zweifeln!«

»Ich muß Euch sagen, daß es schon seine Richtigkeit hatte mit der Zeit. Sie ist uns von Gott gegeben, und an ihr ist auch nichts geändert worden, weil dies nicht möglich ist. Die Unterteilung der Zeit, die der Mensch vorgenommen hatte, entsprach nicht mehr der Zeit, die uns von Gott gegeben ist.«

»Das verstehe, wer will, Herr Organiste. Ich weiß nur, daß die Kirchgänger ganz konfus wurden und daß niemand etwas verstand.«

Weller reckte den Oberkörper und hob die Peitsche. Das Pferd zog stärker, er ließ sie wieder sinken und fuhr fort: »Ich will Euch noch was sagen: Unsre Obrigkeit will leben wie Gott in Frankreich. Sie äfft dem französischen Ludwig nach und sucht Händel mit dem Nachbarn. Was rauft sich der Herzog fortwährend mit dem Eisenacher und mit dem Grafen von Schwarzburg-Arnstadt? Streit und Händel um Land und Leute und Geld. Alles wider die christlichen Gebote. Laß dich nicht gelüsten deines Nächsten Haus, so heißt es im neunten Gebot.

Es ist soweit gekommen, daß im Volk das alte Lied gesungen wird:

Thüringerland, du gibst uns des Weizen und des Weines viel
du könntst einen Landesherrn wohl ernähren
und bist ein Ländlein also kleine.
Aber wo der Geier uffn Gatter sitzt
da gedeihn die Küchlein selten.
Es dünkt mich ein seltsam Narrenspiel
welcher Herr seinen Räten gehorcht so viel
muß manch armer Mann entgelten.

Und wenn die Obrigkeit Händel sucht und Lust bekommt auf die Güter des Nachbarn, so wird der arme Mann auch so leben wollen. Er wird die Religion in den Wind schlagen, er wird die Zehn Gebote mißachten und statt dessen hinter Geld und Gütern hersein und versuchen, dies alles dem Nachbarn abzuluchsen. Wißt Ihr, was mich wundert? Mich wundert, daß der Herzog Euch zu dem Arnstädter Grafen gehen läßt, da er doch mit ihm in Unfrieden lebt.«

»Als ich zur Jahreswende angestellt wurde, hab ich's mir ausbedungen und gesagt, daß in Arnstadt bald ein Organiste gebraucht wird.«

»Trotzdem wundert's mich, denn was der Herzog einmal hat, das läßt er nicht mehr los.«

Der Weg stieg wieder ein wenig an kurz vor dem Dorf. Bach sah die strohgedeckten Dächer und den niedrigen Turm der Kirche, die mit roten Ziegeln gedeckt war. Der Turm aber war mit Schiefer beschlagen.

»Und wißt Ihr was, Herr Organiste? Ich wußte es schon im Juli, daß Ihr weggehen wolltet aus Weimar. Als ich Euch vor vier Wochen nach Arnstadt zur Orgelprüfung fuhr und Euch sah am Spieltisch und hernach, wie Ihr mit den Amtspersonen schwatztet, da schwante mir, daß Ihr mit Force an diese Orgel und an diese Kirche wollt. Die Violine spielen ist Eure Profession nicht, aber wenn Ihr an der Orgel sitzt, dann muß man denken, daß Ihr hineinkriechen wollt, so sieht es aus. Und wenn Ihr noch etwas älter seid und gescheiter und verständiger spielt als bisher, so wird gewiß ein guter Organiste aus Euch.«

Bach sah noch immer auf den Turm der Kirche, wo der grau-glänzende Schiefer sich abhob von den roten Ziegeln und wo der Knauf der Turmspitze in der Sonne glänzte. Er lächelte bei den letzten Worten des Fuhrmanns. »Ich dank Euch dafür, Herr Georg Christoph Weller, daß Ihr mir Mut macht für meine Profession. Was Ihr gesagt habt von der Erde und der Sonne, so bin ich freilich nicht Eurer Meinung, doch das mit den Professoren und Doktoren ist weiß Gott wahr. Sie kehren das Unterste zu oberst. Das, was ein Geheimnis bleiben soll, zerren sie ans Licht und glauben, daß sie es der staunenden Welt offenbaren müssen. Zumeist ist es aber unnützer Firlefanz und reine Dummheit. Das andere, was Ihr sagt, das von der Obrigkeit, das ist auch wahr. Manche geben ein böses Beispiel, aber andere Fürsten wiederum leben wie die Heiligen und sind ebenso bescheiden.«

Weller lachte, verstummte aber gleich wieder, verzog das Gesicht und sah verbissen über Deichsel und Pferd auf das Dorf, das vor ihnen lag. »Eine solche Obrigkeit müßt Ihr mir zeigen«, sagte er, »eine jede nämlich muß den Geboten zuwiderhandeln, sie müßte denn aus ihrer Haut heraus. Aber das kann sie niemals.«

»In Gotha gab es den Herzog Ernst, der ein gutes Regiment führte sein Leben lang. Bei den Bauern ist er in guter Erinnerung. Als ich in Ohrdruf war, wurde oft von ihm gesprochen, und sogar in Lüneburg, wo ich die Schule besuchte, sagte man, daß die Bauern in Herzog Ernsts Landen gelehrter wären als die Edelleute in ganz Deutschland. Das kam davon, daß die Kinder mit fünf Jahren anfingen, die Schule zu besuchen, wo sogar die Tonkunst gelehrt wurde. Ich habe das Buch gelesen, was er verfassen ließ für die Kinder auf dem Dorfe, der ›kurze Unterricht‹ geheißen. Es ist vorzüglich, und Ihr könnt darin die Grundbegriffe der Physik und der Mathematik finden.«

»Das mag schon sein, Herr Organiste, aber was hat die Welt davon, wenn die Bauern gescheiter sind als die Edelleute? Der Glaube wird zerstört, das hat die Welt davon. Und das gute Regiment des gothaischen Herzogs ist längst vorbei. Als wir im Juli in Arnstadt waren, saßen Bauern aus dem Amt Ichtershausen an meinem Tisch. Die hättet Ihr hören sollen, wie sie auf ihren jetzigen Herzog fluchten. Er ließe ihnen keinerlei Freiheit, sagten sie. Sogar die Viktualien, ob Eier oder Fleisch oder Hühner, müßten sie heimlich nach Arnstadt schaffen zum Verkauf. Es sei alles verboten, was ihnen aufhülfe, und alles wäre reglementiert, vom Kehren der Essen bis zum Schweineschneiden. Sie jammerten, daß es einen Stein erbarmt hätte.«

Ach Gott, dachte Bach, das hat man davon, wenn man sich auf eine Disputation einläßt. Der Weller hat auf jeden Einwand eine Antwort. Ich ziehe immer den kürzeren.

Der Ochse von Dornheim

Er sah nach vorn und erblickte am Eingang des Dorfes einen zerbrochenen Schlagbaum, an dem sich drei Männer zu schaffen machten. Rechts und links von ihm zog sich eine dichte Dornenhecke um das Dorf. Es trägt seinen Namen Dornheim mit Recht, dachte Bach. Eine solch undurchdringliche Hecke findet man selten als Einfriedung und Schutz.

Sie fuhren heran und an den Bauern vorbei, Weller hob die Peitsche und grüßte, aber da schrie einer von den dreien und zeigte auf das rechte Hinterrad des Wagens. Der Fuhrmann zog die Zügel an, wandte den Oberkörper und sah nach hinten. Er begann zu fluchen und stieg hastig vom Wagen. Bach erhob sich gleichfalls, sprang auf den Weg und sah, daß sich der eiserne Reif am Hinterrad gelöst hatte und im Begriff war, vom Radkranz zu fallen.

»Der Wagner«, schrie Weller, »ist ein Hundsfott, daß er mir vergangene Woche eine solch üble Arbeit verkauft hat.«

Er stand vor dem Rad und sah voller Zorn auf den eisernen Reifen. Die drei Bauern kamen heran und besahen sich den Schaden. Einer von ihnen, er war von kurzer Statur und trug einen braunen Rock mit Messingknöpfen, schob den Reif auf den Holzkranz und meinte: »Wenn Ihr nach Arnstadt wollt, müßt Ihr das Rad vorher instandsetzen lassen, Ihr fahrt es sonst noch ganz zuschanden.«

»Zum Teufel«, schrie Weller, »das seh ich auch, daß ich so nicht weiterfahren kann. Ich dreh dem Galgenstrick von Wagner den Hals um, wenn ich wieder in Weimar bin. Das Geld steckt er ein und liefert eine solch schandbare Arbeit. Dabei hat er getan, als hielte es hundert Jahre.«

Einer der Bauern sah sich die Speichen und den Kranz an. »Das ist das Holz, was er nahm, es hat nicht lange genug gelegen.«
»Wie kommen wir jetzt weiter?« fragte Bach und trat einen Schritt näher. »Ich muß am Nachmittag auf dem Konsistorium sein wegen der Bestallung.«
Weller sah voller Ärger auf das Rad und schwieg. Die drei Bauern hingegen sahen Bach an und musterten ihn von oben bis unten. Der mit den Messingknöpfen fragte: »Ist das Euer Sohn?«
Der Fuhrmann winkte ab. »Was soll ich mit einem Sohn, der aufs Konsistorium müßte? Nein, es ist der Organiste der Neuen Kirch. Ein Bach, wenn Ihr es genau wissen wollt.«
»Noch ein Bach? Es gibt ja schon genug davon in der Stadt. Sie sitzen an allen Ecken und Enden.«
Bach sah auf die blitzenden Messingknöpfe und dachte: Was hat er gegen die Bache? Es scheint kein Bauer zu sein.
Der Mann im braunen Rock trat heran und reichte ihm die Hand. »Ich bin Joachim Nicol Pausner, der Schulze von Dornheim. Nichts gegen die Bache, Herr Organiste, es sind alles ehrliche Musikanten, die etwas können. Wenn es nicht anders geht, will ich Euch gern mit meinem Wagen in die Stadt fahren.«
»Habt Ihr einen Schmied, der uns helfen könnte?« mischte sich Weller ins Gespräch.
»Eine halbe Stunde zu Fuß, Herr Organiste, und Ihr seid auf dem gräflichen Amt.« Einer der beiden anderen Bauern, eben jener, der von dem Holz gesprochen hatte, wandte sich an Bach. Er hielt ein Beil in der einen Hand und in der anderen einige Nägel.
»Den Schmied«, sagte der dritte, er trug gelbe, lederne Hosen und weißwollene Strümpfe, »könnt Ihr gleich neben der

Schenke finden.« Er sah Weller an und fuhr fort: »Er wird Euch sicher weiterhelfen.«
Weller begann wieder zu fluchen. »Eh ich dort bin, ist der Reif ab und das Rad zerbrochen.«
»Man muß ihn derweilen mit Draht festbinden«, sagte der Schulze, »wir haben da ein Stück liegen.«
Einer der beiden anderen ging zum Schlagbaum und kam mit Draht und einer Zange zurück. Weller machte sich daran, den Reifen festzubinden. Der Schulze aber sagte zu dem ersten Bauern, daß er wohl nicht gescheit sei. Man dürfe einen Organisten nicht zu Fuß gehen lassen. Es gehöre sich, daß er mit dem Wagen vorfahre, wenn er zum Konsistorium wolle.
Und er lud Bach ein, da es Mittag war, in der Dorfschenke etwas zu sich zu nehmen. Es sei ihm eine Ehre, wenn ein Bach in seinem Dorf wäre.
Bach sah zu dem schiefergedeckten Turm der Kirche. »Habt Ihr eine Orgel in Eurem Gotteshaus, Herr Schultheiß?«
»Eine Orgel? Freilich haben wir eine Orgel, aber sie ist schon etwas alt und schwach.«
»Das macht nichts. So will ich zum Pfarrer gehn und ihn fragen, ob man ein wenig spielen kann.«
»Unser Pfarr«, meinte Vogler und kratzte sich verlegen am Kopf, »ist auch schon etwas alt und schwach, ich weiß nicht, ob er Euch versteht. Ihr könnt es versuchen. Ich werde Euch begleiten.«
Er wies die beiden Bauern an, den Schlagbaum fertigzurichten, und lief mit Bach zum Pfarrhaus, das vor der Kirche stand. Sie standen schließlich im Flur des Hauses, der Schulze rief nach dem Geistlichen, der endlich aus einer der Türen trat, die vom Flur aus ins Haus führten. Er war eingehüllt in einen uralten, zerschlissenen Schlafrock und schlurfte in Pantoffeln auf sie zu, griesgrämig, wie es schien, und

unwillig wegen der Störung. Sein Haar war grau und wirr, es stand stracks vom Kopfe ab, als wollte es davonfliegen.
»Wen bringt Ihr mir da in aller Frühe?« schrie er den Schulze an und musterte Bach mit feindseligem Blick.
»Es ist Mittag, Herr Pfarrer«, schrie der Schulze ebenso zurück. Der Alte war offenbar schwerhörig. »Ich bring Euch einen Organiste, er ist auf der Durchreise nach Arnstadt und will einmal die Orgel probieren. Es ist ein Bach.«
Der Ausdruck im Gesicht des Pfarrers wurde noch grämlicher. »Ein Bach«, schrie er, »wieder so ein Streithammel. Es gibt doch schon genug davon. Was will er in der Stadt?«
»Er will zum Konsistorium. Hat dort Geschäfte.«
»Das kenn ich. Sie drängen sich überall hin und fangen Händel an. Ich kannte einen Bach. Er ist wohl schon tot. Wie hieß er doch gleich? Hans Toffel hieß er. Ein Schelm und Spitzbube. Hat sich zeitlebens herumgestritten. Der Toffel war so ein Untersetzter mit rundem Kopf. Ich weiß es noch wie heute. Es ist zwanzig Jahre her, da war ich auf der Hochzeit des Michael Herzer, und ein Schneidermeister, Bieler hieß er wohl, trat, als er trunken war, mit einem Fuß in Toffels Baßgeige und schleppte sie über den Tanzboden. Da hättet Ihr Hans Toffel sehen sollen. Er riß sie ihm vom Fuß und schlug damit auf ihn ein, daß endlich der Kopf des Schneidermeisters durch die Baßgeige sah und er blutete wie ein Schwein. Der Toffel hatte sich auch besoffen und fing zuletzt an zu flennen wegen seines Instruments.«
»Das war mein Onkel«, sagte Bach mit ruhiger Stimme.
»Was sagt Ihr?« schrie der Pfarrer.
»Es war mein Onkel!« brüllte Bach. »Er war im Recht. Es gab einen Prozeß, den er gewann. Der Bieler mußte sechs Taler zahlen für die Baßgeige.«
»Ja, er konnte Prozesse führen, der Toffel. Das konnte er, der Streithammel, der er war. Euer Onkel war es?«

»Ja, mein seliger Vater und er waren Zwillingsbrüder.«
»Was Ihr nicht sagt! Nun, dann will ich Euch verstatten, ein wenig auf der Orgel zu spielen. Sein Handwerk verstand er, der Toffel, nur streiten mußte er immerzu.«
Und während sie aus dem Haus gingen, um beim Küster den Schlüssel zur Kirche zu holen, schrie der Pfarrer hinterher: »Was wollt Ihr denn auf dem Konsistorium?«
Sie blieben stehen, der Schulze wandte sich um, ging einige Schritte auf das Haus zu und schrie ebenso laut zurück: »Er soll Organiste werden bei der Neuen Kirch!«
»Auch das noch«, schallte es aus dem Flur, »da hatte ich vor vielen Jahren das Predigeramt. Man hat mich hinausgeekelt und in dieses gottverlassene Nest geschickt wie Hiob in die Wüste. Wenn es so ist, dann soll er sich aus allem heraushalten und nur die Orgel schlagen, da er mir ganz danach aussieht, als wäre er auch so ein Bachscher Streithammel.«
Der Schulze kam zurück, sah Bach an und sagte: »Hört Ihr, was er von Euch hält?«
»Er schreit ja laut genug. Brüllt er in der Kirche ebenso?«
»Wie ein Ochse brüllt er, unser Magister Gottfried Tentzel. Er eifert seit vier Jahren von der Kanzel herab und zieht dermaßen über die Laster der Leute her, daß ihnen angst und bange wird. Aber geholfen hat es bisher nicht.«
»Wie kann das helfen, wenn man sich immerfort vor seinem Gott fürchten und verstecken muß.«
»Das sage ich auch immer, Monsieur Bach. Man soll seinen Gott lieben und ihm offen in die Augen sehen können. Wie oft habe ich mit dem Pfarr deswegen gestritten. Es wird Zeit, daß er aufs Altenteil kommt. Er ist schon ganz wirr im Kopf.«
Der Küster, der nebenan in einem elenden Haus wohnte und nicht nur die Kirche verwahrte, sondern auch die Orgel spielte, gab den Schlüsselbund heraus und musterte Bach

mit mürrischem Gesicht. »Versucht Euer Glück. Jetzt kommen die Bache sogar bis nach Dornheim. Ihr werdet schon sehn, wie der Wind herauspfeift. Das ist, als wenn einem die Lunge zum Hals heraushängt.«

»Und woher bekomm ich einen Calkanten?«

Der Küster blickte sich um, sah über den Hof und hinüber in den Hausgarten, sodann zur zerfallenen Scheune und rief: »Melchior, Melchior! Der Schlingel schläft im Heu und ist faul wie ein Bär. Melchior!«

Sie hörten ein Poltern und das Schlagen einer Tür, und aus der Scheune wankte ein junger Bursche, der Sohn des Küsters, ebenso mürrisch wie sein Vater und behangen mit Strohhalmen. Er öffnete den Mund sperrangelweit, gähnte tüchtig und blinzelte verschlafen in die Sonne.

»Der junge Herr da will die Orgel schlagen. Geh hinauf und häng dich an die Balken, daß er genug Wind hat.«

Der Bursche ging träge voran, sie betraten die Kirche, und plötzliche Kühle umfing sie. Bach streifte mit einem Blick das Kircheninnere, sah zum Altar, auf die Steinfiguren rechts und links und hoch zur Kanzel, über der wiederum eine Figur vor dem hohen Fenster stand. Ein Lichtstrom fiel in den Raum, der von den gekalkten Wänden zurückgeworfen wurde und die Kirche hell und glänzend machte.

So viele Kirchenräume hatte er gesehen, von Eisenach über Ohrdruf, Lüneburg, Hamburg und Weimar, mit Säulen und Schnörkeln in immer neuen Variationen, die sich bis ins Unendliche auftürmten, daß ihn ihre Vielfalt erdrückte. Da hatte er manchmal an die schlichten Dorfkirchen gedacht, wo das Auge und der Geist nur an wenigem hängenblieb und um so mehr auf Gott gelenkt wurde. Das Einfache ist es, dachte er, was uns berührt. Er sah die Sonnenstrahlen, von denen die Figur umgeben war. Sie drangen bis zu den Kirchenbänken, wo Staubteilchen aufstiegen wie leuchtende,

silberne Körner und wieder versanken vor dem dunklen Holz.
Er ging hoch zum Orgelprospekt, trat vor den Spieltisch und hörte, wie der Sohn des Küsters mit einem heftigen Poltern einen der Balken trat. Der Schulze stand unten im Kirchenschiff und reckte den Kopf.
Bach zog die Stimmen und begann zu spielen. O Gott, die Orgel pfiff, keuchte und fauchte wie ein uralter Blasebalg, der ausgedörrt und rissig war. Er rief zum Balkentreter um die Ecke: »Mehr Wind, tret schneller!«
Es polterte und knarrte, er schlug auf die Tasten, aber manche Stimme rührte sich gar nicht, und der Wind schoß derweilen irgendwo heraus und verlor sich im Dunkel des Gehäuses. Es hörte sich an, als blase ein Goliath sinnlos und ohne Zweck an den Pfeifen vorbei.
Bach schob einige Register zurück, ließ die Pedalklaviatur liegen und beschränkte sich aufs Oberwerk. Das ging noch an, und er spielte eine kleine Melodie, die er seit Wochen im Kopf hatte, variierte sie immer aufs neue und nahm sich vor, sie endlich aufzuschreiben, wenn er in Arnstadt war. Je länger er aber spielte, unter dem fortwährenden asthmatischen Ächzen und Zischen der Bälge, um so mehr störte ihn das entsetzliche Poltern der Tretbalken, wo der Schlingel von Küsterssohn sich gar keine Mühe gab, ein wenig vorsichtiger seine Arbeit zu verrichten. Er brach das Spiel ab und sah um die Ecke. Da stand der Bursche auf einem der Balken und bohrte in der Nase.
»Polterst du immer so?«
»Ich tret, wie ich immer tret. Es geht nicht anders.«
»Es ist gut, du kannst wieder ins Stroh kriechen und weiterschlafen.« Er gab ihm ein Geldstück. Da lief der Bursche eiliger davon, als er hergelaufen war.
Bach stieg hinunter und sagte zum Schulze, der noch immer

im Mittelgang stand: »Die Orgel taugt nichts. Ich kann nicht verstehen, daß Ihr sie nicht reparieren laßt.«

»Was fällt Euch ein? Soll ich das Geld stehlen? Von Michaelis bis Michaelis haben wir knapp vierhundert Taler Einnahmen und ebensoviel Ausgaben. Im letzten Jahr mußte ich noch einen Taler und elf Groschen draufzahlen, weil die Einnahmen nicht reichten. Allein an die einhundertfünfzig Taler steckt sich das Konsistorium in die Tasche, was die ordinäre Land- und Extraordinär-Steuer angeht.«

»Aber es wird sich doch ein Orgelmacher finden lassen, der für zehn oder fünfzehn Taler die Orgel renoviert.«

»Der läßt sich finden. In Arnstadt gibt es den Johann Moritz Weiß, aber der ist so arm am Beutel, daß er einen Vorschuß will.« Der Schulze seufzte. »Das liebe Geld fehlt. Des Gemeindedieners Besoldung beträgt zwölf Taler. Er müßte drauf verzichten. Oder der Küster. Er ist Kirch- und Schuldiener zugleich und erhält zwölf Taler, vier Groschen und sechs Pfennige. Meint Ihr, er will ein Jahr lang hungern?«

»Könnt Ihr keinen Zuschuß bekommen von Arnstadt?«

»Ihr seht ja, Monsieur Bach, wie der Hase läuft. Die Neue Kirch war zwanzig Jahre ohne Orgel, und es gab kein Geld, sie zu bestellen. Erst als der Reichsten einer starb und im Testament achthundert Gulden für den Orgelbau bestimmte, kam die Sache voran. Der war um sein Seelenheil besorgt im Angesicht des Todes und glaubte sich des Heils auf diese Art zu versichern. Wenn die Uhr abgelaufen ist, dann hoffen sie alle, so gut wie möglich in den Himmel zu kommen mit solchen Vermächtnissen. Solange sie leben und sie kein Zipperlein zwickt, halten sie die Taler zusammen und sind voller Geiz und Härte. Aber auch dann noch, wenn der Sensenmann vor ihnen steht, tun sie nichts für umsonst. Sie wollen auch noch ihren Grabstein in der Kirche, damit sie so recht geborgen sind und nicht ins Fegefeuer kommen.«

Bach schwieg und dachte, daß der Schulze weiß Gott recht hatte. Die Sterbenden bestachen die Lebenden, um einen schönen Grabstein in der Nähe Gottes zu erhalten, und glaubten, damit das Paradies zu erkaufen. Die Armen lagen fernab und ohne Stein, wenn auch auf dem Gottesacker.
Sie waren unterdes, nachdem der Schulze den Schlüssel abgegeben hatte, in die Nähe der Dorfschenke gekommen. Bach sah, daß sich zwei Häuser weiter der Schmied an Wellers Wagen zu schaffen machte. Er blickte auf die Uhr und bedeutete dem Schulzen, daß er noch eine halbe Stunde Zeit hätte, dann aber laufen müsse, wenn der Wagen des Fuhrmanns nicht repariert sei.
»So geht derweilen mit mir auf ein Krug Bier in die Schenke. Ich will ihn bezahlen.«
»Aber nur auf einen Krug, nicht auf zwei. Ich käme sonst trunken aufs Konsistorium, und mit der Bestallung wäre es vorbei.«
»Was Ihr denkt, Monsieur Bach, die Obrigkeit in der Stadt säuft selber zur Genüge. Da vergeht kein Tag ohne Feiern und Räusche. Es gibt immer Gelegenheit für die hohen Herrn, ein Fäßchen leerzutrinken.«
Und sie gingen in die Schenke, wo Weller mit den beiden Bauern saß sowie an einem Tisch daneben der Bälgetreter, der offenbar spornstreichs in die Schenke gelaufen war, um sein Geldstück zu vertrinken. Tatsächlich stand ein tüchtiger Humpen vor ihm. Er saß, bohrte wiederum in der Nase und schielte dabei in den Krug, in Furcht wahrscheinlich, daß er sich allzu schnell leerte.
»Er macht das Rad«, sagte Weller und wandte sich an Bach, »Ihr kommt noch zur rechten Zeit in die Stadt.«
Der Schulze sah auf die beiden Bauern und verzog das Gesicht. »Habt Ihr den Schlagbaum schon aufgesetzt?« fragte er jenen, der das Beil gehalten hatte. Der war wohl zugleich

eine Art Zimmermann und führte das Regiment von den beiden.
Er setzte seinen Krug ab und rückte auf der Bank herum. »Ihr könnt es nicht lassen, Schultheiß, die Leute anzutreiben. Ausgemacht sind drei Groschen, und wie lange es dauert, ist Eure Sache nicht.«
Der Schulze, so schien es, wollte etwas erwidern, setzte sich jedoch und meinte nur: »Geld wollen sie alle, aber mit der Arbeit lassen sie sich Zeit.«
Jener aber, der scheinbar voller Ärger war, gab ihm Widerpart: »Ich sollte eigentlich auf dem Feld sein und meine Gerste schneiden. Der Schlagbaum, von dem niemand etwas hat, kann mir gestohlen bleiben. Er ist in längstens drei Wochen wieder zerbrochen, und die Arbeit fängt von vorne an.«
»Weiß der Teufel«, sagte der andere, »es ist immer wieder dasselbe.«
»So geht es zu«, der Schulze wandte sich an Bach und hob die Hand dabei, »kaum ist er gerichtet, liegt er schon wieder am Boden. Einmal war er sogar zerhackt. Fast kommt es einem vor, als wollte jemand daran verdienen.« Er sah jetzt mit scheelem Blick auf die zwei Bauern, die gleichmütig und wie auf Kommando ihre Krüge ergriffen und einen tüchtigen Schluck nahmen.
Der Wirt kam heran, in jeder Hand einen Krug. Er stellte sie auf den blanken, fichtenen Tisch, wandte sich dem Schultheiß zu und wollte ihn gerade etwas fragen, als die Tür zur Schankstube aufgerissen wurde und ein strammes Weibsbild, eine Magd offenbar, hereinstürzte. »Der Gemeindeochs' is' los!« rief sie ohne Atem und voller Erregung. »Er stampft im Hof rum un' will mit Gewalt in'n Schweinekoben rein!«
Der Wirt erstarrte und sah drohend auf die Magd. »Du fau-

les Stück hast wieder nicht aufgepaßt«, schrie er und rannte schnurstracks aus der Tür und durch den Flur hinaus in den Hof. Er ließ die Türen sperrangelweit offenstehen, die Magd schlich ängstlich hinter ihm her, und die Gäste sahen durch die beiden offenen Türen in den Hof geradenwegs auf den Misthaufen, über den mit Vehemenz und wildem Gegacker eine Schar Hühner flatterte, der Hahn, von allem Stolz verlassen und voller Angst, vorneweg. Hinterher aber stampfte der Gemeindeochse, weiß und gewalttätig mit braunroten Flecken auf den Schenkeln.

Oben angelangt, stand er still und versank im Mist, senkte den Kopf mit den gebogenen Hörnern und sah sich nach neuen Feinden um. Da erschien der Wirt hinter ihm mit erhobenen Fäusten, schimpfend und schreiend, versank ebenfalls im Mist und packte den Schwanz des Ochsen. Der starrte mit blutunterlaufenen Augen durch die Hoftür in den Flur bis in die Schankstube. Bach glaubte seinen bösartigen Blick wahrzunehmen, aber schon stemmte er sich hoch, schnaubte und arbeitete sich eilends vom Misthaufen herunter, den Wirt, der noch immer den Schwanz gepackt hielt, hinterherziehend, und so gelangten beide bis zur Hoftür, wo der Ochse den Wirt abschüttelte und weiter durch den Flur stürmte, an der Küchentür vorbei, in die sich die zitternde Magd gedrückt hatte, und zur Tür der Schankstube. Dort stand er und glotzte wild um sich, nahm die Männer aufs Korn, die erstarrt am Tisch gesessen, aber alle mit einem Mal aufgesprungen und geflüchtet waren. Bach lief zum Bierfaß, kauerte sich dahinter und dachte: Da hast du nun am frühen Morgen das Gebet eines Reisenden gesprochen und gewünscht, daß Gott dich behüten möge vor den Fährnissen des Tages, und jetzt kommt ein Ochse und stampft dich in Grund und Boden.

Er hob den Kopf und sah über den Rand des Fasses. Der

Schultheiß saß unter dem Tisch, an dem sie gesessen hatten, und zitterte vor Angst, die beiden Bauern drängelten sich am Mittelpfeiler der Gaststube, und Weller stand hinter dem gemauerten Ofen.

Der Ochse keuchte und starrte zum Calkanten, der seelenruhig an seinem Tisch saß, noch immer in der Nase bohrte und dabei zurückstarrte zu dem Ochsen, ohne Verstand offenbar und ohne zu begreifen, was geschehen war.

Atemlose Stille rundum, nur das Keuchen des Ochsen hörte man und den Wirt, der draußen im Begriff war, sich aufzurappeln, und leise dabei stöhnte.

Bach sah das Weiße in den Augen des Ochsen und hatte zum zweiten oder dritten Mal im Laufe seines Lebens Angst. Ihm war, als stünde die Welt still und halte den Atem an. In der Schankstube roch es ganz ordinär nach Mist und Jauche. Ach Gott, dachte Bach, jetzt stiert er dich an. Und tatsächlich hatte der Ochse den dickköpfigen Schädel gedreht und glotzte auf das Bierfaß, roch vielleicht das Bier, das er mitunter vorgesetzt bekam, damit er ruhig blieb und besser schlief, und von dem er nie genug bekam.

So setzte er sich in Bewegung, plump und schwerfällig zuerst, die Welt begann sich wieder zu drehen, der Wirt war herangewankt gekommen und packte erneut mit letzter, verzweifelter Kraft den Schwanz, als könnte er den Ochsen rückwärts aus der Schankstube ziehen, der Balkentreter bohrte noch immer, begriff aber plötzlich, als das Vieh sich in Bewegung setzte (als hätte er gedacht, es sei nur ein lebloses Bild), was da geschah, sprang auf wie von einer Schlange gebissen, lief wie gehetzt zum offenen Fenster der Schankstube und zwängte sich voller Panik und behende wie ein junger Hund hindurch, wobei er einen der Fensterflügel mitriß, der klirrend hinter dem Calkanten auf die Dorfstraße fiel. Der Ochse, der gar nichts von ihm wollte,

stampfte am Tisch vorüber und auf das Faß zu, zog den Wirt hinterher, der Schwanz stand ab wie eine Gerte, aber da hatte Weller offenbar Mut geschöpft, kam hinter dem Ofen hervor und packte tapfer den Nasenring des Ochsen, der im gleichen Augenblick, von Schmerz erfüllt wahrscheinlich, aufbrüllte, daß in der Schankstube nichts war als dieses wilde und zugleich klägliche Brüllen, ein Urlaut der Natur, den Bach noch nie, in dieser Stärke jedenfalls nicht, gehört hatte und den er sogleich als neu und erregend in seine Tonleiter einordnete. Das wäre ein Orgelpunkt, dachte er und schielte über das Faß auf den Ochsen und auf die beiden Männer, die an ihm hingen und ihn langsam, aber stetig aus der Schankstube zogen oder stießen, je nachdem, an welcher Stelle sie sich befanden. Mein Gott, dachte er und erhob sich sachte, während der Ochse folgsam hinterwärts und unter beständigem Brüllen die Tür passierte, ein solches Vieh in einer Kapelle oder in der Kirche gar, da hätte man gratis den Basso Continuo, der Dirigent brauchte ja nur am Nasenring zu ziehen. Und während das ochsenmäßige Brüllen im Flur widerhallte und Bach hinter dem Bierfaß hervorkroch, dachte er, daß es nicht nur ein Basso Continuo war, was er da hörte, sondern auch der Schmerzensschrei der gequälten Kreatur, wie er ihn überall bisher gehört hatte, als ertöne er von altersher und bis in alle Ewigkeit hinein, jener Schrei von Mensch und Tier nach Stille und Mitleid und nach Seligkeit, wo es weder Qual gab noch Elend, noch Mühsal, kein Jammertal mehr und nicht einmal mehr den Wechsel zwischen Tag und Nacht.
Er stand bleich von dem ausgestandenen Schrecken neben dem ebenso bleichen Dorfschulzen, beide ergriffen die Zinnkrüge, sahen sich an und tranken, während sich nach dem Hof hin das Brüllen des Ochsen verlor, jämmerlich und klagend.

»Wenn er den Ochsen nicht recht verwahren kann«, stieß der Schulze heraus, während er den Krug absetzte, »dann muß ihn ein anderer nehmen. Der Ochse ist ein wahres Prachttier. Den solltet Ihr sehen, wenn er die Kühe bespringt. Ich kann Euch sagen, Monsieur Bach, daß dieser Ochse ...«

»Herr Schulze, was schert mich Euer Ochse. Ich muß aufs Gräfliche Amt und komme zu spät, wenn Ihr noch lange schwatzt. Habt Dank für Eure Gastfreundschaft.«

Und Bach setzte den Krug auf den Tisch, reichte dem sprachlosen Schulzen die Hand und ging durch die Tür in den Flur, wo ihm der Fuhrmann schwer atmend entgegenkam. Der Wirt aber fluchte unterdessen draußen im Hof und schalt die Magd aus.

Später, als sie wieder auf dem Wagen saßen und aus dem Dorf fuhren, sagte der Fuhrmann, indem er immer wieder den Kopf wandte und besorgt auf das Hinterrad sah: »Herr Organiste, ich hab dem Schmied einen Groschen bezahlt. Eure Reise kommt mich teuer zu stehen. Wenn ich an den Fluß denke vor der Stadt und an den schlechten Weg vor dem Längwitzer Tor, dann ist mir's fast, als sollte ich es bereuen, Euch diese Fuhre versprochen zu haben.«

Bach hatte über das Land gesehen, über der Kirche von Oberndorf sah er die Trümmer der Käfernburg, grauweiß vor den grünen Bäumen im Hintergrund, und alles zusammen war mit einem blauen Schleier überzogen. Er hörte den Fuhrmann reden und dachte: Schwatz nur, Weller, schwatz, soviel zu willst, von mir gibt es keinen Groschen über den ausgemachten Fuhrlohn. Ich weiß, wohin du willst, solange kenn ich dich, ein guter Christ bist du, aber geldhungrig auch, da läßt du dein Christentum hinter dir und vergißt es ganz. Und laut sagte er: »Was nützt das, wenn Ihr es bereut. Wir sind ja gleich da. Ihr könnt durch den Fluß fahren,

wenn Euch die steinerne Brücke nicht zusagt. Die Hauptsache ist, Ihr kommt bis zur Kohlgasse, wie es ausgemacht ist. Ich gehe derweilen zum Konsistorium.«
Und er sah zur Käfernburg und nach Oberndorf, wo er neben der Kirche die umfängliche Baustelle der Augustenburg ins Auge faßte. Die Gräfin ist vorangekommen, dachte er, hob die Hand und wies in Richtung der Kirche. »Das Schloß ist fast fertig.«
Das Gesicht des Fuhrmanns wurde abweisend. Er zog verächtlich den rechten Mundwinkel nach unten. »Diese Gräfin Dorothee Auguste läßt sich aus lauter Langeweile ein Lustschloß bauen, nur weil sie von Wolfenbüttel kommt und ihr Herr Vater Herzog ist. Da hat sie das große Neideckschloß in der Stadt, und man sollte denken, daß ihr ein halbes Hundert Zimmer genügen, aber nein, sie muß noch ein Lustschloß dazuhaben. Dort wird sie dann sitzen mit ihren Hofdamen und Maulaffen feilhalten oder über das Land glotzen, wo die Bauern mit Schweiß im Gesicht die Arbeit verrichten, damit sie um so länger dasitzen kann.«
Bach sah den Fuhrmann an. Dessen Gesicht war noch immer voller Verachtung. Er hatte den Kopf erhoben und starrte böse in Richtung der Oberndorfer Kirche. »Seht Ihr den Umriß des Gartens über dem Schloß? Da sind sie auch schon dabei. Alles wie in Frankreich. Wie ich's Euch vorhin sagte! Zu einem Lustschloß gehört auch ein Lustgarten. Und wer schafft die Taler herbei? Weiter unten laufen sie wie die Ameisen und schaffen Balken heran. Ich will meine paar Groschen verwetten, wenn das nicht die Oberndorfer Bauern sind, die lieber auf ihren Feldern wären.«
»Ihr seid ja voller Haß und Ablehnung. Das sind gefährliche Gedanken!«
»Ich sag sie ja auch nicht am Biertisch oder in den Straßen der Stadt. Wir sind in der freien Natur. Wind und Vögel

fliegen davon und verlieren meine Worte unterwegs. Ihr, Herr Organiste, seid der einzige, der sie behalten und weitertragen kann.«
»Aber das glaubt Ihr nicht?«
»Was?«
»Daß ich Eure Gedanken weitertrage und irgendwo anbringe.«
Weller warf ihm einen Blick zu, und sein Gesicht entspannte sich. »Das werdet Ihr niemals tun. Dafür kenne ich Euch zu gut. Und außerdem . . .« Weller stockte und starrte wieder auf das fertiggestellte Schloß neben der Kirche und auf das Dorf, wo sich die winzigen Häuser der Bauern zwischen Bäumen und Strauchwerk versteckten. Er fuhr mit ruhiger, halblauter Stimme fort: »Wenn Ihr dort seid, an der Neuen Kirch meine ich, dann gehört Ihr zu denen da oben, und Ihr könnt nie Derartiges sagen. Wer dort die Wahrheit sagt, der ist verhaßt. Wer aber ein Fuchsschwänzer ist, der kommt am besten weg. Ihr kennt doch die Fabel vom Löwen und vom Fuchs?« Fragend sah ihn Weller an. Bach verneinte.
»Der Löwe hatte seinen gewöhnlichen Groll im Kopf und suchte einen Weg, ihn loszuwerden. Also lud er den Esel, den Wolf und den Fuchs zu Tische. Kam der Esel, klopfte an, kam herein und wurde vom Löwen gefragt, wie es ihm im Zimmer gefiele. Da lagen schon die Knochen anderer getöteter Tiere, und es roch übel, so wie vorhin in der Schenke nach dem Ochsen. Der Esel sagte: Es stinkt nach toten Tieren.
Was frevelst du vor deinem Herrn, schrie der Löwe und riß den Esel in Stücke. Dem Wolf erging es ebenso, aber nicht, weil er fand, daß es stank, sondern weil er sagte, es rieche über alle Maßen wohl. Der Löwe warf ihm vor, er hätte angesichts der Wahrheit seinen König freventlich belogen.
Der Fuchs stand vor der Tür und hatte alles mit angehört.

Er wurde geladen. Wie es ihm gefiele? Ob er nichts rieche, fragte der Löwe. Allergnädigster Herr König, ich bitte, ihr wollt mir verzeihen, ich habe den Schnupfen so stark, daß ich gar nichts rieche.

Da wurde er zu Tisch gebeten und nach einem herrlichen Mahl in Gnaden entlassen.«

Bach wollte lachen, vermied es aber, da Weller mit unbewegtem Gesicht geradeaus starrte und nicht einmal lächelte.

»Eine schöne Fabel ist das. Und bitter dazu. Man darf also weder lügen noch die Wahrheit sagen, sondern muß sich winden und biegen.«

»Ganz recht, Herr Organiste. Sagt nur immer, daß Ihr einer Meinung seid mit der Obrigkeit. Ihr werdet sehn, es zahlt sich aus. Und da Ihr jung seid und lernbegierig, wird es Euch nicht schwerfallen. Auf die Art lebt man in Frieden und ohne Händel bis ins hohe Alter hinein.«

»Nun, ich habe mit der Obrigkeit kaum etwas zu tun. Ich sitze an der Orgel und tue meine Pflicht.«

»Das glaubt Ihr nur. Wissen könnt Ihr es nicht. Laßt ein paar Jahre vergehn, dann sprechen wir uns wieder. Ich habe des öfteren Fuhren nach Arnstadt und zurück.«

»Wenn ich einmal weggehen sollte aus meiner Stellung, so will ich Euch wieder in Anspruch nehmen.«

»So Gott will und mich leben läßt, wird sich's machen lassen.«

Und Weller wandte wieder den Kopf und sah besorgt auf sein Hinterrad, das sonderbar knirschte und knackte.

Bach aber erblickte die Stadt vor sich. Sie waren auf dem Dornheimer Berg angelangt. Da lag sie vor ihm, ein Viereck fast, umschlossen von der doppelten Mauer, aus der sich niedrige Türme erhoben. Einzig der Hexenturm hinter dem Längwitzer Tor ragte fünf Stockwerke hoch, ein graues, drohendes Gemäuer, das Bach an die Hornemannin denken ließ, die vor zwölf Jahren dort gefangengehalten und gefoltert wurde, bis sie ihre Hexereien zugab. Da verbrannte man sie. Er sah den Schloßturm und die blitzenden Fenster des Neideckschlosses rechter Hand, den Turm der Jacobskirch linker Hand am Riedtor, der spitz und steil in den Himmel ragte, und er sah schließlich, in der Mitte der Stadt und neben dem Rathaus, die Neue Kirch, dort würde er in zwei Tagen zum ersten Mal bei der Frühmesse die Orgel spielen.

Die Stadt lag still und steinern unter dem hohen Himmel, auf drei Seiten umschlossen von Bergen, nach der Abendseite hin nur ein wenig geöffnet, als ob sie die drei Burgen sehen wollte, die am Ende des weitgeschwungenen Tals sich erhoben und wie stumme Wächter das Land übersahen. In dieser Stadt, dachte Bach, will ich ehrlich und reinen Gewissens mein Handwerk verrichten, zum Lobe Gottes und zur Freude der Menschen.

Unter dem Hexenturm

Der Wagen rollte bergab. Weller zog die Zügel an, damit es langsamer ging. Dabei wandte er sich immer wieder um und sah besorgt nach dem Rad. Rechts und links von der Straße standen Bäume, Linden zumeist. Bach sah eine Frau, die im Schatten des nächsten Baumes kauerte und sich mühsam erhob, als sie näherkamen. Sie strich ihren schwarzen Rock glatt, zog das braune Kopftuch fest und humpelte barfüßig auf den Weg, wobei sie eine Hand hob. Weller zog an, Pferd und Wagen standen, und er schrie: »Was willst du?«
»Ihr Herrn, seid so gut und nehmt mich mit in die Stadt. Laßt mich hinten aufsitzen.«
Das Gesicht der Frau war sonnenverbrannt und schmutzig dazu. Sie mochte vierzig Jahre alt sein, vielleicht auch jünger.
»Man läßt dich wohl nicht durchs Tor?«
Die Frau stand im Staub der Straße, die nackten Füße schwarz, das Gesicht unterwürfig. Eine graue Strähne ihrer Haare quoll unter dem Tuch hervor. Sie kam näher, hob den Kopf, sah zuerst in Wellers Gesicht, das abweisend war und unwillig, sah Bach an und wiederholte: »Laßt mich hinten aufsitzen, um Christi willen!«
Eine vertriebene Hure, dachte Bach. Ihr Schuhwerk hat sie sich schon abgelaufen. Er sah auf ihre unförmigen, geschwollenen Füße, blickte Weller an und nickte unmerklich.
»Das geht auf Eure Kappe, Herr Organiste. Ich will damit nichts zu tun haben. Vielleicht ist es eine Diebin oder eine Hure.« Und zu der Frau gewandt: »Setz dich hinten auf.

Aber geh mir nicht an die Truhen.« Er hob drohend die Peitsche.
Sie humpelte um den Wagen, stieg mühsam hoch, setzte sich und drehte den Rücken der Stadt zu.
Der Schlagbaum vor der steinernen Brücke war geöffnet. Als Weller die tiefen Löcher und ausgefahrenen Gleise vor der Brücke sah, begann er zu fluchen, hielt an und blickte nach der Furt über den Fluß linkerhand. Bach stieg herunter und ging zur Brücke, während Weller den Wagen zur Furt lenkte. Hinter der Brücke sah Bach angeschwemmtes und aufgeschichtetes Holz aus dem Thüringerwaldgebirge und vor sich den zweiten Schlagbaum, der auch geöffnet war, dahinter aber, gähnend und gewölbt, das Längwitzer Tor vor dem Hexenturm, dessen Dach von Tauben bevölkert war. Die Torwache trat heraus, als er den Geleitbrief der Stadt aus der Tasche zog. Die Muskete des Torwächters lehnte an der Mauer, er selbst, in vorgerückten Jahren schon, mit einer langen Narbe auf der rechten Wange, die sich rötlich abhob vom blassen Gesicht, stand daneben, musterte Bach von oben bis unten, nahm den Brief und begann zu buchstabieren: »Demnach Herr Johann Sebastian Bach, Hoforganist zu Weimar, allhier zu Arnstadt mit dem Rat über eine Zeit lang zu kommunizieren hat, als wird hierdurch Jedermann, insonderheit alle Zoll- und Geleitsbediente, freundlichst ersucht, den obenerwähnten Herrn samt Knecht, Wagen und Gerät frei und ungehindert passieren zu lassen, welches in dergleichen und anderen Begebenheiten wir zu erwidern bereit und willig sind. Der Rat zu Arnstadt. Signatum Arnstadt, im Juli Siebzehnhundertdrei.«
Er gab den Brief zurück. »Wo ist Euer Wagen, Herr Hoforganiste?« Bach wandte sich um. »Da kommt er«, er wies auf die Furt, wo das Pferd samt Wagen sich eben aus dem seichten Wasser arbeitete und wieder auf den Weg zu bewegte.

»Es ist gut, Herr Hoforganiste. Ihr könnt passieren.«
Der Torwächter ergriff seine Muskete und stellte sie an die Tür, die zum Raum der Torwache führte. Bach hörte vom Hexenturm her die Flügelschläge und das Gurren der Tauben, der Turm selbst warf einen langen, düsteren Schatten zwischen die Stadtmauer und das Längwitzer Tor. Bach sah durch den Torweg und die Wölbung des Hexenturms in die Stadt bis zum Gasthof »Zur Tanne« und auf den Brunnen vor ihm, an dem schwatzende Frauen mit Holzbütten standen. Hinter sich hörte er den Wagen herankommen, und er sah, wie der Torwächter eine winkende Handbewegung machte. Schon war der Wagen neben ihm und rollte auf das Pflaster unter dem Tor, von der Wölbung hallte ein Dröhnen zurück, und Bach setzte sich in Bewegung.
Da schrie der Torwächter und wies auf die Frau, die hintenauf saß und an Bach vorüberglitt aus der hellen Sonne in den jähen Schatten des Torwegs, und Bach sah, wie der Torwächter lief und die Frau vom Wagen zerrte, während Weller mitsamt Pferd und Wagen immer weiterfuhr, ohne sich umzuwenden, und aus dem Schatten der Steinquader wieder ins Sonnenlicht tauchte. Der Wächter aber hielt die Frau an der Hand gepackt, zerrte sie aus dem Torweg, er stand im Licht und sie noch im Schatten, ihr sonnenverbranntes, schmutziges Gesicht wirkte fahl und müde, und er schrie, ob sie nicht schon genug habe und wie sie auf den Wagen komme. Sie sagte nichts und sah nur auf Bach, der in ihren Augen sowohl ein Flehen gewahrte als auch eine Hoffnung, und es war ihm, als wollten diese Augen in seinem Gesicht etwas finden, was sie schon lange suchten.
Der Torwächter wandte sich fragend an ihn.
»Sie ist vor der Stadt mit meiner Erlaubnis hinten aufgesessen«, antwortete er.
»Aber diese alte Vettel war schon zweimal in der Stadt. Ein-

mal kam sie durchs Erfurter Tor und einmal durchs Riedtor. Und jedesmal hat sie ihren Almosengroschen bekommen. Jetzt versucht sie es an diesem Tor.«

»Wie kann ich das wissen?« entgegnete Bach und sah wieder ins Gesicht der Frau, das sich bei den Worten des Torwächters ein wenig verzogen hatte, nicht schmerzlich oder als sei es von Trauer erfüllt, sondern eher mit einer Spur von Entsagung, als wolle es jedes Wetter hinnehmen, das vom Himmel fallen würde.

Der Torwächter packte fester den Arm der Frau, zog sie vom Tor weg und stieß sie auf den Weg. Sie humpelte, den Rücken der Stadt, dem Torwächter und Bach zugekehrt, in Richtung der steinernen Brücke, wo sie schmal und schwarz zwischen den Pfeilern lief und immer kleiner wurde, je mehr sie sich entfernte. Der Torwächter schrie noch etwas hinter ihr her, aber Bach verstand seine Worte nicht mehr, er hatte sich umgewandt und war bemüht, den Wagen einzuholen. Währenddem dachte er an die Augen der Frau, die trotz aller Entsagung und allen Verzichts, der auf dem Gesicht erkennbar war, am Ende nichts als Verachtung gezeigt hatten, alles Unterwürfige und Flehende war verflogen oder hatte sich versteckt, und statt dessen funkelte nicht nur dem Torwächter, sondern auch ihm Widersätzlichkeit entgegen, ein Trotz, der tief im Innern verborgen lag und gewartet hatte auf diesen Augenblick. Und es war nicht nur Trotz, sondern auch Haß gewesen, ganz im Hintergrund und einen kurzen Augenblick lang, und während er dem Wagen hinterherlief, wußte er, daß es dieser uralte, schlummernde Haß war, der nur auf ein Zeichen wartete und den er oft schon geahnt und gespürt hatte. Eine Sekunde lang dachte er an seinen Oheim, der im März in Eisenach gestorben war. Von Verachtung und von Haß erfüllt, dachte Bach, das war er, vielleicht mehr von Verachtung als vom Haß, und

er, mit achtzehn Jahren, konnte diese Verachtung nicht begreifen. Aber vielleicht waren seine Sinne für die Wahrnehmung dieses Hasses und dieser Verachtung durch den Oheim geschärft worden. Was zurückblieb nach solchen Augenblicken, das spürte er, war Verlegenheit, Unsicherheit und ein Gefühl der Scham, als hätte er, wie damals als Kind in Eisenach, etwas Unrechtes getan.
Er hörte das Flattern der Tauben auf dem Hexenturm und lief durch die Wölbung zwischen den Quadern, wo es kühl und schattig war, ließ Schatten und Enge hinter sich und trat in die Sonne auf den Platz, der sich zur »Tanne« hin bis zum Brunnen verengte. Rechts, vor dem Gasthof zum »Ritter«, stand Wellers Wagen, und er sah, wie sich der Fuhrmann vom Wagen beugte und einem Mann, der eine Schürze vor seine Kniehosen gebunden hatte, einen Brief gab. Als er zum Wagen trat, machte der magere, spitznasige Mann eine Reverenz. »Euer Fuhrmann, Herr Hoforganiste, war so freundlich, mir eine Nachricht aus Weimar zu übergeben. Mein Name ist Hönike, und dies, Monsieur, ist mein Gasthof, der Sie zu jeder Zeit aufs angenehmste empfangen wird.« Er machte noch eine Reverenz. Bach dankte ihm, stieg auf den Wagen, und Weller knallte mit der Peitsche.
»Wenn Ihr morgen zurückfahrt«, rief der Wirt und lief ein Stück nebenher, wobei er auf Weller sah, »hab ich Euch etwas mitzugeben. Es soll Euer Schaden nicht sein.«
»Ja, ja«, brummte Weller, »wollen's hoffen«, fügte er leiser hinzu. Er wandte sich an Bach. »Er hat mir im Juli schon etwas mitgegeben.«
»Hat er Verwandtschaft in Weimar?«
»Ja, es ist wohl seine Vaterstadt!«
Sie bogen an dem Brunnen nach rechts ab und fuhren zur Zimmergasse bis vor das Haus des Küchenschreibers, seines Verwandten, wo Bach nach hinten auf den Wagen stieg, ei-

ne Truhe öffnete und ein paar Kleidungsstücke herauszog. Er stieg ab und trat zu dem Fuhrmann. »Ihr fahrt in die Kohlgasse, zum Bachschen Haus, es liegt zwischen dem ›Schlehdorn‹ und dem ›Paradies‹. Dort ist eine Einfahrt, und im Hof könnt Ihr wenden und abladen. Es ist jemand da, der Euch helfen wird. Wir sehn uns dann heute abend im Ratskeller, wo ich mich revanchieren will.«
Weller nickte und fuhr in Richtung des Hopfenbrunnens davon. Bach sah dem Fuhrwerk hinterher und zur Neuen Kirch, die sich schwer und wuchtig auf dem Berg hinter dem Hopfenbrunnen erhob und auf ihn wartete. In ein oder zwei Stunden, dachte er, hast du den Schlüssel in der Hand und kannst hineingehen und spielen, wie es dir beliebt.
Er packte sein Bündel, wandte sich zum Haus des Küchenschreibers und spürte, daß ein Gefühl der Freude und zu gleicher Zeit eine Art Beklemmung in ihm waren, nicht Angst oder Furcht vor der Begegnung mit der Obrigkeit oder vor der Arbeit, die auf ihn wartete, sondern eine wachsende Spannung, die ihm die Brust zuschnürte, da er doch am Ziel seines Wunsches stand, endlich eine eigene Orgel unter den Händen zu haben.
Als er die Steinstufen ersteigen wollte, öffnete sich die Tür, und der Organiste Andreas Börner trat heraus, ihn zu begrüßen. »Du kommst spät, wir haben nur noch wenig Zeit.«
Hinter ihm quollen seine Kinder durch die Tür und wollten den Onkel Johann ebenfalls begrüßen. Im Flur, am Fuße der Treppe zum Oberstock, stand Maria Elisabetha, die Mutter, und hieß ihn willkommen.
»Ist dein Vater nicht da?« erkundigte sich Bach nach dem Küchenschreiber.
»Er ist im Schloß und hat zu tun. Er hofft, dich heute abend zu sehen.«
Sie gingen hoch. Bach wusch sich schnell und zog den blau-

grauen Rock über mit den silbernen Knöpfen. Während er sich die Perücke auf den Kopf stülpte und in den Spiegel sah, unterhielt er sich mit Andreas und seiner Frau. Zwischendurch warf er immer wieder einen Blick auf die beiden. Börner, mit seinen dreißig Jahren, wirkte jungenhaft und fröhlich. Sie hingegen, einige Jahre älter, mit einem bitteren Zug um Mund und Wangen, war viel ernster und gesetzter. Die Augen, so schien es, waren fortwährend von Zweifel erfüllt, vielleicht auch von Müdigkeit und Mißtrauen.

Er stand vor dem Spiegel, sah Maria Elisabetha hinter sich, schlang das weiße Tuch um den Hals und stellte fest, daß sie zu lächeln begann.

»Der Herr Vetter«, sagte sie, »ist der schönste Organiste, den ich jemals sah. Und er ist nicht nur von stattlicher Gestalt, sondern noch dazu der beste Orgelspieler, den ich kenne.«

»Oho«, ließ sich vom Tisch her ihr Mann vernehmen.

»Das wird mich sicher recht eitel und stolz machen, was du da sagst.« Er wandte sich um, mit einer verlegenen Röte im Gesicht, umarmte sie und flüsterte ihr etwas ins Ohr. Sie lachte und stieß ihn von sich weg.

»Keine Heimlichkeiten«, rief Börner, der auf einem Stuhl am Tisch saß und die beiden beobachtete.

»Stell dir vor, er hat mir gesagt, daß er dann wohl einen großen Eindruck auf die Arnstädter Jungfern machen wird.«

Börner erhob sich. »Das will ich hoffen. In spätestens einem Jahr wird er eine reiche Bürgerstochter hofieren und von der Familie mit offenen Armen empfangen werden. Auf diese Hochzeit freu ich mich jetzt schon. Fünf Jahre später hat er ebensoviel Kinder wie wir.«

»Das hat noch Zeit«, sagte Bach und ging, gefolgt von Börner, aus dem Zimmer. Eine der Töchter rannte voraus und öffnete die Haustür. Sie war fünf oder sechs Jahre alt und gab Bach artig die Hand.

»Wie heißt du?« fragte er.

»Ich heiße Marie, Maria Viktoria, wie meine Tante auf der Augustenburg. Soll ich Euch was vorsingen? Mama sagt, ich kann es schon gut.«

Bach nickte, und während Börner schon unten an der Treppe stand und ungeduldig auf ihn wartete, sang das Mädchen:

Es regnet, Gott segnet,
Die Sonne scheint,
Der Mond greint,
Der Pfaff sitzt auf'n Laden
Frißt all die Palisaden!
Die Nonne geht in's Wirtshaus
und trinkt die Gläser all, all aus.

»Wo hat sie denn das her?« fragte Börner seine Frau, die hinter dem Mädchen in der Tür stand.

»Von wem wohl, natürlich vom Großvater. Der bringt ihr lauter ungereimte Sachen bei.«

»Gut singen kannst du.« Bach strich dem Mädchen übers Haar. Sie gingen die Zimmergasse hinunter, an dem prächtigen Haus des Leibarztes Sommer und am Brunnen vorüber, der am Ende der Gasse stand, und bogen zur Schloßstraße ein.

»Der Küchenschreiber«, sagte Börner, »bringt den Kindern jeden Tag vergessene Sachen bei, die er von dem alten Heinrich Bach hat.«

»Den hab ich ein einziges Mal gesehn. Ich war sechs oder sieben Jahre alt. Da trafen sich alle Bache in Arnstadt, und er war schon halbtot, aber Sprüche und Sentenzen hat er immer noch hören lassen. Meine Erinnerung ist ganz deutlich. Er lag im Bett. Seine Haare waren ebenso weiß wie das Linnen, auf dem er lag. Das Bett stand in dem Zimmer, aus dem wir gerade kommen. Ich entsinne mich, wie ich mit dem Vater und dem Onkel an das Bett trat oder wie mich vielmehr mein Vater hinzog oder hinstieß, weil ich mich fürchtete, wie er erst die beiden ansah und sie nicht unterscheiden konnte, da sie doch sich glichen wie ein Ei dem anderen, und wie er mich dann erblickte. Und da sagte er mühsam:

Es kommt herangeschlichen
Ein gar erschrecklich Mann
Die Farb ist ihm verblichen
Kein Kleider hat er an
Er hat kein Fleisch, kein Blut, kein Haar
Die Sense ist sein Wappen gar
Sein Kranz die Sterblichkeit!

»O ja, mein Schwiegervater, der Küchenschreiber, erzählte mir, daß er bis zum Ende munteren Geistes war.«

Die Bestallung

Sie standen vor der gräflichen Kanzlei. In der hohen Tanzlinde rechter Hand lärmte eine Schar Spatzen. Dahinter stand das Schloß in seinem weißgrauen Kleid, und wo Westflügel und Vorderfassade zusammenstießen, stieg der Turm, gleichfalls weißgrau und glänzend in der Sonne, mächtig in die Höhe. Bach sah den Umlauf hoch oben, von wo so mancher seiner Vorfahren als Hausmann über die Stadt geblasen hatte. Und ebenso hatten sie in der Tanzlinde gesessen, auf der fünften Plattform ganz oben, und hatten gefiedelt an den Fest- und Feiertagen.
Aus der spitzen Krone des Baumes erhob sich der Spatzenschwarm, zuerst träge und schwerfällig, dann aber immer rascher und unter zänkischem Gezeter, und er schoß in einer Schleife über den Platz vor der gräflichen Kanzlei zum Brunnen hin, der sich am Ende des Platzes, nach dem Vorwerk zu, befand. Sie ließen sich auf dem Brunnenrand nieder, und ihr Konzert begann von neuem, voller Dissonanzen und mit großer Lautstärke.
Sie gingen durch das Portal und über eine Steintreppe bis vor das Amtszimmer. Ein Türsteher bedeutete ihnen zu warten und ging hinein, sie anzumelden.
Währenddem hörten sie laute Stimmen hinter der Tür, als stritten sich dort mehrere Personen. Einzelne Worte waren zu verstehen. Sie standen vor der Tür und spitzten die Ohren. Bachs Herz klopfte. Wieder fühlte er jene Beklemmung, die ihm die Brust zuschnürte.
»Die Bauernschlingel gehören bestraft. Wir lassen uns nicht den Stadtochsen mit Steinen beschmeißen«, rief eine Stim-

me hinter der Tür. Und eine andere darauf: »Wollen die Rudislebener Bauerntölpel Händel, dann können sie sie haben.«
Eine dritte aber beruhigte die beiden anderen: »Ihr Herren, wir sollten nichts übers Knie brechen, eine gütliche Einigung ist angebracht, nicht aber Händel und Aufeinanderlosschlagen.«
Börner zog Bach von der Tür zurück. Er grinste und konnte kaum das Lachen verbeißen. »Stell dir vor, die ganze Stadt ist voller Aufruhr und Erregung. Da kommen gestern nachmittag die Rudislebener Bauern aus ihrem Dorf herausgebrochen mit Dreschflegeln und Spießen und fallen über die Viehherde der Stadt her, um sie zu vertreiben. Sie meinen, das Obergehege an der Gera gehöre zu ihrer Flur und nicht zu jener der Stadt. Jetzt wird ein Krieg entstehen zwischen den Bauern und den Bürgern.«
In der Amtsstube wurde es still. Nur Stühle schurrten. Der Türsteher kam gravitätisch herausstolziert, stellte sich in Positur, hielt die Tür geöffnet, machte den beiden ein Zeichen und schrie mit lauter Stimme in die Amtsstube: »Die Herren Johann Sebastian Bach und Andreas Börner sind erschienen und bitten einzutreten.«
Gemurmel hinter der Tür. »Wir dürfen«, sagte Börner hastig, und beide gingen am Türsteher vorüber, der steif und starr wie ein Fiedelbogen neben der Tür stand und eine einladende Handbewegung machte.
Bach sah zuerst nur eine Ecke des großen Zimmers, wo zwei Kanzlisten an einem Tisch saßen, der mit Papieren überladen war. In einem der beiden erkannte er Ludwig Martin Herthum, den Sohn des Küchenschreibers. Börner und Bach machten ihre Reverenz, wobei sich Bach die Männer besah, die an dem langen Tisch in der Mitte der Kanzleistube saßen.

An der Stirnseite befand sich der Kanzler Volkmar Schultes. Er saß unter einer gewaltigen Perücke und war ansonsten bunt gekleidet wie ein Papagei. Rechts von ihm thronte der Vizekanzler Johann Georg Zange unter einer etwas kleineren Perücke, aber mit rotem, erhitztem Gesicht. Links vom Kanzler sah Bach den Bürgermeister Martin Feldhaus, ebenso sein Verwandter wie der junge Herthum. Feldhaus sah aus, als wäre er auf dem Sprung und als sei er voller Ungeduld. Kein Wunder, da er doch für das Vieh der Stadtbürger die Verantwortung trug. Bach dachte an ein Gedicht, das in Arnstadt umlief:

Der Bürgermeister ist's,
so Feldhaus wird genannt.
Ist immer auf den Beinen,
ist hin und her gerannt.
Der tut das meist dabei
Er läuft nach allen Seiten
wie dünner Haferbrei.

Neben ihm erkannte er noch den Stadtschreiber de Zuana, aber da wurde ihnen bedeutet, sich zu setzen, und er hörte auf das, was der Kanzler mit wohlgesetzten Worten und einem überaus wichtigen Gesicht von sich gab.

»Hochweise und hochedle Herren. Es beliebt den Hochgeborenen, unseren Grafen und Herrn Anton Günther, der vier Grafen des Reiches, Graf zu Schwarzburg und Hohnstein, Herr zu Arnstadt, Sondershausen, Leutenberg, Lehra und Oldenburg, Euch, Andreas Börner, zu einem Organisten an der Frühkirch, und Euch, Johann Sebastian Bach, zu einem Organisten an der Neuen Kirch, anzunehmen und bestallen zu lassen. Somit will ich Euch beiden im Namen des Grafen und Herrn ermahnen, ihro hochgräfliche Gnaden zuförderst allezeit treu, hold und gewürdig zu sein, insonderheit aber sollt Ihr Euch in Eurem Euch anbefohlenem

Amt, Beruf, Kunstübung und Wissenschaft fleißig und treulich bezeigen. Ihr sollt und dürft Euch nicht in andere Händel und Verrichtungen mengen und müßt Euch zur rechten Zeit an den Sonn- und Festtagen, sowie auch anderen für den öffentlichen Gottesdienst bestimmten Tagen in der Früh- und in der Neuen Kirch einfinden und das Euch anvertraute Orgelwerk gebührend traktieren, darauf achthaben und es mit allem Fleiß verrichten. Wird etwas am Orgelwerk wandelbar, so müßt Ihr es beizeiten melden, daß die nötige Reparatur geschehe. An das Orgelwerk dürft Ihr niemand lassen ohne Wissen und Erlaubnis des Herrn Superintendenten und auch sonst alles tun, damit Schaden verhütet und alles in gutem Wesen und guter Ordnung gehalten wird.
Ansonsten«, der Kanzler ließ das Schriftstück, das er in den Händen hielt, sinken und sah Bach und Börner bedeutsam und eindringlich an. Bach hatte soeben auf den Kopf des Bürgermeisters und Apothekers Peckmann gesehen und dann durch das hohe Fenster zur Tanzlinde und bis zum Neideckturm. Peckmann hatte ein volles, rundes Gesicht und trug ein ebensolches weißes Halstuch wie er. Sein Gesicht war mißmutig und abwesend, als ob er mit seinen Gedanken ganz woanders wäre. Bach dachte für einen kurzen Augenblick, daß der Mann unentwegt an seine Töpfe und Salben und Kräuter denken mochte, die in der Apotheke unter der Galerie auf ihn warteten. Ins oberste Stockwerk der Tanzlinde schossen gerade die Spatzen in Form eines keilförmigen, schwarzen Schwarms, und sogleich war ein lustiges Leben im Gange. Zweige und Blätter schwankten und bebten. Um den Neideckturm aber, wo die blaugrüne Haube still vor dem blauen Himmel stand, flatterten Dohlen, deren Schreie, wenn auch leise und fern, bis in die Amtsstube drangen.

»Ansonsten«, wiederholte der Kanzler und sah Bach streng und unerbittlich so lange an, bis der Organist sich losriß von Turm und Linde und Peckmanns Gesicht und den Kanzler folgsam anblickte, wie es sich gehörte. »Ansonsten seid Ihr angehalten, Euch in Eurem Leben und Wandel der Gottesfurcht, der Nüchternheit und der Verträglichkeit zu befleißigen und böser Gesellschaften gänzlich zu enthalten. Ihr sollt ehrliebende Diener und Organisten gegen Gott, die hohe Obrigkeit und allen Vorgesetzten sein und Euch treulich verhalten.«
Der Kanzler Volkmar Schultes machte eine Pause, man hörte das eifrige Kratzen der Feder des Kanzlisten, der das Protokoll anfertigte, der Kanzler hob das Papier und fuhr fort: »Dagegen sollen Euch zu Eurer Ergötzlichkeit und Besoldung von der Stadt das Euch zukommende Salär pünktlich gegen Eure Quittung ausgezahlt werden. Die Bestallung, die Euch nunmehr ausgehändigt wird und der Ihr in allem nachleben sollt, ist ausgefertigt worden letzten Donnerstag und mit unserem Signatum versehen.«
Er ließ das Papier sinken, des Küchenschreibers Sohn sprang auf und reichte ihm die Duplikate, und alle Herren erhoben sich. Bach und Börner marschierten nach vorn, die Blicke der Herren folgten ihnen, und der Kanzler überreichte die Bestallungen, wobei sich die beiden Organisten recht tief verbeugten. Börner, nach der Verbeugung, ergriff die vorgereckte Hand des Kanzlers. »Hochedler und Hochgeehrter Herr Kanzler, seid versichert, daß ich in allem dieser Bestallung gemäß handeln und mich verhalten werde. Ich danke allen hohen Herren und der gräflichen Regierung für das Wohlwollen, da man mir entgegenbringt.«
Der Kanzler nickte befriedigt.
Bach trat einen Schritt vor und reichte ihm nun seinerseits die Hand. Er wiederholte Börners Worte und fügte hinzu:

»Ich will mich befleißigen, in meiner Kunst besonderen Eifer zu zeigen und auch durch eigene Kompositionen Gott zu ehren und den Gläubigen das Gemüt zu ergötzen.«
Er spürte, daß die Herren ihn ansahen, die einen mit Wohlwollen, die anderen mit Neugier und wieder andere mit skeptischem und herablassendem Ausdruck im Gesicht. Ein solches Gesicht, Bach sah es deutlich, machten der Prediger an der Neuen Kirch, der Magister Johann Peter Kreiß, und auch der Apotheker Matthias Peckmann sowie der Stadtschreiber De Zuana, der während der ganzen Zeit über streng und ernst in die Runde geglotzt hatte, als wollte er allen Versammelten einen schwerwiegenden Vorwurf machen.
»So ist es recht«, sagte der Kanzler und blickte beifallheischend in die Runde, »und nun wollen wir, daß beiden Herren die Schlüssel übergeben werden, damit sie ihr Werk beginnen und es recht ordentlich verwahren können.«
Der Magister Johann Peter Kreiß trat an den Kanzler heran und flüsterte ihm etwas zu. Der nickte und meinte darauf: »Der Organiste Börner hat ihn schon, so bleibt es nur noch bei dem Schlüssel zur Neuen Kirch. Seid so gut, Herr Magister, und waltet Eures Amtes.«
Der Magister, immer noch mit grämlichem, nun aber doch feierlichem Gesicht, zog den Kirchenschlüssel aus den unergründlichen Tiefen seines Gewandes und überreichte ihn mit Handschlag dem Organisten Bach, wobei er nicht vergaß, ihn ernstlich zu ermahnen, den Schlüssel treulich zu verwahren und ihn nicht etwa zu verschlumpen oder zu verlegen oder ihn zu anderweitigen Zwecken als zum Öffnen und Schließen der Kirchentür zu gebrauchen.
Bach entgegnete, daß er auf gute Zusammenarbeit mit dem Herrn Prediger hoffe und darauf bedacht sein werde, seine Predigten mit einer recht künstlichen Kirchenmusik zu un-

termalen. Währenddem aber sah er einen Daumenbreit über des Magisters Kopf hinweg durchs Fenster und über die Linde auf den Neideckturm, der noch immer still und stumm im Sonnenlicht stand, noch immer schimmerte die Haube glänzendgrün, und nach wie vor schossen die schwarzen Dohlen in halsbrecherischem Flug an Turmspitze und Haube vorüber. Der Federkiel in der Ecke des Zimmers humpelte kratzend hinter Bachs Worten her, und die Herren, da die Zeremonie zu Ende war, drängten heran und schüttelten den beiden Organisten die Hände.

De Zuana, mit äußerst wichtigem Gesicht noch immer, gab Bach die Hand. »Ihr seid ein junger Mann, Monsieur Bach«, sagte er bedeutsam, »und steht erst vor der Leiter, die Ihr erklimmen wollt. Noch seid Ihr nicht einmal auf der ersten Sprosse. Da ziemt es sich nicht, schon von Kompositionen zu sprechen. Haltet Euch zurück, erlernt Euer Handwerk, bis Ihr es vollkommen beherrscht. Tut also Eure Pflicht, das rät Euch, Monsieur Bach, ein Mann, der das Leben kennt.«

Bach verbeugte sich. Der Unterton in des Stadtschreibers Worten geriet in seinen Kopf und hinterließ Verwunderung, eine Warnung auch. Dieser Mann, dachte er, dieser Mann, der immer nur an zweiter Stelle steht, was will dieser Mann von dir.

Der Superintendent Olearius, mit viel Wohlwollen im Gesicht und mit eitel Freude, reichte ihm gleich beide Hände. »Mit den Bachen, Herr Johann Sebastian, haben wir immer große Sorgen gehabt. Der Stadtorganiste, Euer Onkel, war ein wenig spröde und schwer zu behandeln. Das soll mit Euch nun besser werden. Seid also weder stolz noch trutzig, sondern immer recht genügsam und willig. Und fürchtet Gott, so werden wir gut miteinander auskommen.«

Ich will Gott nicht fürchten, dachte Bach, ich will ihn lieben.

Und schon bin ich stolz und trutzig. Aber er sagte es nicht, sondern lächelte nur, zustimmend sogar und nickend auch, und mit einemmal dachte er an den Fuhrmann Weller und an die Fabel, die er vor einer Stunde gehört hatte.

»Wo habt Ihr Quartier genommen, Monsieur Bach, ich wüßte eine Stube und eine Kammer für Euch.« Der Apotheker Peckmann war ihm aufgetaucht und reichte ihm die Hand.

»Oh, Monsieur Peckmann, ich danke Euch sehr, aber ich habe schon etwas. Ich wohne zwischen ›Schlehdorn‹ und ›Paradies‹, im Haus des ehemaligen Stadtorganisten Bach, in meines Onkels Haus.«

»Das ist auch gut, Monsieur Bach, da könnt Ihr der Witwe, die es recht beschwerlich hat, ein wenig unter die Arme greifen.«

»Was höre ich, Herr Organiste«, der Kanzler trat erneut heran, »Ihr habt Quartier in der Kohlgasse genommen? Dann seid Ihr ja mein Nachbar!«

»Es ist mir eine Ehre, Herr Kanzler. Aber ich wohne hinten heraus, nach dem Hof zu, wo ich in Ruhe musizieren kann, ohne daß es den Herrn Kanzler stört.«

»Ihr habt, Herr Organiste, Sinn für Witz und Humor. Wie könnte mich Euer Spiel stören? Aber worauf wollt Ihr spielen, auf der Violine?«

»Ich will mir, Herr Kanzler, ein Clavicord beschaffen zur Vervollkommnung und zum Phantasieren und Komponieren.«

»Das ist sehr lobenswert. Ein Musikus, zumal ein Organiste, muß sich immer verbessern, denn er soll etwas bewirken mit seiner Kunst.«

Und der Kanzler, des Durcheinanders und des Gesprächs müde, begann in die Hände zu klatschen, zumal ihm der Bürgermeister Feldhaus etwas zugeflüstert hatte.

»Meine Herrn«, rief er, »wir müssen weitermachen. Ich danke den beiden Organisten und bitte sie, uns wieder allein zu lassen, da dringende Geschäfte auf uns warten.«
Und er nickte ihnen gnädig zu. Bach und Börner verbeugten sich und marschierten zur Tür. Hinter ihnen schurrten wiederum die Stühle, die Herren setzten sich, und schon begann ein lautes Palaver, aber der Stadtschreiber überschrie sie alle. »Die Bauerntölpel von Rudisleben«, dröhnte seine rechthaberische Stimme, »muß man festsetzen lassen. Wir lassen uns nicht den Stadtochsen mit Steinen beschmeißen, das geht gegen die Ehre der Stadt und kann nicht geduldet werden.« In eben diesem Augenblick schlug die Tür hinter ihnen ins Schloß. Der Türsteher hatte sie zugeworfen und bedeutete ihnen, daß sie sich entfernen möchten, es sei eine geheime, er zwinkerte mit den Augen währenddem, eine höchst geheime und wichtige Beratung im Gange.

Zwischen Schlehdorn und Paradies

Sie gingen rasch hinaus, die Stufen hinab, und Börner begann geradezu ärgerlich zu räsonieren. »Die Herren waren durchaus nicht bei der Sache. Alle dachten sie an das Vieh und an den Stadtochsen. Jetzt hecken sie aus, wie sie die Bauern aus Rudisleben zur Bank hauen wollen. Ich hoffe nur, daß sich der Graf dazwischenlegt und sie zurückhält. Weißt du, warum sie sich so aufregen? Sie haben alle selber Kühe und Ziegen, und Feld haben sie auch nach Rudisleben zu. Da steht nicht das Wohl der Stadt auf dem Spiel, sondern ihr eigenes. So ist es!«

»Was ist denn eigentlich geschehen, daß sie sich so sehr aufregen?«

»Nun, ich will es dir erklären. Du weißt doch: Ich komme aus Rudisleben, bin dort geboren und weiß, wovon ich spreche. Die Bauern streiten sich seit hundert und mehr Jahren mit den Bürgern der Stadt um das Obergehege und das nicht nur mit Worten. Als ich ein Jahr alt war, hat es, wie mir mein Vater später erzählte, den letzten Flurumgang gegeben, wobei die Arnstädter mit Musketen und Faustrohren gelaufen sind und die Bauern wie Hunde totschießen wollten. Da ließen sie schon die Kugeln in die Musketen laufen und wollten per Force trotz gräflichem Verbot den armen Bauern an Leib und Leben. Das Obergehege, mußt du wissen, geht bis ans Tor des Dorfes, und die Bauern meinen, nach altem Recht gehöre es ihnen.

Gestern, am späten Nachmittag, kommt der Hirt aufs Rathaus gelaufen, ganz außer Atem und voller Wut, und meldet, daß er auf der Weidetrift von vielen Bauern angegriffen,

daß sie auf ihn und seine Herde dreingeschlagen mit Spießen und Stangen und Dreschflegeln und ihn verjagt haben.
Und mitgebracht aufs Rathaus hatte der Hirte den Sommerschützen und die Witwe Schneider, die alles mit angesehen und es bezeugen konnten.
Die Witwe sagte, sie seien mit Äxten, Hauen und Stangen gekommen und hätten aufs Stadtvieh losgeschlagen. Sie hat es ihnen wehren wollen, wäre aber zum Gotterbarmen als Hexe ausgeschrien worden.
Der Feldhaus hat gleich die Stadtknechte rufen lassen. Die mußten alle Ratsherren aufs Rathaus holen. Sie sind gelaufen, als ob Feuer wäre, und haben gesessen die halbe Nacht. Am Morgen erzählte man mir, sie hätten ein ganzes Faß Bier gesoffen. Aber was sie ausgeheckt haben, ist noch nicht durchgedrungen. So steht die Sache, und nun sitzen sie wieder seit dem Vormittag und deliberieren, und wir kamen ganz ungelegen, wie es scheint.«
»Aber wer ist im Recht, die Bauern oder die Bürger?«
»Die Sache liegt im dunkeln, aber ich glaub schon, daß die Bauern recht haben. Die Erinnerung, weißt du, die Erinnerung sitzt tief. In den Wirren vor hundertfünfundsiebzig Jahren hat man sie bestohlen. Vor sechzig Jahren auch. Es gab ja bald keinen Bauen mehr und die Stadtbürger dachten, der Rest hätte Gemarkung und Flurzug vergessen, und so nahm man hier ein Stück Feldacker und da ein Stück Krautland und dort eine Weidefläche für das Vieh, und der Versuch wurde zur Gewohnheit und die Gewohnheit zur Gewißheit. Aber tief in den Köpfen schlief die Erinnerung, und irgendwann sprach sie einer aus. Jetzt haben wir das Spektakel.«
Sie gingen an dem Brunnen vorüber, der eingangs der Zimmergasse stand. Bach hörte das Plätschern des Wassers und

hinter sich, vom Schloßturm her, noch immer das Geschrei der Dohlen.
»Mein Schwiegervater, der Herr Küchenschreiber, hat auch ein Stück Krautland nach Rudisleben zu. Er hat sich gestern abend so erregt, daß ich dachte, es träfe ihn der Schlag. Die ganze Stadt summte und brummte vor Erregung wie ein Bienenkorb.«
Bach lachte und sagte: »Nun ja, Herr Vetter, was schert uns die Weidetrift der Bürger. Wir sind Organisten und machen Musik zum Lobe Gottes. Und wenn sie sich die Köpfe einschlagen, ich setz mich vor den Spieltisch und vergesse die Händel dieser Welt. Wie schon Anacreon gesagt hat: Was gehen mich Plejaden an?«
Börner blieb stehen und sah ihm starr ins Gesicht: »Du machst mich staunen mit deiner Einfalt. Ich bin zehn Jahre älter und weiß, wie eine Henne gackert. Warte du bis übermorgen früh. Der Prediger wird eine Brandpredigt halten, und du begleitest ihn auf der Orgel. Da kannst du nicht mehr sagen: Was gehen Plejaden mich an?«
»Was kann ich dafür, wenn er wirklich einen solchen Sermon von sich geben sollte? Meine Musik kann, wenn ich will, friedlich und besänftigend sein.«
»Auch dann hättest du schon Partei ergriffen. Du kannst es drehen und wenden, wie du willst, wie der Hintern immer hinten bleibt, so wirst du immer mittendrin stehn und dich an den einen oder an den anderen halten müssen.«
»Ich halte nur zu Gott!«
»Und auf welcher Seite steht Gott? Auf der Seite der Bauern? Auf der der Bürger? Ich weiß nur, beide Seiten glauben, mit ihm eine Allianz zu haben. Aber zu wem hält er?«
Bach schwieg. Noch immer stand Börner, sah ihn starr an und wartete wohl auf eine Antwort.
»Du verwirrst mich nicht«, sagte Bach und blickte durch die

Zimmergasse zur Neuen Kirch. »Wie kann ich wissen, ob Gott zu den Bauern hält oder zu den Bürgern? Am Ende wird er jenen, die im Recht sind, ihr Recht verschaffen, das ist meine feste Überzeugung, wenn es vorerst auch anders ausgehen sollte. Gott wendet seine Augen nicht von den Gerechten, so steht es in der Schrift.«
Und während sie weiterliefen, hinein in die Zimmergasse, am Haus des Küchenschreibers und am »Weinfaß« vorbei, dachte Bach an die Worte des Fuhrmanns Weller. Wir sterben doch schon lange, hatte er gesagt. Es wird sich nichts ändern. Sie schwiegen beide. In Bachs Kopf rumorten die Gedanken. Rechts stand das Haus des Hofschusters, der seinen Laden herabgelassen hatte. Über die aufgestellten Stiefel hinweg sah er den Gesellen und den Lehrjungen in der Werkstatt. Eine Frau stand vor dem Laden, der Meister dahinter. Die Frau hob einen Schuh in die Höhe, und der Meister sah stumm auf sie herab, während sie auf ihn einsprach. Aber schon waren beide an der Ecke vor dem Hopfenbrunnen. Ein Goldschmied hatte da sein Haus. Auch dessen Laden war heruntergeklappt, und Bach sah allerlei blitzendes Gerät, ein Degen hing da, der Knauf glänzte ebenso in der Sonne wie die Kette daneben und wie die silberne Spange, die sich darunter befand. Auch der Geharnischte auf dem Hopfenbrunnen leuchtete im Licht dieses Augusttages, der heiß war und schwül wurde am Nachmittag. Sie blieben erneut stehen und sahen über den Brunnen auf die Stützmauer der Kirche und auf das Gotteshaus, dessen hellgraue Steine schwer zu atmen schienen in der wabernden Hitze.
»Sei es, wie es sei«, sagte Bach und blickte Börner an, »ich habe den Schlüssel und will, wenn du mir helfen möchtest, ein wenig die Orgel schlagen, zum Dank dafür, daß alles einen solch guten Anfang genommen hat. Sei so gut und tret die Balken. Danach gehen wir in die Kohlgasse.«

»Du kannst es nicht erwarten, endlich einmal ganz für dich und ohne Zuhörer die erste eigene Orgel zu traktieren. Ist es so?«
Bach lächelte und nickte.
»Mir ist es ebenso gegangen. Ich kann dich verstehn.«
Sie gingen am Hopfenbrunnen vorüber, wo Fässer auf Kufen standen. Im Wasser des Brunnens badete sich die Sonne und ebenso in den Fässern, die bis obenhin gefüllt waren.
»Jetzt geht's den Ölberg hinauf«, sagte Börner, und sie liefen hinter der Neuen Kirch hoch, an der Stützmauer und an einem Brauhof vorüber, aus dessen Geviert Pferdewiehern erscholl und das dumpfe Rumpeln von Bierfässern. Zwischen Kirche und mehr zum Rathaus hin, nahe dem Brunnen, sah Bach das Trillerhäuschen für die Markt- und Hausdiebe. Es stand verlassen und ohne Delinquenten gerade gegenüber dem Kirchenportal, und auf dem herausragenden Drehbalken saßen zwei Jungen mit nackten Oberkörpern, die sich mit den Füßen abstießen und samt dem Häuschen im Kreis herumfuhren. Dabei sahen sie auf die beiden Organisten und schnitten Gesichter. Börner drohte mit der Faust, aber es kümmerte sie nicht.
Bach öffnete unterdessen die Tür, sie gingen hinein, es war kühl und still, nur ihre Schritte auf den Steinen hallten von der gewölbten Decke zurück. Die beiden wandten sich um und sahen auf die Orgel über den beiden Emporen.
»Ich kann nicht begreifen«, sagte Bach, »weshalb der Rat die Orgel auf eine solche Weise unter die Decke hat stopfen lassen. Sie ist ja weiß Gott geradezu reingequetscht, als hätte es nicht mehr Platz gegeben.«
»Was nützt das, man muß damit zurechtkommen.«
»Aber der Klang wäre besser, stünde sie in der Höhe der zweiten Empore!«
»Da hätte es weniger Platz für die Kirchgänger gegeben.

Die Kirche ist ja immer voll wie ein Bierfaß, bevor es angezapft wird. Der Rat hat sich schon etwas dabei gedacht.«
Sie stiegen hoch, Bach begab sich an den Spieltisch und Börner an die Tretbalken. Bach wandte sich um und blickte zum Altar. Er faltete die Hände, legte sie auf die Brüstung und flüsterte unter dem Knarren und Poltern der Balken:
»Herr, höre meine Worte, merke auf meine Rede!
Vernimm mein Schreien, mein König und mein Gott;
denn ich will vor dir beten.
Laß dir wohlgefallen die Rede meines Mundes
und das Gespräch meines Herzens
vor dir, Herr, mein Hort und mein Erlöser.«
Erst jetzt setzte er sich auf die Bank vor den Spieltisch. In der Kirche war es still. Ein leises, fernes Fauchen war nur hörbar, die Luft in den Bälgen. Die Orgel bebte, als lebe sie. Bach spielte, wie ihm an diesem Tag zumute war. Es war alles so gekommen, wie er es gewollt hatte, aber tief innen, im Herzen oder im Kopf, lagen Beklemmung und Trauer, Betrübnis auch, weil er nicht hatte helfen können und wegen mancher Worte, die er gesagt hatte und schon bereute. Er war unvollkommen, wie alle Menschen und wie alles um ihn her, und so kam ihm ein Choralvorspiel seines Eisenacher Oheims in den Sinn. Worte und Noten standen ihm vor Augen. Die Noten hatte er abgeschrieben vor wenigen Monaten, die Worte hatte er im Kopf:

Warum betrübst du dich mein Herz
Bekümmerst dich und trägest Schmerz
Nur um das zeitlich Gut?

Die Läufe stiegen hinab, die Töne klagten, von Schmerz gebeugt und von Zerissenheit, von Zweifel auch und drückenden Sorgen, als ob er selbst hinabstiege ins Unglück, wo er sich umsah und zur Besinnung kam. Der Orgelpunkt setzte ein, Hoffnung und Zuversicht wurden hörbar.

Vertrau du deinem Herre Gott
Der alle Ding erschaffen hat.

Und während er spielte, verloren sich Trauer und Beklemmung, der Rausch ergriff von ihm Besitz und die Freude. Wie schnell, dachte er im Bruchteil einer Sekunde, vergißt der Mensch Leid und Trübsinn und klammert sich an einen Hoffnungsstrahl, der ihn emporhebt. Ihm schien, als höre er nicht einmal mehr die Musik, als geschähe alles von selbst, und für einen Augenblick hatte er sogar das Gefühl, als sei er ganz allein und alles falle von ihm ab, was um ihn gewesen war an diesem Tag. Wo waren der Fuhrmann und die Bettlerin, wo das Konsistorium mit den zweiflerischen und abwesenden Gesichtern, wo Andreas Börner mit seinen skeptischen Reden und wo die Kirche, in der er saß?

Am Ende, der Nachhall der Töne dröhnte einen Augenblick lang noch durch das Kirchenschiff, und er schob, ohne es zu wissen, die Register zurück, am Ende waren eine jähe, lähmende Stille und eine vollkommene Ruhe, als hielten Orgel und Kirche den Atem an, zu Tode erschrocken und wie in plötzlicher Ohnmacht. Dann hörte Bach das Tschilpen der Spatzen in den jungen Bäumen, die die Kirche umstanden. Er hörte sie auch vom Dach her, als säßen sie auf der gewölbten Decke und hätten alles mit angehört. Auf dem Marktplatz ertönten Rufe und Schreie, Räder rollten, und das Knallen einer Peitsche war zu hören.

Es gab noch die Welt, allem Orgelspiel zum Trotz. Leid und Freude wanderten auf und ab wie immer schon.

»Was war das?« Börner stand da und sah ihn erstaunt und fragend an.

»Was meinst du?«

»Was hast du gespielt? Wer hat diese Noten gesetzt?«

»Es ist von meinem Oheim Johann Christoph. Ich habe die Choräle, die er in Noten gesetzt hat, im Frühjahr abgeschrieben, nachdem er begraben war. An die vierzig hab ich gefunden.«

»Das war ungewöhnlich und kühn, was du gespielt hast.«

»Es war auch ein kühner Mann, Herr Vetter, und ein großer Künstler.«

»Überläßt du mir die Abschriften, damit ich sie kopieren kann?«

»Das versteht sich von selbst. Sie gehören ja nicht mir allein. Wir werden auf diese Art ein wenig Wind machen in der Stadt.«

»Ich weiß nicht«, sagte Börner, während sie aus der Kirche gingen, »ob die Bürger und Kirchgänger einen neuen Ton von einem alten unterscheiden können. Glauben kann ich es nicht. Zuerst denken sie an ihr Rindvieh, dann an ihr Bier und schließlich an die Feldfrüchte, die sie ernten und nach Hause schaffen müssen.«

Als sie aus dem Schatten der Kirche in die Sonne traten, sahen sie einen der Stadtknechte schimpfend und fluchend neben dem Drilehäuschen stehen, während die beiden Straßenjungen hinter einer Ecke des Rathauses hervorsahen und noch immer Gesichter schnitten.

Die beiden Organisten gingen zwischen den Freitreppen und dem langen Stein am Rathaus vorüber in die Richtung der Kohlgasse. Am langen Stein standen Frauen. Sie hatten ihre Kiepen auf ihn gestellt und schwatzten miteinander. Auf der anderen Seite des Platzes fuhr ein Erntewagen in die Torfahrt, aber er war zu hoch beladen. Bach sah, wie einzelne Garben von der Torwölbung herabgerissen wurden und vom Wagen stürzten. Staub wirbelte hoch, und er roch das Stroh und die Ähren. Ihm war, als würde der Sommer zum Schlaf in die Scheuern gefahren, als sei er nun müde und hätte seine Schuldigkeit getan.

Aus dem Hof des Eckhauses gegenüber dem »Schlehdorn«

an der Kohlgasse hörten sie dumpfe Schläge von Dreschflegeln, und von oben, ein paar Häuser weiter, ertönten helle Hammerschläge. Dort wurde eine Sense gedengelt. Alles zusammen geschah mit höchster Exaktheit und vollkommen gleichmäßig. Nur die Hühner hinter den Toren kümmerte der Gleichklang nicht. Sie gackerten ohne Sinn und Verstand und ohne jede Harmonie in den Augustnachmittag, der immer schwüler wurde. Von der Abendseite her kamen Wolken gezogen, hell und durchsichtig noch, mit verschwommenen Rändern, die in der Bläue zerfaserten. Hinter ihnen aber wurde der Himmel dunkel und drohend, und es schien, als ahnten die Menschen etwas, als wachse ihre Geschäftigkeit und als eilten sie, ihr Hab und Gut zu schützen und ins Trockene zu bringen.
Sie gingen durch das Hoftor und sahen Wellers Wagen, der schon entladen war. Das Pferd stand und fraß aus dem Hafersack. Johannes Christophorus, der vierzehnjährige Sohn der Tante, stand neben dem Pferd und hielt den Sack, und das Pferd schnob und blies leere Hülsen hoch, die im wirren, schwarzen Haar des Jungen hängenblieben. Als Johannes die beiden sah, ließ er den Sack fallen, stürzte auf sie zu und umarmte seinen Vetter. Sein Gesicht strahlte, er ging beiden Organisten voran durch die Hoftür ins Haus, wo Weller in der Küche saß, vor einem Napf, aus dem er eifrig löffelte, während neben ihm die Tante stand und auf ihn einredete. Bach hörte sie schon im Flur. »Ihr braucht mir nichts zu sagen, Meister Weller. In dieser schlimmen Zeit, grad zehn Jahre ist es her, starb mein seliger Mann, und nicht einmal ein Jahr später, Anno vierundneunzig, war es mein Jüngster, der Johannes Andreas, zwei Jahre zählte er und starb mir unter den Händen.«
Die drei standen im Flur, sahen in die Küche und regten sich nicht. Weller löffelte hastig, und die Tante fuhr fort:

»Da hielt ich ihn in den Händen, und sein Leben erlosch wie eine Kerzenflamme, an die der Wind kommt.«
Weller sah hoch, der Teller war offenbar leer, und er sagte: »Da steht Euer Mieter, Frau Bachin. Er steht im Flur und horcht auf das, was Ihr sagt.«
Augenblicklich verwandelte sich ihr Gesicht. Eben noch traurig und bekümmert, war plötzlich ein freudiges Lächeln zu sehn, sie trat ein paar Schritte auf die beiden zu und begrüßte sie. Bach, der einen Kopf größer war als die Tante, sah auf ihr graues Haar und dachte an seine Mutter. Deren Haar war ebenso von grauen Strähnen durchzogen gewesen, und er sah sich eine Sekunde lang vor ihrem Sarg stehen, zusammen mit den Geschwistern, sein Vater stand rechts und die Geschwister links, und vor sich sah er den Kopf der Mutter, das eingefallene Gesicht und die Strähnen der grauen Haare, die in einem Knoten endeten.
»Ist alles gutgegangen?« Die Tante ergriff seine Hand und sah ihn voller Erwartung an.
Bach fuhr mit der Linken in die Tasche, zog den Kirchenschlüssel heraus und hielt ihn hoch. Weller, der noch immer am Tisch saß, folgte der Bewegung und brummte: »Da habt Ihr euren Posten und Euer Auskommen. Nun bleibt nur noch, daß Ihr verständig seid und nicht über den Strang schlagt.«
Der junge Christophorus zog Bach zu sich herab und flüsterte ihm ins Ohr: »Erzählst du mir heute abend vom heiligen Christophorus?«
Bach flüsterte ebenso leise zurück: »Heute nicht, morgen aber ganz bestimmt.«
»Was habt Ihr da für Geheimnisse?« Die Mutter sah ihren Sohn argwöhnisch an. Bach legte einen Finger auf den Mund. Der Junge schwieg. »Ich soll ihm das Orgelschlagen lehren, hab ihn aber auf später vertröstet.«

»Du hast ihm schon vor vier Wochen den Kopf verdreht mit deinem Orgelspiel. Er soll erst auf der Violine üben und in der Schule besser vorankommen.«
Die Tante wies auf eine tönerne Schüssel mit Haferbrei, die auf dem Tisch stand. Börner wehrte ab, Bach aber setzte sich, griff nach einem Holzlöffel und begann zu esssen.
»Wo ist denn die Base geblieben?«
»Barbara Katharina richtet deine Stube her. Sie wird gleich kommen. Es ist ein Kreuz mit ihr. Sie sollte längst aus dem Haus sein und unter der Haube.«
»Es will sie wohl keiner mehr?« fragte Weller freimütig und griff nach dem Bierkrug, der vor ihm auf dem Tisch stand.
Die Tante sah auf den Fuhrmann. Ihr Gesicht war wieder voller Kummer. »Wo nichts ist«, sagte sie, »kommt keiner, etwas zu holen. Wo aber Tauben sind, da fliegen noch welche zu. Ich bin eine arme Witwe und hab mit Müh und Not mein Auskommen. Das bißchen Land läßt uns gerade überleben.«
Börner mischte sich ein: »Frau Bachin, Ihr habt doch Euren großen Sohn, der Euch helfen wird!«
»Er lernt noch und treibt sich in der Welt herum. Gott geb es, daß er bald eine gute Bestallung bekommt.« Sie wandte sich an den Jungen: »Geh, Christoffer, und hol dem Herrn Börner und deinem Onkel einen Krug Bier.«
Christoffer lief aus der Küche und kam wenig später mit zwei vollen Krügen zurück. Mit ihm kam Barbara Katharina, in der einen Hand den Reisigbesen und in der anderen einen hölzernen Eimer. Bach erhob sich, sie stellte den Eimer ab, ließ den Besen fallen, und er begrüßte und umarmte sie. Wie alt ist sie, überlegte er, dreiundzwanzig oder zweiundzwanzig? Sie sieht aus, als zähle sie erst siebzehn.
Ihr blasses Gesicht hatte sich gerötet, als Bach sie umarmte, und selbst auf Hals und Brustansatz zeigten sich rote Flecke,

als sei das Mädchen voller Aufregung. Ihr Mieder war eng und ging über in einen langen, glockenförmigen Tuchrock, der bis zu den Knöcheln reichte. Ihr Haar war ebenso schwarz wie das ihres Bruders. Bach sah Ansätze von Lokken, die das überaus schmale Gesicht umrahmten, und die Augen, ebenso dunkel wie die Haare, waren unnatürlich groß und erinnerten ihn an jene, die er am Längwitzer Tor gesehen hatte. Schon vor vier Wochen war ihm aufgefallen, daß diese Augen immerfort traurig dahersahen, voller Resignation und Zweifel, als spiegelte sich in ihnen eine müde, kranke Seele, die nichts mehr zu erhoffen hatte. Eine hoffnungslose, blutarme Schönheit, dachte Bach. Und sie war nicht nur blutarm, sondern auch arm an Gütern, wie ihre Mutter gesagt hatte, und stand nun und wartete ohne Ausblick und Zuversicht.
Seine Tante sah mit ärgerlichem Gesicht auf die nackten Schultern ihrer Tochter. »Du bist ja ganz erhitzt!« rief sie und warf ihr ein Tuch zu, »wirst dir noch den Tod holen!« Gehorsam legte sich Barbara Katharina das Tuch um und griff nach dem Besen und dem Eimer. Börner starrte hinter ihr her und verzog das Gesicht. »Sie laufen alle nackt und bloß herum.« Er wandte den Kopf zur Mutter. »Aber gut gewachsen ist die Jungfer, da sollte es doch mit dem Teufel . . .«
»Pfui, Monsieur Börner, Ihr seid zehn Jahre schon ein Mann mit Frau und Kindern und glotzt immerfort hinter den Mädchen her. Man hat es mir wohl erzählt. Was ist das für eine Lapperei mit der Apothekerstochter, der Jungfer Peckmannin? Das ziemt sich nicht für einen Organisten.« Ihr Blick fiel auf den Jungen. »Geh hinaus, Christoffer, und achte auf das Pferd!«
Der Halbwüchsige schlich widerstrebend in den Flur und verschwand im Hof.

»Aber Tante, der Herr Vetter hat doch nur gemeint, daß sie schön sei und deshalb einen Freier finden wird.« Bach hatte sich vom Tisch erhoben und wollte die Frau beruhigen.

»Papperlapapp. Ich weiß es besser, was dahintersteckt. Er ist ein Filou, dein Bruder im Amt, und das ziemt sich nicht, wenn man Organiste an der Frühkirch ist.« Und sie setzte hinzu nach einem Blick auf Börner, »ab Donnerstag früh geh ich nur noch zur Neuen Kirch, daß Ihr's wißt.«

Börner tat, als ob ihm das übel ankäme. »Ich muß wohl bald vor einer leeren Kirche spielen, wenn man so ausgeschrien wird.« Er sah Bach an und meinte: »Jetzt kommt auch noch ein junger, lediger Organiste in die Stadt, da werden wohl nicht nur die alten Weiber, sondern noch dazu die hübschen Jungfern in die Neue Kirch laufen.«

Und er rief klagend und mit komischem Unterton in der Stimme:

Wo soll ich mich hinkehren,
ich dummes Brüderlein,
wie soll ich mich ernähren,
mein Gut ist viel zu klein.
Dabei seh ich den Frauen
so gerne hinterdrein
und wollte in der Auen
sie lieben still und fein.

Und während sie allesamt lachten, sogar der Fuhrmann, sagte die Bachin, indem sie ein Lächeln unterdrückte: »Dies ist das einzige, was Euch im Kopfe herumfuhrwerkt. Weder seid Ihr ein Mann für die Orgel noch einer für Frau und Kinder.«

»Im Gegenteil, Frau Bachin, mein Wahlspruch heißt:

Die Liebe und das Orgelspiel
ist alles, was ich machen will,
und ist mir mal nicht mehr danach,

will ich mich legen in den Sarg
und mich zum Tode rüsten.
Leb wohl, du schönes Orgelspiel
auf Tasten und auf Brüsten.«

Wieder mußten sie lachen, Weller jedoch schon mit bedenklichem und erstauntem Gesicht und die Tante nur ganz wenig, abweisend und mit einer Spur Verachtung. »Ich denk mir«, sagte sie, »daß Ihr solchen Text selbst in der Kirche spielen wollt, würde man es Euch verstatten. Ihr seht mir ganz danach aus. Nach Tanzweisen steht Euch der Sinn.« Sie wandte sich an Bach: »Hör nicht auf ihn und laß dich nicht in seine Schleppe nehmen. Er kommt mir vor wie der Bock von Arnstadt. Immerfort meckert er hinter den Ziegen her.«

Bach wollte gerade sagen, daß ihn Börner für den Abend in den Ratskeller eingeladen habe, als plötzlich die Küche für den Bruchteil einer Sekunde glockenhell wurde, und in die jähe Stille, die auf einmal herrschte, ein gewaltiger Donnerschlag ertönte, der das Haus erzittern ließ.

»Um Gottes willen«, schrie die Bachin, »es hat eingeschlagen!« Sie sank vor dem offenen Herdfeuer zu Boden und begann hastig zu beten: »Gott! Du bist Vater in deinen Gerichten, wie in deinen Werken; in drohender Gefahr, wie in erfreulicher Hilfe, in Donner und Blitz, wie in heiterem Sonnenschein und sanftem Frühlingsregen . . .«

Und während sie unablässig weiterredete, mit lauter und beschwörender Stimme, liefen die Männer aus dem Haus, in den Hof und auf die Gasse, aber da war nichts, was auf einen Brand deutete. Der Wächter auf dem Neutorturm am Ende der Kohlgasse läutete weder die Feuerglocke, noch blies er ins Horn.

Die Morgenseite des Himmels war blau und zuversichtlich, die Abendseite schwarz und drohend, wie alles in der Welt,

und sie gingen ebenso beruhigt zurück in den Hof, wie die anderen Leute, die aus Torfahrten und Haustüren auf die Kohlgasse gerannt waren und sich umgesehen hatten.
Bach verabredete sich mit Börner und Weller für den Abend, beruhigte die Tante und ging auf seine Stube.
Sie lag nach dem Hof zu, und das einzige Fenster befand sich auf der Abendseite. Er sah über schindel- und strohgedeckte Dächer zum Weinberg und zum Eulenberg. Ein Regenbogen verband sie miteinander und schwang sich über das Tal. Unter dem Regenbogen aber lag im Hintergrund die erste der drei Burgen, von Blitzen umzuckt und schwarz vor dem Horizont, der wie ein weißer Streif zwischen Gewitterwolken und Erde erschien.
Links vor dem Berg, ganz nah und am Ende der Stadt, sah Bach die Türme der Frühkirch, wo Andreas Börner tätig war. Sie standen vor dem blendendweißen Streifen am Horizont, und ihre Spitzen endeten vor dem dunklen, wolkenreichen Himmel. Bach stand stumm und reglos am Fenster und sah staunend auf den Regenbogen, eine leuchtende Himmelsbrücke, die wie ein bunter Reif das Tal überspannte und zwei Berge miteinander verband.
Er sah das Wunder und wußte, daß er endlich zu Hause war. Seine Truhen standen hinter ihm, auf dem Tisch lag die Violine, und in der Ecke stand das Bett. Er hörte es knistern und roch das frische Stroh. Zwischen Schlehdorn und Paradies, dachte er und sah, wie der Regenbogen verblaßte und erlosch. Ein Rauschen setzte ein, und große Tropfen fielen auf die Dächer der Stadt.

Über der Stadt

Bevor Bach zum Ratskeller ging, lief er zur Kohlgasse hoch und am Haus zum »Paradies« vorbei, wo der Weg immer mehr anstieg bis zum Neuen Tor.
Regen und Gewitter waren vorüber, aber vom Berg herunter, durch die Wölbung des Tores, schoß das Wasser ein paar Ellen breit durch die Kohlgasse in die Stadt. Die Luft war klar und frisch. Von den Bäumen her, die linker Hand die Barfüßerkirche umstanden, und aus den Gärten am Berg, erklangen helle Vogelstimmen. Da war das Geschwätz der Spatzen, das sich anhörte, als sei es viel aufgeregter, lauter und freudiger als vor dem Gewitter, und dazwischen hörte Bach zwei Rotkehlchen, die scheinbar zusammen wetteiferten und sich abwechselten, als antworteten sie einander. Die ersten Töne, ganz hoch, dünn und schwach noch, wurden abgelöst von einer Kaskade immer tieferer Töne, die Melodie stürzte hinab wie fallende Perlen oder wie ein glitzernder Wasserfall. Dann, am Ende, kam, wie von einer Flöte vorgetragen, ein verklärtes, ruhiges Motiv, gleichsam als Frage, die reglos und ohne Antwort aus Bäumen und Gärten heraus sich erhob und in der Luft schwebte, als warte sie.
Gleich darauf setzte das andere Rotkehlchen ein, und alles hörte sich ebenso an und war doch anders.
Bach blieb stehen und hörte auf die Stimme, und tatsächlich brachte es dieser zweite Vogel zuwege, vor lauter Eifer wahrscheinlich und um den anderen zu überbieten, die fallende Tonreihe ein zweites Mal zu singen, ein Schluchzer lag nur dazwischen, spitzzüngig und in Eile, und dann ging es wieder von hoch nach tief, ein Melodienfall, wie er schöner und gleichmäßiger nicht sein konnte.

Er lief hoch zum Neuen Tor und fragte sich, ob er den Gesang der Vögel nur hörte, weil er ein Musikus war. Jetzt eben hätte er die Töne aufschreiben können. Er hatte daran gedacht. Hörte er sie, weil es seine Profession war oder weil in der Vogelmelodie eine große Heiterkeit und viel Jubel mitschwangen? Hörte er sie wegen der Schönheit und der Lebensfreude? War da ein natürliches Empfinden in ihm oder nur die Begierde, daraus zu lernen? Sah er alles schon von seinem Spieltisch aus und nur mit dem Blick ins aufgeschlagene Notenheft?

Und er sagte sich, daß er sterben wollte, wenn ers kein natürliches, schlichtes Empfinden mehr in ihm geben sollte, daß er dann kein Mensch mehr wäre, sondern nur noch ein tastenschlagendes, gestorbenes Wesen, dem die Welt nichts anderes war als Staffage oder Komödie, tot und von ihm getrennt. Viele Menschen hatte er kennengelernt, die weder sehen noch hören konnten. Als Kinder konnten sie es noch, aber dann, später, verloren sie alles.

Er lief unter dem Turm des Neuen Tores hindurch, an die Quader gedrückt, da das Wasser noch immer vom Berg floß und in die Stadt rann. Hinter dem Tor und außerhalb der doppelten Mauer, er spürte den mißtrauischen Blick des Torwächters im Nacken und lief schnell den Berg hoch, zwischen einzelnen Buchen und Eichen, empfingen ihn wieder die schmetternden Stimmen der Vögel und stiegen mit ihm nach oben, wo er endlich stand und auf die Stadt sehen konnte.

Der Himmel war blank, wie leergefegt. Nur die Sonne hing allein in der Bläue und senkte sich langsam zum Horizont, als wolle sie sich in der Gothaischen Ebene zum Schlaf niederlegen. Die Stadt dampfte. Es schien, als stiegen leichte, durchsichtige Nebel aus den Höfen in die Höhe. Von den Strohdächern erhoben sie sich so zu einem kurzen Leben.

Auf dem Neideckturm wurde der Abendchoral geblasen, wie immer zur Erntezeit. Bach hörte die Melodie und sang mit einsamer Stimme, allein auf dem Berg über der Stadt, er hatte das Gefühl, mit allem im Einvernehmen zu sein:

Oh, Gott, der du das Firmament
Mit Wolken tust bedecken,
Der du ingleichen kannst behend
Das Sonnenlicht erwecken,
Halt doch mit vielem Regen ein
Und gib uns wieder Sonnenschein
Daß unser Land sich freue.

Gib uns von deinem Himmelssaal
Dein klares Licht und Sonne
Und laß uns wieder überall
Empfinden Freud und Wonne,
Daß alle Welt erkenne frei,
Daß außer dir kein Segen sei
im Himmel und auf Erden.

Der Choral verklang. Von den Mauern der Stadt schien noch ein Nachhall zu kommen. Sie selbst hatte den Atem angehalten, da war nichts gewesen neben dem Choral, aber nun regte sie sich erneut, vielfältige Geräusche flogen zum Berg hoch, innerhalb und außerhalb der Mauern entstand wiederum Geschäftigkeit und Bewegung. Bach sah, daß sich die letzten Erntewagen dieses Tages den Toren zu bewegten. Einzelne Schiebekarren, mit geschnittenem Gras beladen für das Kleinvieh, rollten in die Stadt. Vom Riedplatz her hörte er das Brüllen der Rinder, die offenbar durch das Tor kamen. Das war die Herde vom Ried- und vom Längwitzer Viertel, die südlich der Stadt, im Geratal, ihre Weidetriften hatte. Er hörte die Rufe des Hirten und das Bellen der Hunde. In einige Gassen konnte er sehen und gewahrte hin und wieder die rotbraunen oder weißen Rücken der Tiere, die ganz von selbst die Herde verließen und durch die geöffneten Hoftore in ihre Ställe liefen. Vorher aber drängten sich die Tiere in gieriger, ungeduldiger Eile an die Brunnen der Stadt. Die Menschen dort, Frauen zumeist, wurden beiseite gedrängt und standen mit ihren Holzbütten und ledernen Eimern wartend auf den Plätzen.

Endlich hörte Bach den ersten Puls einer Abendglocke, zaghaft noch und unschlüssig fast, aber bald fielen die anderen ein, und wieder stockte alles Leben in der Stadt, nur das Vieh bewegte sich, als ob es lautlos liefe, da nur der Klang der Glocken die Stadt erfüllte, ein unablässiges, feierliches Dröhnen und Klingen, alles bezwingend, alles lähmend und zugleich befreiend vom Tagewerk und von der Last der vergangenen Stunden.

Bach legte die Hände ineinander und sah unter dem Klang der Glocken westwärts, wo die Sonne zwei Handbreit über dem Horizont schwamm in einer grellen, gleißenden Helligkeit. Die Burgen standen schwarz davor, und die Berge des Thüringerwaldgebirges weiter links glänzten silbrig unter den Strahlen der Sonne.

Überwältigt von der Schönheit der gottgeschaffenen Natur und vom Klang der Glocken flüsterte Bach sein Abendgebet:

»Das walte Gott Vater, Sohn, heiliger Geist, Amen.

Ich danke dir, mein himmlischer Vater, durch Jesum Christum, deinem lieben Sohn, daß du mich diesen Tag gnädig behütet hast, und bitte dich, du wolltest mir vergeben alle meine Sünden, wo ich unrecht getan habe, und mich diese Nacht gnädiglich behüten. Denn ich befehle mich, meinen Leib und Seele und alles in deine Hände. Dein heiliger Engel sei mit mir, daß der böse Feind keine Macht an mir finde. Amen.«

Die Glocken verstummten eine nach der anderen, zögernd nur, schwache Pulse waren noch hörbar, und ein Summen und Zittern erfüllte die Luft, in die sich aufs neue die Geräusche der Stadt mischten.
Bach warf einen Blick zum südlichen Abhang des Berges, wo sich Weingärten befanden, die die Strahlen der tiefstehenden Sonne einfingen, und wo auf dem Weinlaub noch Wassertropfen glänzten und glitzerten. Dort hatte auch der Küchenschreiber einen Garten, und er freute sich schon jetzt auf die Ernte der Trauben in zwei Monaten, wenn das Weinlaub gelb und rot wurde und der Hang in der matten Herbstsonne noch einmal, bevor er in den Winterschlaf ging, wie aus sich selbst heraus zu einem bunten und heftigen Leben erwachte.
Er lief den Berg hinab und zurück zum Tor.
Das Wasser war mittlerweile zu einem Rinnsal geworden. Grauweiße Steine, herabgerollt vom Berg, lagen in der Rinne und wurden vom Wasser umspült.
Der Torwächter, untersetzt und dicken Leibes, trat heraus, stellte sich ihm in den Weg und nahm artig den Hut vom Kopf. Bach tat desgleichen.
»Seid Ihr ein neuer Schüler vom Gymnasium?« fragte er. Und als ob er sich entschuldigen wollte, fügte er hinzu: »Ich muß wissen, wer ein und aus geht, und Euch nämlich hab ich noch nicht gesehen.«
Mein Gott, dachte Bach, er hält mich für einen Schüler. Nimmt das nie ein Ende. Es dauert lange, bis man erwachsen wird.
»Nein, kein Schüler. Ich bin der Organiste der Neuen Kirch.«
Das Gesicht des Torwächters veränderte sich ein wenig. Eine Spur von Achtung oder Anerkennung wurde sichtbar.
»Seit heute«, fügte Bach hinzu.

»Deshalb seid Ihr aus dem Bachschen Haus gekommen. Ihr seht, es entgeht mir nichts, wenn ich auf dem Turm bin. Ich seh geradenwegs in die Kohlgasse und bis auf den Marktplatz.«
»Das ist gut, wenn Ihr alles seht.«
»Ja, es ist der höchste Turm über der Stadt. Fünfmal schon hab ich als erster das Feuer entdeckt.«
»Aber heute ist es gnädig vorübergegangen.«
Der Wächter winkte verächtlich ab. »War'n kalter Schlag. Im Wachsenburger Viertel. Hinter'm Schafhof. In die Mauer rein, wo der Turm steht. Ich hab gleich gesehn, daß er kalt war. Gott war gnädig. Wenn man so viele Jahre schon aufm Turm hockt wie ich, sieht man's gleich, ob er kalt oder heiß ist. Ihr seid auch aus'm Haus gelaufen. Ich hab Euch gesehn.« Das sagte er triumphierend, als entgehe ihm tatsächlich niemals etwas.
Bach sah ihn bewundernd an. »Ich glaub's Euch. Mit der Zeit bekommt man eine rechte Übung in seiner Profession.«
»Will ich meinen, Herr Organiste, will ich meinen. Aber einfach ist es nicht, nämlich, müßt Ihr wissen, ein scharfes Auge vorderhand, ist alles, was man braucht im Land. Und ich hab ein ganz sonderbar scharfes Auge nämlich. Wenn ein Vogel auf der Bierglocke überm Rathaus sitzt oder aufm Turm von der Barfüßerkirch, dann seh ich, wenn er aufs Dach scheißt. Ich stell's mir nicht nur vor, sondern seh's tatsächlich. So ist das nämlich.«
»Das macht mich staunen, muß ich sagen. Aber ich glaub's Euch schon, weil es mir genauso geht. Nur«, Bach machte eine Pause, er hörte wieder die Rotkehlchen aus den Gärten hinter der Mauer, »nur geht es mir so mit dem Gehör. Ich kann jeden Ton auseinanderhalten.«
Der Wächter winkte ab. »Das Auge, Herr Organiste, ist das

A und das O vom Ganzen. Ich könnte taub sein wie der Bote in der Bibel, Ihr wißt schon, Jesaia, das zweiundvierzigste Kapitel, es kümmerte mich nicht.«
Bach sah ihn überrascht an. »Ihr seid ein bibelfester Wächter vor dem Herrn, kann ich da nur sagen. Es heißt dort auch: Laß hervortreten das blinde Volk, welches doch Augen hat, und die Tauben, die doch Ohren haben.«
»Weiß ich doch, Herr Organiste, weiß ich doch. Aber das kommt erst im Kapitel danach nämlich.«
»Könnt Ihr alles auswendig?«
»Was soll ich tun den ganzen Tag? Immer nur auf die Stadt glotzen? Ich kenn ja schon jeden Strohhalm auf den Dächern. Also les ich in der Bibel.«
»Es gibt welche, die können nicht mal einen Steckbrief lesen.«
»Das ist wahr, Herr Organiste. Selbst das Gesangbuch ist denen ein Geheimnis.« Der Wächter machte eine Pause, sann nach und wollte eben zu neuer Rede ansetzen, da sagte Bach schnell: »Nun, gehabt Euch wohl, es hat mich gefreut, daß Ihr so bibelfest seid und Augen habt wie ein Falke. Da leb ich in der Kohlgasse wie in Abrahams Schoß.«
Und bevor der Mann etwas sagen konnte, trat Bach einen Schritt seitwärts und lief spornstreichs an ihm vorbei durchs Tor in die Stadt. Zum Teufel auch, dachte er, das war ja eben, als wenn sich der Blinde mit dem Tauben unterhielte. Ein jeder Krämer lobt seine Ware, da kann man nichts machen, aber lächerlich ist es doch. Freilich, es ist das Muster eines Wächters. Wenn er jahrelang schon auf dem Turm hockt wie eine Dohle, dann kann er auch so glotzen wie sie, und, außerdem, der Drang zu einem Schwatz ist ebenso stark wie bei einem alten, einsamen Weib, das am Brunnen steht und auf ein anderes Weib wartet wegen der Neuigkeiten. Mit mir aber nicht, Herr Torwächter. Mich nämlich, um

Euer strapaziertes Wort zu gebrauchen, zieht es jetzt zum Bier.

Und er bog, weil er nicht wollte, daß ihm der Torwächter immerfort aufs Kreuz sah, flugs rechts ein in die Gasse, die zur Barfüßerkirch führte.

Ihr gegenüber, vor dem Gymnasium, standen Schüler, so etwa in Bachs Alter, und lärmten, was das Zeug hielt. Er dachte, mein Gott, hat hier nicht der Rektor Treiber sein Haus, er sollte sie hören und ihnen das untersagen, sie brüllen ja wie die Ochsen.

Er bog ab in Richtung der Kirchgasse und lief am Brunnen vorüber, aber schon schrie einer: »Was ist das für ein stolzer Hahn, der da läuft?«

Bach dachte erst, er sei nicht gemeint, aber dann sah er doch, daß sie ihn alle von der Seite her anglotzten wie die Hammel und mit einem Mal stillschwiegen. Einer von ihnen setzte sich in Bewegung und stolzierte gravitätisch neben ihm her. Er erinnerte sich: Ihr sollt und dürft Euch nicht in andere Händel und Verrichtungen mengen.

Der Schüler war aufgeputzt mit einem Federhut und trug weiß Gott einen kurzen Degen an der Seite. Überhaupt waren sie alle auffällig gekleidet, als wollte einer den anderen überbieten.

Bach blieb stehen, wandte sich um und zog seinen Hut. Dann lief er weiter, in der Hoffnung, er hätte ihnen Genüge getan und wäre recht höflich gewesen, aber es wurde ihm schlecht gedankt. Nicht nur, daß sie mitnichten ihre Hüte von den Köpfen nahmen, noch dazu schallte ein lautes Gelächter hinter ihm her, und er bereute seine Höflichkeit.

Er lief, als ob er auf der Flucht wäre, durch die Kirchgasse zum Markt hinab und dachte: Hätten wir uns in Lüneburg so aufgeführt, wären die Stadtknechte über uns hergefallen und hätten uns gebunden in den Karzer geführt.

Unter dem Erker vom »Güldenen Greif«, ausgangs der Kirchgasse blieb er aufatmend stehen und sah durch die Galerie zur Neuen Kirch und auf das Drilehäuschen. Der Marktplatz lag vor ihm und das Rathaus mit den Freitreppen, dazwischen der Eingang zum Ratskeller.

Auf dem »Langen Stein« vor den Freitreppen saßen halbwüchsige Burschen, und während Bach durch die Galerie ging, riefen sie hinter den Jungfern und Mägden her, die dort vorüberliefen. Er blieb vor der Apotheke stehen und stelle sich an einen der Pfeiler.

Einer der Halbwüchsigen pfiff gellend und schrie gleich hernach: »Da kommt die Gans aus dem Wachsenburger Viertel, die Trine Köhlerin!«

Von der Kirche her kam eine Magd mit einer Kiepe auf dem Rücken. Sie war unförmigen Leibes, hatte ein rosiges, recht hübsches Gesicht und setzte die Füße, wie es Bach schien, auswärts, als wollte die eine Seite ihres Körpers nach rechts und die andere nach links. Der Kopf aber mit dem stumpfen Näschen strebte geradeaus und war trotzig erhoben. So lief sie, mühsam watschelnd, zwischen der Freitreppe und dem »Langen Stein« hindurch, ohne einen Blick auf die Burschen zu werfen und ohne ihrer spöttischen Reden zu achten. Zwei von ihnen machten es ihr nach und liefen nebenher, watschelnd, als seien sie Gänseriche, ohne die Würde der Magd, und Bach dachte, daß sie tatsächlich wie gespreizte Ganter aussahen. Seine Aufmerksamkeit wurde plötzlich abgelenkt von einem Geräusch hinter ihm. Aus der Apothekentür war ein Mädchen getreten und machte sich an dem Laden zu schaffen, den sie hochklappen wollte. Das, dachte er, ist die Apothekerstochter, von der alle Welt spricht. Und wirklich war sie von engelsgleicher Schönheit. Ihr gelbliches Haar war zusammengewunden und wurde von einem Schildpattkamm gehalten. Das Gesicht war

schmal, die Augen waren blau, die Gestalt war ganz ebenmäßig und zierlich.
Bach machte ein paar Schritte auf sie zu und bot ihr seine Hilfe an. Sie sah auf ihn, mit großen, erschrockenen Augen, ganz, als ob sie sich zieren wollte, aber da griff er schon zu, und sie hoben beide den Laden an.
»Ich kenn Euch«, sagte sie und wurde rot im Gesicht, »Ihr habt vor vier Wochen in der Neuen Kirch die Orgel gespielt.«
Bach nickte und glaubte, auch rot zu werden. Beide standen sie vor dem Laden und hielten ihn fest. Beide hatten die Köpfe einander zugewandt und sahen sich an. Sie schlug ihre Augen nieder. »Mein Herr Stiefvater sagt, ihr sollt Organiste werden. Ist das wahr?«
Er nickte wieder. Sie roch nach Kräuter und Salben, er spürte es deutlich und vermeinte, gleich niesen zu müssen.
Sie verriegelte den Laden, und Bach trat einen Schritt zurück. Auf dem »Langen Stein« sangen sie ein Lied:

Maria hat ein Kraut,
ein Kraut für jedermann,
sieht jeden Freier, der da kommt,
von hint und vorne an.

Maria hat 'ne Salb
und ist niemalen kühle.
Schmiert sie die Freier damit ein,
so hat sie deren viele.

Um Gottes willen, dachte Bach, die meinen ja die Jungfer mir gegenüber. Er sah sie an. Sie war über und über rot geworden und wie versteinert.

Maria hat Latwergen,
hat deren ohne Zahl,
doch will sie keiner haben,
und das ist ihre Qual.

Noch immer sah er auf das Mädchen, das so alt sein mochte wie er und den Kopf gesenkt hielt. Ach Gott, quetschte sich da nicht eine Träne hervor? Doch will sie keiner haben? Die Latwergen oder das Mädchen? So eine gute Partie. Jetzt hob sie den Kopf. Daß sie rot wurde, gefiel ihm. Über die Träne wollte er lachen und konnte es doch nicht.

»Es ist halb so schlimm«, sagte er hastig und ohne nachzudenken.

»Ich dank Euch.« Das war die ganze Antwort, denn schon ging sie erhobenen Kopfes hinein und ließ Bach zurück. Ein Narr bin ich, dachte er, immer hab ich den Drang in mir, zu helfen und voller Mitleid zu sein. Und mittlerweile kommt man dabei in die lächerlichsten Positionen. Was geht mich die Jungfer an? Immer hat sie ihren Laden allein zugemacht, und nun komm ich daher und muß ihr helfen.

Und damit lief er quer über den Platz, ließ die Pfeiler und die Galerie hinter sich, wo die Strahlen der untergehenden Sonne noch die Giebel und Dächer in ein grelles Licht tauchten, während die Halbwüchsigen den letzten Vers sangen, böse und voller Spott und in übermütiger Lust geradezu:

Maria hat 'n Pulver
und braut ein Trank daraus
für den, der sie nicht haben will
macht flugs ihm den Garaus.

Bach blieb vor dem Stein stehn und sah sie der Reihe nach an. Von einem der Giebel über der Galerie hörte er eine scheltende Stimme. Er sah hin. Da quetschte sich der griesgrämige Kopf eines Mannes durchs Fenster. Der Zipfel seiner Mütze hing ihm vorm Gesicht, und er schrie: »Spitzbuben! Der Teufel wird eine Grube machen und Euch alle mit Donnern und Krachen hineinschmeißen. Sünde allerwegen und Schande dazu!« Eine Weile schwieg er, aber nur, um schnaufend Atem zu holen. Schließlich brüllte er, lauter als zuvor: »Wird das Kind nicht recht erzogen, so sind Land und Leut betrogen!«

Damit zog er den Kopf zurück und schmiß das Fenster zu, daß es klirrte.

Ein lautes Gelächter erscholl auf dem Stein, und Bach kam es vor, als hätten sie allesamt nur auf diesen herausgereckten Kopf gewartet. Er mußte lächeln, sagte kein Wort, erinnerte sich nur an die eigene Kindheit und ging zur Ratskellertür.

Im Ratskeller

Er lief ein paar Stufen hinab und sah sich dem gewölbten Keller und den Pfeilern gegenüber. Zwischen ihnen standen die Tische, hellgescheuert wie die Bänke und Stühle rundum. An der Stirnseite des Kellers lagen die Fässer übereinander, einige schon angezapft und tropfend. Davor befand sich die große Eichenplatte, auf Böcke gelegt und mit den Krügen darauf. Seitwärts der Platte, in der Ecke, stand ein Holzbottich mit Wasser, wo die Krüge gespült wurden.
Die Tische waren spärlich besetzt. Ganz rechts, an der gekalkten Wand, saß ein Mann mit zerrissenem Rock und vornübergesunkenem Kopf an einem kleineren Tisch. Seine Haare lagen auf dem Tisch, ein Krug stand daneben.
Ganz vorn, in der Nähe der eichenen Platte, saß Börner bei einem schwarzgekleideten Mann, der heftig auf ihn einredete. Der Ratskellerwirt, mit hellen, rötlichen Haaren, einem roten Gesicht, einem weißen Hemd und einer Lederschürze versehen, machte sich an den Fässern zu schaffen.
Bach lief zu Börners Tisch. Die beiden, in eiligem Gespräch begriffen, sahen widerwillig hoch, aber Börners Gesicht änderte sich sogleich. »Das ist der Magister Lorenz Stauber«, stellte er den Fremden vor, »er ist mein guter Freund. Pfarrer in Rudisleben.«
Bach sah Stauber an und gab ihm die Hand. Er mochte in Börners Alter sein und trug ein offenes Gesicht zur Schau, das freilich aussah, als sei es voller Sorgen. Es war mit einem Kinnbart versehen, der schon grau schimmerte, und ebenso hatte der Geistliche schon graue Schläfen. Bach dachte, daß man diesem Mann wohl vertrauen könnte.

»Und dies«, fuhr Börner fort, »ist der Musikus Johann Sebastian Bach, seit heute Organiste an der Neuen Kirch zu Arnstadt, mit mir verwandt über viele Ecken und auch mein guter Freund und Vetter und Kollega!« Damit wies er auf einen Stuhl neben Stauber, hob den Arm und rief: »Herr Wirt, einen Krug vom Besten, wenn's beliebt!«
Der Wirt schrie zurück, ohne sich von seinen Fässern abzuwenden: »Sogleich, Herr Organiste, sogleich.«
Kaum saß Bach, kam er hinter der Eichenplatte hervorgetrampelt und stellte den Krug auf den Tisch. Da sah Bach, während der Wirt eine Reverenz machte, daß es ein schwergewichtiger Mann war, mit einer ungeheuren ledernen Hose versehen und mit selten großen Plattfüßen, die er ebenso auswärts setzte, wie es die Gans vom Wachsenburger Viertel tat. Seine Augen, klein und winzig, weil fast zugewachsen wegen des Fetts, zwinkerten vor Vergnügen, als er Bach begrüßte.
»Ich weiß schon, Monsieur Börner, Ihr braucht mir den neuen Herrn Organiste nicht vorzustellen. Hab ihn ja vor vier Wochen gehört. Ich, Monsieur Bach, heiße Hans Nikol und bin der Ratskellerwirt allhier. Immer willkommen, immer willkommen.« Es folgte erneut eine Reverenz, mit Hindernissen freilich, des starken Leibes wegen, und schon trampelte er wieder an seine Fässer zurück.
»Das ist ja das Bild eines Wirtes«, wunderte sich Bach, »er scheint mir wie aus einer Komödie entsprungen.«
»Es ist der beste Wirt, den wir je hatten. Wenn einer trunken ist und fängt an zu krakeelen, so schiebt er ihn mit seinem Bauch hinaus.« Börner lachte und fuhr fort: »Der Bauch ist überall. Man kann ihm nicht entkommen.«
»Ich hab Euch im Gespräch gestört.« Bach fügte entschuldigend hinzu: »Es tut mir leid. Redet nur weiter, ich seh mich derweilen um und trinke mein Bier. Ich war aufm Berg über

dem Neuen Tor, und jetzt hab ich Durst, als hätte ich Flachs gehechelt.«
»Was hast du auf dem Berg gemacht?« erkundigte sich Börner.
»Ich hab mir die Stadt von oben angesehen. Ein schönes Bild. Nach dem Gewitter stiegen durchsichtige Nebel aus der Stadt, ganz unwirklich und wie im Märchen.«
»Du bist ja ein Poet. Aber das, was du durchsichtige Nebel nennst, kam von den Misthaufen in den Höfen. Sie dampfen, wenn es geregnet hat. Das ist alles!«
»Es ist aber gut«, mischte sich Stauber ins Gespräch, »wenn man im Geist etwas verwandeln kann.«
Börner lachte. »Das glaube ich nicht. Ebenso kannst du denken, in deiner Kirche, wenn die Sonne hineinscheint, glitzern von Gott gesandte Sternchen in der Luft. In Wahrheit ist es aber nur Dreck, der aufgewirbelt wird.«
Der Pfarrer begann sich zu erregen. »Du hast immer darwiderzuschwatzen. Wenn der Mensch nichts mehr findet im Alltag, was er mit seinen Gedanken verwandeln und für sich erschließen oder erträumen kann, was ist das für ein armseliges Leben.«
»Ganz einfach, es ist das Leben, wie es ist, so hart und so böse wie die Welt.«
Bach sah die beiden Streithähne an und dachte: Dieser Stauber da, den magst du wohl leiden. Er denkt ebenso wie du. Und laut sagte er: »Vielleicht kann der Mensch erst leben, wenn er träumt und wenn sich alles unter seinen Augen verwandelt.«
»Eben nicht«, schrie Börner, während der Pfarrer auf Bach sah und lächelte. Er träumt und träumt und weiß am Ende nicht, wer er ist und wo er ist. Er wird auf die Nase fallen und schließlich ganz verkümmern. Als du auf den Berg liefst, hattest du die Augen auf den Weg gerichtet oder nicht?«

»Freilich hab ich auf den Weg gesehen.«
»Siehst du! Gesetzt den Fall, du hättest es nicht getan, wärst du gestolpert und gestürzt.«
»Was hat das mit meinen Träumen zu tun. Ich sehe sowohl auf den Weg, als auch darauf, daß mir meine Träume nicht verlorengehn. Und selbst, wenn die Nebel aus den Misthaufen kommen, so sind es doch Nebel von unwirklicher Gestalt, die meinem Auge guttun.«
»Sie vernebeln deine Augen, das tun sie. Du läßt dir den Blick und den Kopf vernebeln.«
»Und jetzt kommen wir«, er wandte sich voller Zorn an den Pfarrer, »auf unsere Sache mit den Bauern zurück. Dieser junge Organiste da«, er wies auf Bach, »mein guter und sehr lieber Vetter, meint, daß Gott bei den Gerechten wäre und daß jene schon ihr Recht bekämen, wie es jetzt auch ausginge. Es scheint mir, als empfehle er den Bauern, sie sollten ihre Sache nur dem lieben Gott überlassen, er würde es schon richten.«
Des Pfarrers Gesicht begann sich zu röten, ob vom Bier oder von Börners Worten war vorderhand nicht zu erkennen. Bach saß da und überlegte. Sein Kopf sollte vernebelt sein? Er wußte, daß Börner im Gespräch des öfteren hitzig wurde und tolle Reden im Mund führte, die manchmal bis zum Lästerlichen gingen.
»Was ist daran so falsch?« Stauber griff, als wollte er sich beruhigen, zu seinem Krug. »In der Schrift heißt es: Gott wendet seine Augen nicht von den Gerechten, und wenn die Gerechten schreien, so hört der Herr.«
»Sie schreien aber schon vier Menschenalter lang, und der Herr hat sie nicht erhört.«
Obwohl Börner seine Stimme gesenkt und nur halblaut geantwortet hatte, richtete sich der Betrunkene hinter ihnen auf und schrie durch den Keller: »Recht so, Herr Organiste,

recht so!« Er stemmte sich hoch, die Fäuste auf den Tisch gestützt, der zerrissene Rock umschlotterte ihn, und er rief: »Ich brüll wie ein Ochse in der Wüste, und keiner hört mich. Herr Wirt, einen Krug noch, und ich schweig still wie 'ne Maus!« Und er sank wieder auf seinen Schemel, der Kopf fiel auf die Tischplatte, und erneut lag der Haarschopf neben dem Krug. Alles war wie zuvor.

»Wer ist dieser Mensch?« wandte sich Bach an Andreas Börner.

»Das ist der Tagelöhner Großkunz aus der Mittelgasse. Er leert die Mistgruben der Stadt und spült jeden Abend den Gestank hinunter, dem er den ganzen Tag über ausgesetzt ist.« Börner, das Gesicht voller Spott, sah Bach an und fuhr fort: »Er hat keine Zeit, über die Nebel nachzudenken, die von den Misthaufen in die Luft steigen.«

Bach schwieg. Er dachte nur, daß Börner nicht gerecht wäre und voller Unverstand, während Stauber dagegen sich in einer heftigen Rede Luft verschaffte. »Du mengst alles durcheinander, und zwar auf eine Art, die den anderen fast beleidigt. Wenn jener Mensch nicht dazu kommt, über die Nebel nachzudenken, weil er sie offenbar nicht einmal sieht, so bedeutet das doch nicht, daß es anderen, die dazu kommen, verboten sein soll. Gott hat die Menschen in aller Vielfalt geschaffen, deren er fähig war, und wir dürfen sie nicht gleich machen. Es würde ja alles grau und triste, wenn sich niemand mehr erheben würde über die Unzulänglichkeiten dieser Welt. Eben von jenen kommt der Ausblick, den wir haben müssen, und sie gerade sind es, die den Verheißungen nachleben, wie sie uns Jesum Christum verspricht.«

»Wir sind nicht, Herr Lorenz Stauber, in der Kirche zu Rudisleben, sondern in einer ganz ordinären Schenke, und ich kann mir nicht vorstellen, daß deine Bauern sich mit solchen Salbadereien zufriedenstellen. Sie tun es nicht?« Jetzt

wurde Börner wieder lauter, und Bach sah, daß der Betrunkene erneut den Kopf hob und herübersah. »Sonst wären sie ja nicht mit ihren Knüppeln aus dem Dorf gelaufen.«
»Mein Gott!« der Pfarrer sah nach der Ratskellertür und wurde blaß, »ich hatte es ihnen verboten!«
Vier Männer traten in den Keller, mit verbissenen Gesichtern. Sie trugen durchschwitzte Kittel und gelblederne Hosen. Der Raum hatte sich inzwischen gefüllt, und die Männer schritten zu dem einzigen freien Tisch, der nicht weit entfernt an einem der Pfeiler stand. Merkwürdig war, daß das Stimmengewirr mit einem Schlag verstummte und daß alle die Köpfe wandten und die Männer anstarrten. Aller Augen, als seien sie ein einziges, verfolgten sie bis zu jenem Tisch, wo sich die vier zu gleicher Zeit niederließen. Es sah aus, als seien sie sich vollkommen einig und als bestünden sie aus einer einzigen Person. Sie saßen, und einer von ihnen, so ein Grobknochiger mit einem roten Halstuch und einem ledernen Hut, den er neben den Stuhl warf, rief nach Bier.
In diesem Augenblick erst setzte das Stimmengewirr wieder ein, etwas schwächer als zuvor und anders auch, als sei plötzlich ein neuer Ton entstanden, die Köpfe neigten sich mehr einander zu, die Gesichter waren ernster und wichtiger, und Bach glaubte, die Luft über den Tischen zittern zu sehen.
»Ich hatte es ihnen verboten«, wiederholte der Pfarrer mit tonloser Stimme, »aber nein, sie müssen es darauf ankommen lassen.«
»Wer sind jene? erkundigte sich Bach.
»Es sind Bauern von Rudisleben!« frohlockte Börner und rieb sich die Hände, »jetzt gibt es einen Mordsspaß!«
Der Pfarrer sah erzürnt und voller Zorn auf den Organisten. Der aber sagte ungerührt: »Siehst du wohl. Das sind sie, von denen du gesprochen hast. Sie erheben sich über die Unzu-

länglichkeiten der Welt, indem sie ohne Furcht und mit großem Stolz in die Höhle des Löwen gehn. Von ihnen kommt der Ausblick, über den du gesprochen hast.«
Der Pfarrer war noch immer blaß und voller Unruhe. Halblaut sagte er: »Du verkehrst schon wieder alles ins Gegenteil. Siehst du nicht, daß alles auf Gewalt hinausläuft. Ich aber bin ein Diener Gottes und will, daß es in Frieden und im Gespräch bereinigt wird.«
In Börners ketzerischen Reden war etwas, was Bach anzog. Eine dumpfe Ahnung sagte ihm, daß etwas Wahres an ihnen war. Dennoch zog es ihn mehr zum Pfarrer Stauber. Er wollte sich gerade ins Gespräch mischen, doch in diesem Augenblick trat Weller durch die Tür, und noch bevor er am Tisch war, folgten ihm der Küchenschreiber und der Kapellmeister der gräflichen Hofkapelle Paul Gleitsmann. Es entstand nun ein erhebliches Gedränge und Durcheinander. Der Küchenschreiber Christoph Herthum, schon über fünfzig, mager und klein, mit schütterem Haar, sowohl Organist an der Schloßkapelle und der Barfüßerkirch als auch Clavierist in der Hofkapelle, sorgsam und fein gekleidet und mit einem schönen Degen an der Seite, zwängte sich behende zwischen die Tische und eilte schnurstracks zu Bach.
Da aber geschah es, als er neben dem Bauerntisch vorüberlief, daß er einen Blick auf die Männer warf und stutzte, erschrocken und irritiert, wie es schien. Doch er faßte sich sogleich, brachte sein Gesicht wieder in den vorherigen Zustand und schloß Bach in die Arme, oder noch keine Zeit gefunden hatte, den Fuhrmann Weller am Tisch vorzustellen.
»Wie schön«, sagte Herthum und schielte dabei auf Lorenz Stauber, »wie schön, daß alles so gut verlaufen ist. Jetzt haben wir dich und lassen nicht mehr los!« Dabei schlug er Bach auf den Rücken, mit der flachen Hand, und, wie es schien, voller Freude.

Aber seine Aufmerksamkeit war offenbar geteilt, denn nach wie vor sah er auf Stauber, und gleich darauf wanderte sein Blick zu dem Bauerntisch, wo der Grobknochige erneut nach Bier rief. »Ist es möglich«, wandte er sich an Stauber, indem er ihm die Hand gab, »daß der Herr Prediger mitsamt seinen aufrührerischen Bauern die Stadt in Unruhe versetzen will, indem er sich mit ihnen in den Ratskeller begibt?«

Stauber wehrte mit beiden Händen ab, während die Blässe in seinem Gesicht verschwand und einem verdächtigen Rot Platz machte. »Herr Küchenschreiber, Ihr könnt mir glauben, es ist nicht meine Schuld, ich hatte es ihnen verboten hierherzukommen!«

Der Küchenschreiber stand noch immer. Sein Gesicht mutierte von eitel Freude über die Anwesenheit Bachs zum offensichtlichen Ärger über die Anwesenheit der Bauern.

Hinter ihm stand jetzt der Kammerdiener Paul Gleitsmann, zugleich Direktor der Hofkapelle, der sowohl die Violine als auch die Laute und das Viola de Gamba handhaben konnte. Zuvörderst aber war er Kammerdiener, und das bewies er aufs schönste durch seine Einführung bei Tische. Er war wohl noch sorgfältiger gekleidet als Herthum. Sein Halstuch war von violetter Farbe, der Rock blau mit den glänzendsten silbernen Knöpfen, die Bach je gesehen hatte, und die Kniehosen waren aus bestem Zeug. Und wie er seine Reverenz machte vor Bach, als wäre dieser höhergestellt als er, was doch gar nicht der Fall war. Bach dachte, es könne nur daran liegen, daß er es gewohnt war, sich derartig aufzuführen.

»Monsieur Bach, ich habe vor vier Wochen Euer Spiel bewundert. Es gibt nichts seinesgleichen. Es hat mir sehr gut gefallen. Ihr werdet es noch weit bringen in Eurer Kunst!«

Wie geschmeidig und wie schmeichlerisch, dachte Bach. Sollte das nicht seine Gründe haben? Natürlich zielt Gleitsmann auf meine Hilfe in der Kapelle. Aber über das Lob freu ich mich doch.

Bach hob den Kopf ein wenig höher, bedankte sich artig, wies auf einen Stuhl und bat den Herrn Direktor, sich zu setzen.

»Zum Teufel«, hörte er den Küchenmeister sagen, »da sitzen sie und saufen unser Arnstädter Bier, als hätten sie Löcher im Bauch. Gestern erst haben sie das Stadtvieh verjagt. Ist es nicht ein Jammer, daß man sich das gefallen lassen muß?«

Bach sah ihn besorgt an, die anderen schwiegen still, er erhob sich und sagte: »Ihr Herren, ich will, wenn's beliebt, mich revanchieren für die Freundschaft, mit der man mich in dieser Stadt empfangen hat.«

Er hob die Hand und winkte dem Wirt, der sich eilfertig über die Eichenplatte zu ihm hinbeugte, wobei sein Wanst hinter der Lederschürze still und als ob er schliefe auf dem Holz lag.

»Eine Runde für den Tisch auf meine Kosten, Herr Wirt«, wonach der sich hurtig mit seinem Bauch von der Platte abstieß und die beiden Mägde anschrie, die ihm inzwischen beistanden. »Und, meine Herren, ich will mich nicht nur für die bewiesene Freundschaft bedanken, sondern wir wollen auch trinken auf die erfolgte Bestallung und auf eine gute Zusammenarbeit in der kommenden Zeit.«

»Und was ist mit mir?« ertönte eine Stimme hinter Bachs Kopf. »Soll ich leer ausgehn?«

Bach fuhr herum. Der Bürgermeister Martin Feldhaus stand vor ihm und tat, als ärgere er sich.

»Natürlich nicht, Herr Bürgermeister, den ersten Krug für Euch, wie es sich gehört.« Und während sie einander begrüßten, sah Bach, daß des Bürgermeisters Blick auf den

Pfarrer fiel und sein Gesicht sich auf der Stelle verfinsterte. Flink erhob sich der Küchenmeister, trat neben Feldhaus, reckte sich hoch und flüsterte ihm offensichtlich zu, daß auch die Rudisleber Bauern da wären, da er seinen Kopf mit starrem Blick zu dem Bauerntisch drehte. Des Bürgermeisters Kopf drehte sich mit, als wären beide auf einem Hals, und Bach wurde an einen Gaukler erinnert, den er, als er Kind war, in Eisenach an einem Markttag gesehen hatte, auf seiner Bühne neben einem Tisch stehend, worauf sich wiederum zwei Köpfe befanden, die sich völlig glichen und deren Bewegungen ein und dieselben waren. Und dabei sprachen die Münder wie mit einer Stimme, obgleich die Köpfe keine Leiber hatten. Da war Entsetzen rundum, und er wußte noch, als sei es gestern gewesen, daß er nächtens davon geträumt hatte und eine schaudernde Furcht, gemischt mit Neugier, empfand, wenn er hinfort Gaukler und Komödianten sah. Daran dachte er, als des Küchenschreibers und des Bürgermeisters Kopf mitsamt der vier Augen sich auf die Bauern richteten und beider Lippen sich auch noch bewegten, ohne daß Bach etwas verstand.
Die armen Bauern soffen unterdessen ihr Bier, als seien sie durstig wie das liebe Vieh und reckten die Krüge in die Höhe, damit ja auch alles herauslief, und kümmerten sich nicht um die starren Blicke und um die geflüsterten Worte.
Da endlich wurde das Bier gebracht. Bach reichte dem Bürgermeister einen Krug und sah, wie sich sein Blick widerstrebend von dem Bauerntisch löste und der Kopf sich mit Mühe daran erinnerte, worum es seinem weitläufigen Verwandten Bach ging, dem er mit Vehemenz und mit Unterstützung der gräflichen Familie die Organistenstelle verschafft hatte.
Und Bach wunderte sich darüber, wie ein Mensch so rasend schnell sein Gesicht verändern und allen Ärger verstecken

konnte, denn fast fröhlich und ausgelassen hob Feldhaus seinen Krug und soff ebenso wie die anderen auf die heutige Bestallung und auf gute Zusammenarbeit. Doch gleich darauf, mit dem Leeren und Absetzen des Kruges, veränderten sich seine Züge wiederum zu einem Amtsgesicht, und Feldhaus strebte vom Tisch weg zum Ratsstübchen, wo sicher schon die Ratsherren auf ihn warteten. Der Organiste sah, wie der Bürgermeister immer schneller lief, hastig die Tür zum Ratsstübchen aufriß und hindurchschlüpfte.

Alle hatten hinter ihm hergesehn. Börner saß da und rieb sich verstohlen die Hände, und selbst der Fuhrmann Weller glotzte hinter dem Bürgermeister her, als wüßte er alles und sei gespannt auf das Kommende.

Die Tür schlug hinter Feldhaus ins Schloß, und wieder steckten sie an den Tischen die Köpfe zusammen. Einzig die Bauern aus Rudisleben saßen mit verschlossenen Mienen vor ihren Bierkrügen und hatten offenbar einander nichts zu sagen, weil es ihnen, wie Bach dachte, nur darauf ankam dazusitzen als Vorwurf oder Anklage oder als Erinnerung an Recht und an Unrecht.

Bach saß zwischen dem Küchenschreiber und dem Direktor der Gräflichen Kapelle. Als er eben noch einmal dem Wirt ein Zeichen geben wollte, trat ein neuer Gast in den Ratskeller und zwängte sich behende an den Stühlen und Bänken vorüber, wobei er einen Platz suchte. Es war der Herr Hönike, der Wirt vom »Ritter«, ohne Schürze diesmal, und während er in der Nähe einen Platz fand, zwinkerte er mit seinen Augen dem Fuhrmann zu, grüßte auch, indem er den Kopf neigte, zu Bach hin, worauf der Küchenschreiber flüsternd fragte, ob er diesen Mann kenne. Bach schüttelte den Kopf. »Ich sah ihn heute das erste Mal. Mein Fuhrmann hat ihm einen Brief mitgebracht und soll morgen etwas nach Weimar befördern.«

»Was du nicht sagst!« Der Küchenmeister sah erstaunt auf Weller und musterte ihn mit forschendem Blick.
»Weller sagt, er hätte in Weimar seine Verwandtschaft.«
»So, sagt er das.« Noch immer starrte der Küchenschreiber in Wellers Gesicht. Dann, den Kopf zu Bach wendend, flüsterte er: »Das herzogliche Amt zu Weimar ist sein Verwandter. Hönike ist Spion in des Herzogs Diensten. Er ist sein Kammeragent seit ein oder zwei Jahren. Er sitzt hier herum, obwohl er an seinen Bierfässern stehen müßte, und schraubt Ohren und Augen heraus, um zu vernehmen, ob es etwas Neues gibt. Das sudelt er dann aufs Papier und schickt es nach Weimar.«
Bach sah verstohlen und erstaunt auf den Mann, der wenige Schritte von ihm entfernt saß und eben seinen Krug Bier vorgesetzt bekam.
»Sie nicht hin«, flüsterte des Küchenschreibers Mund neben ihm, »er braucht nicht zu wissen, daß wir von ihm sprechen.«
Und Bach, als hätte er etwas Unziemliches getan, wandte seine Augen weg von dem Wirt und dachte: Mein Gott, was es alles gibt auf der Welt. Da wird einem etwas eingeflüstert, und schon kann man dem anderen Menschen nicht mehr unbefangen in die Augen sehn. So etwas sollte ich nicht gelten lassen, da es mir gleich sein muß, ob dieser Mensch Kammeragent ist oder nicht. Ich darf mich nicht in Geheimnisse ziehen lassen, die nichts mit meiner Profession zu tun haben.
Er gab dem Ratskellerwirt ein Zeichen. Eine der Mägde lief, die Krüge zu füllen. Die Menschen, dachte er, mußten ihm alle gleich sein. Er war nicht Partei und durfte den Stab nicht brechen, weder über Bauern noch Bürger, noch über den Wirt vom »Ritter«. Was er zu tun und zu verfolgen hatte, betraf nur ihn selbst und dieses Gotteshaus nebenan. Er

tastete nach dem Schlüssel in der Tasche und wandte sich an Gleitsmann, indem er ihn wieder mit seinem Titel ansprach: »Mit Ihrer Erlaubnis, Herr Direktor, ich gedenke mir ein Clavicord zu beschaffen, der Übung halber und wegen der Inventionen. Könnten Sie mir wohl einen Rat geben oder dabei behilflich sein?«

Der Direktor der gräflichen Kapelle zog die Augenbrauen hoch, und auf seiner Stirn zeigten sich Falten. »Unsere gnädige Herrschaft hat Instrumente in Rudolstadt fertigen lassen, auch zwei Clavicords. Es gibt dort einige recht gute Handwerker. In Arnstadt versucht sich der Johann Moritz Weiß, aber es will ihm nicht recht gelingen. Seine Orgeln sind auch nicht die besten. Ein Clavicord, das ich probierte, hatte einen so üblen Klang, daß es nicht zu gebrauchen war. Dagegen waren die Clavicords, die Euer Verwandter in Gehren baute, wahre Wunderwerke. Es ist schade, daß er so früh starb.«

»Vor anderthalb Jahren«, mischte sich der Küchenschreiber ins Gespräch, »bot mir die Witwe noch eines an. Sie meinte, ihre Töchter und der Kantor spielten zwar darauf und wollten es gern behalten, sie brauche aber Geld, als arme Witwe und ohne Einkommen. Vielleicht hat sie es noch. Ich konnte es nicht gebrauchen, hab ja schon eines und vermochte es auch nicht anderweitig unterzubringen.«

Bach entsann sich seines Gehrener Großoheims. Er war sieben Jahre alt gewesen, damals, als sich die Bache in Arnstadt trafen und allesamt den Heinrich Bach besuchten, der in seinem Zimmer lag und sonderbare Reden von sich gab. Wieder sah er die weißen Haare auf dem Linnen. Johann Michael Bach aus Gehren und Johann Christoph Bach aus Eisenach, die Söhne des Sterbenden, standen seitwärts in jenem Zimmer, friedfertig der eine aus Gehren, der sich immer klaglos in sein Schicksal fügte, und ungeduldig und im-

mer voller Zorn der andere aus Eisenach, der mit ihnen nach Arnstadt gekommen war.
Als sie aufbrachen aus Eisenach, waren sie zu viert. Er, Bach, lief mit seinem Bruder Johann Jacob hinter dem Vater und dem Großoheim her, die beide gewaltig ausschritten. Johann Christoph gebrauchte starke Worte gegen die Eisenacher Obrigkeit, so sehr manchmal, daß die beiden vor ihnen in Streit gerieten. In Ohrdruf kam der ältere Bruder dazu, da waren es zwei Johann Christophs, die einander in Worten und Gebärden unterstützten und nun gemeinsam den Vater bedrängten, während sie immerfort liefen durch den Tambuch und durch Bittstädt und wieder über den Kamm der Berge bis nach Arnstadt. Sie beide, Johann Jacob und er, hatten Mühe, Schritt zu halten, und er wußte noch, daß linker Hand sich unendlich weit die Ebene erstreckte, während sie auf der Höhe liefen und die grelle Sonne über ihnen immer mitging und schwarze Schatten auf den Weg warf. Es fiel ihm ein, daß sein Vater viel eher dem Johann Michael aus Gehren glich als dessen Bruder. Auch er war unendlich geduldig, klagte nie und verurteilte niemanden.
»Wie sind Sie denn, Monsieur Bach, mit dem Gehrener Bach verwandt gewesen?« Der Direktor der gräflichen Kapelle sah ihn an und fuhr fort: »Es gibt so viele Bache, daß man sie kaum auseinanderhalten kann.«
»Sein Großvater, der Spielmann aus Wechmar, war mein Urgroßvater. So hat es mir mein Vater erklärt.«
»Du solltest«, mischte sich wiederum der Küchenschreiber ins Gespräch, »nach Gehren laufen und die Witwe fragen, ob sie das Instrument noch besitzt.«
»Das will ich tun, vielleicht schon diese Woche nach der Frühpredigt am Donnerstag.«
»Wenn du dich beeilst«, meldete sich Börner zu Wort, »bist du zum Mittagstisch in Gehren und kannst den fünf Töch-

tern der Witwe Bach deine Aufwartung machen. Du wirst sehn, sie sitzen wie die Orgelpfeifen um den Tisch herum, und eine ist schöner als die andere.«
»Du denkst immer gleich an die Töchter«, erregte sich der Küchenschreiber, »mein Herr Schwiegersohn hat die Jungfern, als sie zum kalten Jahrmarkt im vorigen Jahr in Arnstadt waren, auf eine Weise verspottet, daß sie alle puterrot am Tisch saßen und kein Wort herausbrachten.«
Börner lachte und griff zum Bierkrug. »Ich wollte ihnen Mut machen zum Heiraten. Die Jüngste ist bald zwanzig, die Älteste Ende zwanzig, und keine hat einen Freier. Dabei haben sie alle die vier Zierden einer Jungfrau.«
»Welche Zierden einer Jungfrau?« fragte Bach.
Börner hob die rechte Hand, streckte nacheinander vier Finger aus und rief währenddem: »Ein lieblich Gesicht, starke Arme, harte Brüste, gerade Schenkel. Du wirst, mein lieber Vetter, das alles noch zu schätzen wissen.«
Die Männer am Tisch lachten schallend. Der Pfarrer Lorenz Stauber aber, der sich wohl ein wenig beruhigt hatte, da er sah, daß es am Tisch der Bauern friedlich zuging, meinte zweifelnd: »Ob das genügt, sei dahingestellt. Fröhlich pflegt Venus zu kommen, aber traurig pflegt sie zu scheiden. Oder, wie die Bauern sagen:

Ein mancher meint, er hab ’nen Schatz,
und’s ist doch nur ein Plundermatz.«

»Nicht so die Töchter der Witwe Bach aus Gehren«, widersprach ihm der Küchenschreiber und setzte seinen Krug auf den Tisch. Bach dachte, daß der Küchenschreiber, obwohl er spindeldürr war, wie ein Loch soff.
»Alle diese Marias und Barbaras sind so keusch und züchtig und noch dazu fleißig wie die Bienen, daß es einen verwundert. Die Jüngste wär eine rechte Jungfer für dich«, sagte er, zu Bach gewendet, und fuhr fort, »sie ist die schönste und

bescheidenste von allen, hat Augenbrauen, so schwarz wie Ebenholz und ebensolche Augen. Der Teufel weiß, was da alles verborgen ist!«

Erstaunt starrte Börner auf seinen Schwiegervater. »Um Gottes willen, was ist das für eine Schwärmerei? Am Ende seid Ihr selbst in sie verschossen, mein Herr Schwiegervater?«

»Und wenn es so wäre? Wer will etwas dagegen sagen? Meine Frau ist schon so lange tot, daß ich mit Fug und Recht eine neue haben kann.«

Fast schämte sich Bach, den Anlaß zu einem solchen Gespräch gegeben zu haben. Da sprachen sie über die Töchter seiner Großtante, und die Jungfern waren weit weg und wußten nichts davon.

Der Tumult

Er raffte sich auf, wollte etwas dagegen sagen, aber da sah er, wie links von ihm, neben dem Tisch der Bauern, der Grobknochige sich erhoben hatte und offenbar zum Abtritt wollte, wie er loslief und wie sich im gleichen Augenblick vom Nebentisch her ein Bein herausstreckte, an dem der Bauer hängenblieb und längelang hinstürzte, gefällt wie ein Baum. Und niederstürzend packte er die Stuhllehne eines seiner Genossen und riß Stuhl samt Bauern mit. Der fiel hintenüber, so daß beide auf dem gepflasterten Boden herumkugelten.

Da war das Gelächter groß. Es erhob sich zuerst an den Tischen, die rundum standen, sodann pflanzte es sich weiter fort und erfüllte schließlich als eine infernalische Lache den ganzen Ratskeller. Selbst Bach unterlag für einen kurzen Augenblick der Versuchung mitzulachen, beherrschte sich jedoch und wußte, daß es jetzt soweit war. Da hatte etwas geschwelt, nun war das Feuer da. Hinter ihm schrie eine rauhe Stimme: »Saufen können sie wie die Brauknechte, nur mit dem Laufen kommen sie nicht zurecht, die Bärenhäuter von Bauern!« Und seitwärts brüllte ein anderer mit trunkener Stimme: »Bringt ihnen das Laufen bei, den Bauerntölpeln!«

Die beiden rappelten sich auf. Die anderen Bauern aus Rudisleben hatten sich erhoben und starrten verbissen und entschlossen in die schadenfrohen Gesichter der Stadtbürger. Der Pfarrer Lorenz Stauber war ebenfalls aufgesprungen, mit erschrockenem, leichenblassem Gesicht. Er ging zu den beiden Bauern und redete auf sie ein. Der Grobknochige schob ihn beiseite, trat einen Schritt auf den Nebentisch zu, der Pfarrer hinter ihm packte seinen Rock und wollte ihn zurückziehen, aber jener riß sich mit einem jähen Ruck los, trat noch einen Schritt nach vorn, faßte den Nächstsitzenden, eben den, der ihm das Bein gestellt hatte, am Halstuch, es war ein Untersetzter, dicklicher Mann mit einem rötlichen Gesicht und einer Knollennase, zog ihn vom Stuhl hoch, Bach sah, daß seine Füße ein ganzes Stück über den Boden schwebten und wie der ganze Mann, als sei er leicht wie eine Feder, von dem Bauen über den Tisch geworfen wurde und mit großer Gewalt auf ihm entlangfuhr, so daß er alles mitriß, was sich auf dem Tisch befand, tönerne und zinnerne Bierkrüge, Tobakspfeifen und Beutel und am anderen Ende des Tisches sogar einen ehrbaren Bürger, der nur gelacht hatte, jetzt aber mit aufgerissenen Augen samt dem Untersetzten rücklings auf den Steinfußboden des Ratskellers hinschlug.

Jetzt lachten die Bauern und dies ebenso laut und lärmend wie zuvor die Bürger, die ihrerseits erstarrt und erstaunt wenige Augenblicke lang auf das Spektakel sahen. Wieder sah Bach, daß sich Andreas Börner voller Freude, wie es schien, die Hände rieb. Dabei bewegte er flüsternd seine Lippen. Der Kapellmeister indessen, der neben Bach stand, sah erschrocken auf den Grobknochigen und schien dessen Stärke zu bewundern. Des Küchenmeisters Gesicht aber war rot vor Zorn und das des Pfarrers noch immer leichenblaß. Weller hingegen sah neugierig auf beide Parteien zugleich, und Bach dachte, daß alles versammelt war, Schadenfreude wie Haß, Neugier wie auch Angst, und all dies war gemischt mit einer sekundenlangen, vollkommenen Ungewißheit, was das Kommende betraf. Alles stand still, nur Dunst und Rauchschwaden vom glimmenden Tobak bewegten sich sachte über den Männern und um die Pfeiler.

Hinter dem leergefegten Tisch war ein zorniges Schnauben, vermengt mit einem Stöhnen, zu hören. Da rappelten sich beide Bürger langsam in die Höhe, bis man die aufgerissenen Augen der zwei Unglücksraben über die Ebene des Tisches glotzen sah, und von da weiter zu den Bauern, die jetzt zusammenstanden, als wären sie aneinandergewachsen.
Beide Männer hielten sich am Tischrand fest, zogen sich hoch, und sobald Bach ihre Mäuler erblickte, schrien sie zu gleicher Zeit los, doch nichts von dem war zu verstehen, was sie wollten. Im selben Augenblick nämlich schrien alle anderen ebenfalls und stürzten sich auf die Bauern.
Bach klammerte sich an den Tisch, um nicht mitgerissen zu werden. Der Küchenschreiber neben ihm wurde herumgewirbelt und flog wie ein Drehkreisel in die Richtung der Bauern. Der Betrunkene, der noch immer allein am Tisch gesessen hatte, erhob sich, stemmte die Fäuste auf die Tischplatte, und Bach verstand trotz des allgemeinen Geheuls die Worte, die er schrie. »Ihr Hornochsen, die ihr seid allesamt, schlagt euch nur die Schädel ein, ihr verdammten höllischen . . .« Von da an verstand er nichts mehr. Andreas Börner hüpfte wie eine Elster auf der Stelle, vor Freude wahrscheinlich über das Schauspiel, das sich ihnen bot.
Es fielen alle übereinander her, Küchenschreiber und Pfarrer waren mittendrin, und alle miteinander wurden zu einer einzigen verknäulten und sich prügelnden Masse. Bach sah nur Arme und Fäuste, die auf- und niederfuhrwerkten, und gereckte Köpfe mit großen, erschrockenen oder wütenden Augen, die jäh verschwanden und blutbefleckt wieder auftauchten. Hinter dem Knäuel von Leibern, in deren Mitte wie ein Fels der Grobknochige stand und unentwegt Schläge austeilte, sah er den Ratskellerwirt, wie er von seiner Eichenplatte aus mit unbewegtem Gesicht auf das Knäuel zuwatschelte, seinen massigen Bauch hervorstreckend, so daß

die Lederschürze weit abstand. Es sah aus, als wälze sich eine große Trommel langsam, aber stetig voran.
Und tatsächlich, mitten in dem Gepolter und dem Geschrei, zwischen zwei umgestürzten Tischen und herumkugelnden Bauern und Bürgern, mitten hinein tauchte der Wanst des Ratskellerwirts und schob sie allesamt vor sich her oder warf sie beiseite wie ein Pflugschar Erde beiseite wirft. Der Wanst des Wirts brachte es zuwege, daß die kämpfenden Parteien auseinanderwichen und getrennt wurden, so daß sie erneut einander gegenüberstanden und sich zwar anglotzten, mit blutigen Nasen und zerschlagenen, stummen Mäulern, sich aber doch nicht erreichen konnten, weil der Wanst des Wirts und seine ausgestreckten Pranken im Wege waren. »Ich werf euch alle den Stadtknechten zum Fraße vor«, schrie er, nun doch ein wenig erregt.
In der aufgesperrten Tür des Ratsherrenstübchens drängten sich die Honoratioren der Stadt, vorneweg der Bürgermeister Feldhaus, seitwärts hinter ihm der Stadtschreiber und all die anderen Ratsherren, ein halbes Dutzend wohl. Sie standen und reckten die Köpfe, und Feldhaus schrie mit drohender Miene: »Was ist das für ein unerträglicher Tumult?«
Da brüllten die Bürger linker Hand vom Wirt voller Wut durcheinander. Einer wollte den anderen übertreffen. Einer wie der andere hatte etwas vorzuweisen, gleich, was es war, eine eingedrückte Nase oder eine zerspaltene Lippe. Der Untersetzte mit der Knollennase wies mit der einen Hand auf sein rechtes Auge, das wie aus einer rötlich getönten, bunten Landschaft heraus den Bürgermeister anglotzte, als wüßte es nicht recht, wo es sich befand, und mit der anderen Hand auf den Bauer, der alles heil überstanden hatte und in störrischem Eigensinn vor seinen Mitbrüdern stand und Blicke der Wut auf die Bürger warf.

»Jenes Schwein von Rudisleber hat mich ohne Grund geschlagen und Händel angefangen!« brüllte der Untersetzte. Er stand da wie der Lump am Stock, als sei er auf dem Erbsenfeld und hätte die Vögel zu verscheuchen.
Bach hatte sich wieder an den Tisch gesetzt. Er sah dem Bürgermeister ins Gesicht und gewahrte für einen Lidschlag lang einen jähen, befriedigten Ausdruck, es war ihm, als husche innerhalb einer Sekunde eine Welle von Schadenfreude darüber. Auch mochte der Umstand dazu beitragen, daß der Stadtschreiber de Zuana ihm von der Seite her etwas ins Ohr flüsterte. Bach sah deutlich, wie sich in rasender Eile dessen Lippen bewegten, wobei die Augen unbewegt auf die Bauern gerichtet blieben.
Der Bürgermeister trat einen Schritt vor. »Ist das wahr?« fragte er und hatte wieder die drohende Miene wie zuvor aufgesetzt. Aber die Frage schien nicht einmal an die Bauern gerichtet. Sie klang so, als befrage Feldhaus alle Biergäste und tatsächlich antworteten die Bürger wie aus einem Mund und schrien, daß es wahr wäre. Nur der hagere Bauer brüllte mit lauter Stimme hinterher, daß dieser Hundsfott, wie er sich ausdrückte, ihm ein Bein gestellt habe.
Der Bürgermeister machte eine abwehrende Handbewegung, als verscheuche er eine lästige Fliege. »Die Stadtknechte sollen kommen!« rief er. Im gleichen Augenblick rannten ein übereifriger Ratsherr und mit ihm ein paar Bürger durch den Ratskeller zur Tür und stürzten hinaus.
»Er hat mir ein Bein gestellt, der verdammte Lumpenhund«, wiederholte der Bauer mit lauter und störrischer Stimme: »Er hat angefangen und sagt noch Schwein zu mir. Ich«, jetzt brüllte er so laut, daß es sich anhörte, als wollte er seine Ochsen antreiben, »bin ein ehrlicher Ackermann.«
In Bachs Kopf überstürzten sich die Gedanken. Sie bedrängten und ängstigten ihn. Er saß da wie erstarrt und blickte

auf beide Parteien. Was gingen sie ihn an? Der Küchenschreiber humpelte auf seinen Platz zurück. Lorenz Stauber stand neben den Bauern und sah ratlos in die Runde. Der Wirt befand sich immer noch auf seinem Platz, die Pranken abwehrend ausgestreckt und den Bauch vorgeschoben, als sei er dort festgemauert wie eine groteske Skulptur.
Bach erhob sich wie unter einem plötzlichen Zwang und eigentlich gegen seinen Willen, als hätten sich Knochen und Muskeln verselbständigt. Ihr sollt und dürft euch nicht, dachte er, in andere Händel und Verrichtungen mengen. Und dennoch lief er, obwohl er noch nicht wußte, was er wollte, zum Bürgermeister Feldhaus, stand eine Sekunde lang neben ihm und schwieg, während Feldhaus ihn erstaunt und der Stadtschreiber ihn verärgert ansah, schwieg noch immer und stieß endlich heraus, während sich die Ratskellertür öffnete und zwei Stadtknechte hereinkamen, daß er gesehen hätte, wie jener Untersetzte mit der Knollennase dem Mann tatsächlich ein Bein gestellt habe.
Der erstaunte Blick des Bürgermeisters wurde nach einem kurzen Augenblick der Erstarrung jovial und recht väterlich. »Aber mein lieber Johann Sebastian, es ist ja gut, es ist alles gut, wir wollen uns doch nicht erregen. Hier geht es, mein Lieber, um andere Sachen als um Schuld oder Nichtschuld.« Um Augen und Mund erschienen viele kleine Fältchen, da er recht herablassend und freundlich sogar lächelte.
Unterdessen aber zischte neben ihm der Stadtschreiber: »Monsieur Bach, setzen Sie sich auf Ihren Platz und schweigen Sie still. Sie sind gerade einen Tag in der Stadt und schon drängen Sie sich vor!« Wütend sah er Bach ins Gesicht. Der sah ihn benommen an und flüsterte: »Aber ich habe es gesehn!«
»Das hat nichts zu sagen. Ihr seid kein Bürger dieser Stadt

und habt Euch still zu verhalten, da Ihr weder vom Tuten noch vom Blasen eine Ahnung habt.« Und der Stadtschreiber de Zuana wandte sich brüsk ab und marschierte hinter dem Bürgermeister her, der zu den Stadtknechten lief.
Die Ratsherren, die dastanden wie eine Wand, musterten Bach mit erstaunten und abschätzenden Blicken. Er drehte sich um, ging auf seinen Tisch zu und spürte eine heiße Welle des Zorns und der Wut. Sie stieg in ihm hoch und überschwemmte seinen Kopf. Sein Herz krampfte sich zusammen. In der Brust entstand ein unerträglicher Druck. All dies floß zusammen und erzeugte ein plötzliches Gefühl der Trauer und Mutlosigkeit. Er nahm wie abwesend am Tisch Platz und sah mit niedergeschlagenen Augen auf seinen Bierkrug. Ehe er noch recht begriff, was ihm eben geschehen war, hörte er ein Poltern und sah, indem er hochblickte, daß der grobknochige Bauer einen der Stadtknechte niedergeworfen hatte, neben ihm kniete, ihn am Halstuch würgte und unablässig schrie, daß er doch ein ehrlicher Mann sei, der keinem etwas getan hätte. Und als der hilflose Stadtknecht röchelte und rot anlief im Gesicht, ließ ihn der Bauer los, richtete sich auf, schlug sich an die Brust und schrie noch einmal: »Bin ich nicht ein ehrlicher Mann?«
Aber da hing schon der andere Stadtknecht an ihm und Bürger, die herangekommen waren, während die anderen drohend den restlichen Bauern gegenüberstanden.
»In die Demmnitz!« brüllte der Bürgermeister, und sie schoben und stießen den Hageren mit großer Gewalt durch den Ratskeller und zur Tür. Bach sah ihn verschwinden, und blickte über den Tisch geradenwegs in Wellers Gesicht. Der Fuhrmann sah zurück, ohne eine Miene zu verziehen, nur mit unmerklichen, spöttischen Falten um Mund und Wangen, die aber verschwanden, je länger sie sich ansahen, stumm und ohne Regung. Die Augen des Fuhrmanns waren

dunkel, glanzlos und unbewegt, als wären sie ohne Leben. Eine ganze Weile saßen sie so, im Stimmengewirr ringsum, und es war, als erinnerten sich beide an die Unterhaltung auf dem Wagen, bis Weller nach seinem Bierkrug griff und Bach ihm Bescheid tat. Sie tranken, und Bachs Blick wich ab und blieb an dem Monsieur Hönike hängen, der die ganze Zeit über an seinem Tisch verharrt hatte, als wäre er dort angenagelt. Nur seine Augen, das hatte Bach gesehen, waren in Bewegung gewesen, wieselflink und mit vehementer Neugier, als ob sie alles aufsammeln wollten, was geschehen war. Selbst jetzt noch, wo sich langsam alles beruhigte, flog sein Blick von einem Tisch zum anderen, in begieriger Eile und, wie es schien, mit großer Zufriedenheit. So, wie er saß, dachte Bach, mußte er auch gesehen haben, daß dem Hageren ein Bein gestellt worden war.

Vom Tuten und vom Blasen keine Ahnung, dachte er und sah, wie die Ratsherren wieder in ihrem separaten Zimmer verschwanden. Da hat der Stadtschreiber wohl einen Scherz gemacht. Dieser Mann mußte der böse Geist des Bürgermeisters sein. Er war anmaßend und von großer Selbstsicherheit, ein böser Zwerg, der unverschämte, beleidigende Sachen unbekümmert in die Welt setzte. Wieder stieg eine Welle des Zorns und der Wut in ihm hoch.

»Trinken wir noch einen Schluck, Herr Vetter?« Andreas Börner wies auf seinen leeren Bierkrug.

Es kam Bach unziemlich vor, noch eine Runde zu bestellen, doch es blieb ihm nichts anderes übrig. Er warf Börner einen bösen Blick zu, aber der saß ungerührt und blickte ihn nur fragend an. Bach hob die Hand und gab dem Wirt ein Zeichen.

Der Küchenmeister rieb sein Schienbein und fluchte dabei zum Gotterbarmen. »Wenn ich wüßte, welcher Tölpel von Bauer mich getreten hat, ließe ich ihn auch in die Demm-

nitz bringen.« Er sah wütend auf die Rudisleber Bauern, die wieder an ihrem Tisch saßen und die Köpfe zusammensteckten.
»Was hast du mit Feldhaus geschwatzt?« wandte er sich schließlich an Bach.
»Ich hab ihm gesagt, daß jenem Hageren tatsächlich ein Bein gestellt wurde.«
Des Küchenmeisters Gesicht rötete sich, und er sagte heftig, aber mit gesenkter Stimme: »Halt dich da raus. Die Affäre ist nichts für dich. Er gehört eingesperrt. Wer einen Stadtknecht angreift, ist im Unrecht. Er hat ihn ja gewürgt.«
»Weil er sich ungerecht behandelt fühlte. Denkt Ihr, ein Bauer hat kein Gefühl für Recht oder Unrecht?«
Der Küchenmeister zwang sich zur Ruhe, sah Bach ins Gesicht und setzte ein überlegenes Lächeln auf. »Mein lieber Johann Sebastian, in dieser Welt, die du noch nicht kennst, hat jeder seine eigene Vorstellung von Recht und Unrecht. Meist ist es so, daß jener, der an der Spitze steht, auch das Recht auf seiner Seite hat, zumal er es bezahlen kann.«
Er lehnte sich zurück und rieb wieder sein Schienbein.
Bach sagte eigensinnig: »Es gibt ein göttliches Recht. Und im vierundzwanzigsten Psalm heißt es: Recht muß doch Recht bleiben.«
Der Küchenschreiber winkte ab.

»Je mehr Geld, je mehr Recht;
je mehr Lohn, je mehr Knecht.

Es gibt so viel Federspitzer und Advokaten, daß man immer einen findet, der aus Recht Unrecht machen kann und umgekehrt. Außerdem, mein Lieber, heißt es in der Schrift: Es gehet Gewalt über Recht. Der Prophet Habakuk beklagt sich bei seinem Herrn über die Gewalt, und der Herr antwortet, sie, die Weissagung, wird gewißlich erfüllt werden. Er sagt: Siehe, wer halsstarrig ist, der wird keine Ruhe in sei-

nem Herzen haben; aber der Gerechte lebt seines Glaubens. Es dauert noch, mein Lieber, es dauert noch. Wie lange, weiß ich nicht, und Gott hat es auch nicht gesagt.«
»Und so lange«, warf Börner ein, »müssen die Bauern warten.«
Der Küchenschreiber warf seinem Schwiegersohn einen bösen Blick zu. »Du hältst natürlich zu denen. Wenn man in einem Nest aufwächst, wärmt man sich aneinander.« Und er sah gleichermaßen auf den Pfarrer, der stumm das Gespräch verfolgt hatte.
»Ich verstehe nicht, wozu der Degen an Eurer Seite hängt, Herr Schwiegervater. Ihr hättet ihn doch gebrauchen können.« Börner sah beifallheischend in die Runde.
Des Küchenschreibers Gesicht lief wieder rot an. Er griff zum Bierkrug, trank seinen Ärger hinunter und sagte, indem er den Krug absetzte: »Ich bin ein friedlicher Mann. Man hat mich in den Tumult gerissen, ohne daß ich's wollte.«
»Ich halte es ebenso«, versetzte Gleitsmann, »Gott danke ich, daß er mich mit Land und Vieh verschont hat. So brauche ich weder die eine noch die andere Partei zu ergreifen. Da bin ich«, fuhr er fort und wandte sich an Bach, »ganz in derselben Lage wie Sie, Herr Organiste. Wir sitzen nur und machen Musik.«
Aber du, dachte Bach, machst noch den Kammerdiener und bist übel dran. Kaum aber kam ihm dieser Gedanke, schwatzte der Direktor der gräflichen Musik schon weiter, ebenso schmeichlerisch wie zu Beginn des Abends.
»Ich hörte«, sagte er mit leiser Stimme, »daß Sie eine exzellente Violine in der herzoglichen Kapelle in Weimar gespielt haben. Darf ich Sie wohl bitten, am übernächsten Sonntag bei der Einweihung der Augustenburg mit von der Partie zu sein?«

Bach hob den Kopf und sah über blakende Öllampen und biernasse Tische auf die Fässer hinter der Eichenplatte, wo der Wirt stand und hantierte, den breiten, massigen Rücken seinen Gästen zugewandt. Er spürte, daß er müde war, von den Eindrücken des Tages, von den Gesprächen und wohl auch von der rauchgeschwängerten Luft im Ratskeller. Er hatte Sehnsucht nach dem Strohsack, den die Base zurechtgemacht hatte, und er hatte das Gefühl, alles falsch gemacht zu haben. Fortwährend war er ab- und zurechtgewiesen worden, den ganzen Tag über und bis zu diesem Augenblick. Jetzt dachte er, daß es ihm wohlbekäme, wenn er still und ruhig wäre und seitab stünde, etwas, was ihm wiederum im tiefsten Innern zuwider war.

»Sie halten wohl nichts davon, Monsieur?« widersprach Gleitsmann mit leiser, schmeichlerischer Stimme und nahe an seinem Ohr.

Er raffte sich auf. »Doch doch, Monsieur Gleitsmann. Es ist mir eine Ehre, daß Sie mich dieses Vertrauens würdigen. Aber es scheint, als sollte ich mich ganz auf meinen Kontrakt versteifen.«

Bach sah ihn an. Die Augen des Kammerdieners blickten erstaunt. Seine Brauen hoben sich, und Falten erschienen auf der Stirn. »Aber Monsieur Bach, ein jeder Organiste hat bisher in der Kapelle ausgeholfen. Wollen Sie eine Ausnahme unter den Bachschen Musikanten sein? Der Herr Bach aus Gehren, als er noch lebte, hat den weiten Weg nicht gescheut und war immer zur Stelle, wenn er gerufen wurde.«

Der Küchenschreiber, der wohl etwas mitbekommen hatte, mischte sich ein. »Worum geht es, Monsieur Gleitsmann?«

»Ich fragte eben, ob der Herr Bach bei der Einweihung der Augustenburg in der Kapelle mitwirken möchte. Unsere

Gräfin empfängt ihre Hochgeborenen Eltern. Die ganze Stadt wird auf den Beinen sein. Ein Feuerwerk wird stattfinden. Der Herr Organiste hat aber keine rechte Lust.«
»Das wäre«, entrüstete sich Herthum, »so gut nicht. Inoffiziös wäre das. Eine unerträgliche Neuerung sogar. Du machst einen Scherz?«
»Aber es steht nichts davon in meiner Bestallung!« widersprach Bach.
»Es ist üblich seit Jahrzehnten. Ach, was sage ich da? Seit hundert Jahren und mehr. Es ist ein ungeschriebenes Gesetz.« Der Küchenschreiber sah ihn entsetzt an.
Von rechts hörte er wieder die leise Stimme des Kammerdieners und Musikdirektors. »Monsieur Bach, ich wollte es nicht sagen, doch jetzt muß es heraus. Die Gräfin weiß von Ihrem Kommen. Sie hat sich sogar wärmstens dafür eingesetzt. Sie ist eine höchst kunstsinnige und musikliebende Frau und schätzt Sie und Ihre Fertigkeiten sehr, Monsieur.«
Bach sah überrascht auf den Kammerdiener. Er durfte einer solchen Aufforderung wohl doch nicht widerstehn. Daß die Gräfin von ihm wußte, konnte nur mit seinem Spiel in Weimar zusammenhängen. Vielleicht hatte das Gräfliche Paar auch seine Agenten. Jetzt ging ihm ein Licht auf. Da war der Salomo Frank, Bibliothekar und Bewahrer des herzoglichen Münzkabinetts, noch dazu Konsistorialrat und ein Mann, der jeden Tag ein neues Gedicht zu Papier brachte. Hatte er nicht von der Gräfin gesprochen, deren Komplimente seine Verse begleiteten und die er erst vor drei Monaten in Arnstadt gesprochen hatte.
Bach spürte, daß ihn das Ansinnen ehrte, da war ein Gefühl, das ihn emporhob. Man rechnete mit ihm und auf ihn. »Wenn es so ist, will ich gern dabeisein.« Er sagte es, ohne weiter nachzudenken, wußte aber im gleichen Augenblick,

daß weder sein Herz noch sein Verstand hinter diesen Worten stand.
Es kam hinzu, daß Bach seit dem Tumult versuchte, sich an etwas zu erinnern. Der Anblick des hageren Bauern aus Rudisleben, der sich an die Brust geschlagen hatte, hatte eine undeutliche, verschwommene Vorstellung ausgelöst, die er nicht zu fassen vermochte. Er wußte nur, sie hatte etwas mit seiner Kindheit und mit dem Eisenacher Oheim zu tun. Er grübelte zwischen Rede und Gegenrede, zwischen Küchenschreiber und Kammerdiener und unter dem unbeweglichen, vielleicht sogar vorwurfsvollen Blick des Fuhrmanns Weller. Der Oheim hatte etwas gesagt, in großer Erregung, das wußte er noch. Doch was es war und bei welcher Gelegenheit, das wußte er nicht mehr. Aber es hatte, dessen war er sicher, etwas mit ihm und mit seiner Familie zu tun.
Bach hob die Hand und gab dem Wirt erneut ein Zeichen. Eine der Mägde rannte und brachte die vollen Krüge.
Küchenschreiber und Kammerdiener waren zufrieden. Sie sprachen von den Stücken, die sie spielen wollten zur Einweihung der Augustenburg, und daß sie vorher noch proben müßten. Ihr Wortschwall floß an Bachs Ohren vorüber, ohne daß er den Inhalt erfaßte. Und so trank er den Männern am Tisch zu, gab allen Bescheid und war dennoch mit seinen Gedanken woanders, wenn es ihm auch nicht gelang, jenen Faden zu finden, der ihn zum Ursprung seiner Erinnerung führen konnte.
Andreas Börner aber rief, indem er im Trinken absetzte:

»Wahrheit ist übers Meer gezogen,
Gerechtigkeit gen Himmel geflogen,
Lüge und Gewalt auf Erden geblieben.
Wir trinken Bier
und sind zufrieden.«

Und er setzte den Krug wieder an und trank ihn vollends

leer. Sein Schwiegervater sah ihm dabei zu und verzog das Gesicht, als hätte er Zahngrimmen. Weller hingegen, der den ganzen Abend über geschwiegen hatte, wie ein Stockfisch, öffnete zum ersten Mal seinen Mund: »Das ist wahr, Herr Organiste. Ihr habt mir aus dem Herzen gesprochen.« Und er trank, ohne sich um die erstaunten Blicke des Küchenschreiber und des Kammerdieners zu scheren, seinen Krug aus.

Der Pfarrer Lorenz Stauber aber sagte: »Die Wahrheit ist auch in den Himmel geflogen.« Er griff zu seinem Krug, um ihn zu leeren.

Der Küchenschreiber verzog jetzt erst recht das Gesicht und starrte auf seinen Schwiegersohn. Schließlich raffte er sich auf, trank seinen Krug leer und sagte spöttisch: »Was über dem Schuh ist, geht den Schuster mitnichten etwas an!«

Gleitsmann schwieg still. Doch ganz am Ende, als sie sich erhoben, als Bach die Zeche zahlte und Weller den Fuhrlohn gab, da öffnete auch der Kammerdiener seinen Mund: »Ich halte es, wie immer schon, mit dem Spruch des Ovid: Medio tutissimus ibis.«

Weller hielt die Münzen in der Hand und sah mit offenem Mund auf den Kammerdiener. »Was sagt der Herr da?« wandte er sich verstohlen an Bach.

»Er meint, daß man in der Mitte am sichersten ist.«

»Was hat dieser Mensch für eine Profession? Er ist Musikus, nicht wahr?«

»Er ist Kapellmeister und Kammerdiener beim Herrn Grafen.«

»Umgekehrt, Herr Organiste, er ist wohl eher Kammerdiener und Kapellmeister.«

»Ihr könntet wohl recht haben«, flüsterte Bach zurück, »wie Ihr den ganzen Tag über fast immer recht behalten habt, Herr Christoph Weller.«

Die erste Nacht

Sie traten hinaus, verabschiedeten sich, und Bach lief mit schnellen Schritten über den Marktplatz bis zum Brunnen, der sich vor der Kohlgasse befand. Dort blieb er stehen, lehnte sich an die Steine des Brunnenrandes und hörte zwischen dem Fließen und Plätschern des Wassers, wie die Uhren der Stadt die zehnte Stunde schlugen. Zur Abendseite hin war der Himmel noch hell, als verstecke sich dort der Abglanz oder die Erinnerung an den vergangenen Tag. Ein schmales, müdes Rot lag hinter der Burg, die schwarz und verschwommen vor dem Horizont stand. Das Rot verblaßte schnell, die Dächer des Wachsenburger Viertels verloren ihre Konturen und überzogen sich mit einförmiger Schwärze. Bach hörte die Rufe der Nachtwächter und wie sie ihren Vers sangen, ferne klagende Stimmen, die sich anhörten, als bedauerten sie den Flug der Stunden. Er hob den Kopf und sah, daß immer mehr Sterne erschienen. Es war, als wanderten sie aus den Tiefen des Himmels der Erde entgegen, voran die scharfe Sichel des Mondes, die stumm und mitleidlos durch ferne Wolken fuhr.

Sterne und Mond waren so weit weg wie die Erinnerung, um die sich Bach bemühte. Wie er auch grübelte, er sah nur den Eisenacher Oheim vor sich, seine heftigen Handbewegungen, sein trotziges, verbissenes Gesicht und den Mund, der sich unablässig bewegte. Die Worte und Sätze aber hörte er nicht. Sie waren ihm entfallen.

Bach lief zur Kohlgasse hoch. Durch die geschlossenen Läden der Fenster zitterten die Lichter von Öllampen und Kerzen, und in den Viehställen auf den Höfen klirrten Ketten. Dumpfes Stampfen von Hufen war zu hören, und vor einem Haus glaubte Bach das Surren von Spinnrädern zu vernehmen. Gegenüber dem Bachschen Haus wanderte ein Licht durch die Zimmer im ersten Stock. Zwei oder drei Häuser weiter oben, vor dem Tor, kreischten zwei Marder. Er hörte, wie sie über das Dach jagten und wie einer von ihnen ein angstvolles und verzweifeltes Fauchen ausstieß. Hernach ertönte ein Poltern. Dann wurde es still. Die Häuser standen reglos und stumm. Über ihnen schienen die Sterne noch immer aus dem Himmel heraus der Erde entgegenzuwandern. Sie wurden heller, gleißten stärker und sahen aus, als wollten sie ihm zuzwinkern und als wüßten und sähen sie alles, was auf der Erde und in dieser Stadt geschah.

Er ging leise ins Haus und zur Treppe hoch in sein Zimmer. Vom Bier hatte er einen schwachen Rausch. Ihm war, als er im Bett lag, als schwanke er mit Bett und Zimmer und mitsamt dem Haus. Der Strohsack knisterte, während er sein Nachtgebet flüsterte, in die Schwärze des Zimmer, wo nur das helle Rechteck des Fensters sichtbar war.

»Laß mich Gott von Herzen danken für alle Gnad und Wohltat, die er mir diesen Tag erzeuget und bewiesen hat. Insonderheit, daß er mich zu einem vernünftigen Menschen nach seinem Ebenbild und zum ewigen Leben erschaffen.

Ach Herr, du großer Gott, segne das Werk meiner Hände, meinen Beruf und Nahrung nach deinem gnädigen Willen, denn an deinem Segen ist alles gelegen. Ich bitt dich, sprich mich von den Sünden los, um Jesu Christi willen, daß ich mein ganzes Leben zu deinen Ehren möge zubringen, gib und beschere mir, nach diesem Leben, darin ich nur ein Fremdling und ein Gast bin, ein seliges Ende, und gib mir auch, aus Gnade, den Himmel und die ewige Seligkeit, so mir Jesus Christus mit seinem Blut erworben. Dazu mir verhelfen wolle die Hochheilige Dreifaltigkeit, hochgelobt in Ewigkeit, Amen!«

Schon immer war es so gewesen, daß Bach nach dem Nachtgebet sogleich einschlief. Es war, als fiele dann alles von ihm ab. Er konnte unbeschwert die Augen schließen und war von aller Unruhe und aller Sorge verlassen. Doch diesmal war ihm, als sei er noch immer auf der Fahrt von Weimar nach Arnstadt, als stehe er vor dem Konsistorium und als sitze er im Ratskeller. Die Frau vor dem Längwitzer Tor sah er, wie sie davon- und hinter ihrem Schatten herlief, den die Sonne zwischen die steinernen Pfeiler der Brücke warf. Er sah auch Börners Gesicht und seine gestikulierenden Hände und hörte, wie er sprach, böse und voller Spott und dabei die Träume der anderen zerstörend. Er sah den stürzenden Leib des Bauern aus Rudisleben und wie er sich an die Brust schlug, die Augen aufgerissen und ungläubig auf die ganze Welt gerichtet. Diese Vorstellung erstarrte zu dem Bild, mit dem er einschlief, unter dem Knacken der Balken im Dachgeschoß und mit dem Knistern des Strohsacks unter seinem Körper.

Zuerst schlief er fest und traumlos, doch gegen Morgen stahlen sich ständig wechselnde Bilder in seinen Schlaf, die von Mal zu Mal deutlicher wurden.

Er lief neben dem drei Jahre älteren Bruder Johann Jacob, umgeben von dichten Dornenhecken, die immer wieder zurückwichen, er war müde und schrie, seine Beine täten ihm weh und er wolle zu seiner Mutter nach Eisenach, doch der Bruder, einen Kopf größer als er, packte ihn bei der Hand und zog ihn immer weiter. Vor ihnen liefen plötzlich der Oheim, der Vater und sein großer Bruder aus Ohrdruf, der Oheim gestikulierte und schrie störrische Worte in den Himmel über sich, die Hecken wichen zurück und gaben den Blick frei auf Berge und Wälder zur Rechten und auf die weite Tiefebene zur Linken, wo die Kirchtürme der Dörfer spitz und reglos wie verwurzelt mit der Erde und den Behausungen der Menschen sich erhoben und alles andere überragten. Und so liefen sie alle fünf weiter, unter der grellen, schattenwerfenden Sonne, bis sie plötzlich unter sich und vor ihnen Arnstadt erblickten, vieltürmig und die Häuser zusammengedrängt wie eine Herde Schafe vom Band der steinernen Mauer.

Die drei Männer vor ihnen verharrten und sprachen ein Gebet, da sie angekommen waren und aus der Stadt heraus Glockengeläut erscholl. Kaum waren sie zu Ende damit, begann der Oheim wieder heftig zu reden, und er, das Kind Johann Sebastian, starrte ihn offenen Mundes an, da es ihm sonderbar vorkam, daß man seinem Vater Vorwürfe machen konnte.

»Du, Ambrosius, bist still und zahm wie ein neugeborenes Lamm. Du läßt dich hin und her schubsen und weißt nicht, was sich für unsereinen gehört. Du bist ebenso wie mein Bruder, der in Gehren sitzt. Der läßt sich die Hände binden und macht alles, was man von ihm will.« Der Oheim hielt inne, ließ die Hände sinken und sagte, indem er auf die Dörfer in der Ebene sah: »Mein Vater Heinrich hat es uns allen gesagt, daß wir von dort kommen und daß der Bauer Claus Bach zu uns gehört, den sie vor hundertvierzig Jahren bei Mühlhausen verbrannt haben. Und den Caspar Bach sollen wir auch nicht vergessen, der zwanzig Jahre vorher bei Münzer und Pfeifer gewesen ist. Der Mensch soll sich wehren, solange es geht, daß er reinen Gewissens vor seinen Gott treten kann, wenn es soweit ist.«

Bach wußte, daß er im Bett lag und träumte. Er träumte und sah sich selbst, einen Jungen von sieben Jahren, der offenen Mundes und mit großen Augen den Oheim und den Vater ansah, diesen erregten und zornigen Oheim und seinen Vater, der den runden Kopf gesenkt hielt, als sei er voller Schuld, und dessen Augen dennoch listig blinzelten, als fließe alles von ihm ab und als könne ihn nichts bewegen. Und jetzt, in dieser zwiefachen Existenz von flüchtigem Traum, den er angstvoll greifen und sich bewahren wollte, und in dem Bewußtsein zu schlafen und daher doppelt zu leben, jetzt begriff er seinen Vater in seiner tiefen Gläubigkeit und Ergebung und schlauen Zurückhaltung, in seiner fortwährenden Ruhe, die weder Erregung noch Leidenschaften kannte, sondern nur Verzeihung und Gutmütigkeit und Geduld.

Und er sah, wie der Oheim seinen fordernden Blick auf den gesenkten Kopf richtete und wie sich dieser Kopf erhob, unendlich langsam vor dem weiten Land und wie in tiefer Schwermut. »Was haben sie davon gehabt?« fragte der Mund des Vaters und gab sich gleich darauf selbst die Antwort. »Man hat sie verbrannt und verjagt und erschlagen, das haben sie davon gehabt. Ohne Achtung vor dem Leben waren sie. Sich selbst haben sie zerstört und ihre Familien auch, als lebten sie nur für sich, ohne Verantwortung vor Gott und vor ihren Frauen und vor ihren Kindern.«

Wieder stieß der Oheim seine Fäuste empor, als suche er alle Schuld im Himmel und nirgendwo sonst. Mit der anderen schlug er sich auf die Brust und schrie: »Bin ich nicht ein ehrlicher Mann?«

Bach sah ihn stehen, erstarrt zu dieser Pose, die Lippen bewegten sich, die Faust trommelte auf die Brust, ohne daß er noch etwas hörte, das Gesicht des Oheims mutierte zum Gesicht des hageren, grobknochigen Bauern aus Rudisleben, und es schien Bach, als stünde er in einer riesigen Kirche und sähe auf einen zu Holz oder zu Stein gewordenen Menschen, der seit unendlich langer Zeit reglos und stumm und dennoch fordernd auf die Gläubigen sah.

Bach erwachte. Das Zimmer war hell. Er wußte, wo er war. Die Violine lag auf dem Tisch. Er schloß die Augen und sah seinen Oheim vor sich und den Vater. Das war es, dachte er. Wie mühsam ist es mitunter, sich zu erinnern.
Er erhob sich und trat ans Fenster. Im Tal zwischen den Bergen lag Nebel. Die Turmspitze der Burg stand darüber und stach in den blauen Morgenhimmel, in dem wiederum nichts war als Luft und Leere.
Er stand und hörte die vielfältigen Geräusche, die sich aus den Höfen und Ställen und in den Gassen erhoben. Die Farbe des Himmels veränderte sich. Ein Glänzen und Glitzern erfüllte die Luft, und ihm schien, als würde das Firmament immer größer und erhabener.
Es gibt keine Leere, dachte er. Beide waren im Recht, der Oheim wie der Vater, und beide sind in mir.
Er sah über die Dächer der Stadt und sprach flüsternd sein Morgengebet.

Die Leiden des heiligen Christophorus

Bach hörte, während er die Seite des Notenheftes umschlug, daß die Kirchentür geöffnet und gleich darauf heftig zugeschlagen wurde. Er saß an der Orgel, Johann Christoph trat die Balken, und er dachte, daß er die Tür hätte zuschließen sollen.

Das Spiel brach ab, die Orgel atmete heftig, und er hörte, wie jemand die Treppe hocheilte, laut stampfend und auf knarrenden Stufen.

Er erhob sich und blickte um die Ecke. Da keuchte ihm ein Mann entgegen, der vielleicht doppelt so alt war wie er und dessen Haare sich sträubten, als wäre er voller Wut und Erregung. Er sah zuerst zu dem vierzehnjährigen Johann Christoph und polterte sogleich los wie ein Fuhrknecht: »Du widerwärtiger Schalk. Was hängst du dich an den Herrn Organiste und an die Balken, die ganz allein mir zukommen?«

Der Junge sprang von dem Balken, auf dem er gerade stand, und sah ihn mit aufgerissenen Augen an. Christoffer begann etwas zu stottern, aber der Mann unterbrach ihn: »Hinaus mit dir«, schrie er erbost, »du Schlingel willst mir mein Einkommen beschneiden. Dachte ich's mir doch, wenn zwei Bache zusammenkommen, schon hängen sie wie die Kletten aneinander.« Er schöpfte Luft, da sie ihm wohl etwas knapp geworden war, und wollte eben aufs Neue lamentieren, als ihn Bach unterbrach.

»Was erlaubt Ihr Euch?« Er trat näher und sah ihm ins Gesicht.

»So geht es nicht«, schrie der Kalkant, »meine Profession ist es, die Balken zu treten. Sie können, Herr Organiste, nie-

mand anders nehmen als mich. Wollen Sie mein Salär beschneiden?«
»Davon kann keine Rede sein. Ich bin nicht einmal vierundzwanzig Stunden in der Stadt und hoffte, Euch morgen zur Frühpredigt zu sehen. Wie ist Euer Name?«
»Jacob Christoph Schmidt. Bin zugleich Kirchendiener und hab fünf Mäuler zu stopfen.«
»Wie hoch ist Euer Salär?«
»Ich hatte zehn Taler ohne Orgel. Jetzt, wo sie endlich fertig ist, hat man fünf Taler zugelegt. Fünfzehn Taler im Jahr, Herr Organiste, und das für fünf Mäuler. Ich muß mich vom Keller bis zum Dachboden strecken, wenn ich zurechtkommen will. Da kommt der Bengel und nimmt alles weg.«
»Nichts wird Euch weggenommen. Ihr kommt schon auf Eure Kosten und habt genug zu tun. Ich werde sehr oft an der Orgel sitzen außerhalb der Gottesdienste. Ihr werdet es dem Jungen noch danken, wenn er Euch hilft.«
»Hab selber einen Jungen seines Alters, der es machen könnte«, murrte der Kalkant und vermied es dabei, Bach in die Augen zu sehen. Der fuhr ihn an: »Die Beschimpfungen müßt Ihr lassen, und wenn Ihr etwas gegen die Bache habt, so sagt es mir gleich.«
»Hab nichts gegen die Bache.«
»Dann müßt Ihr Euch still verhalten und nicht solche häßlichen Worte gebrauchen.«
Der Kalkant zog sich widerstrebend zurück und stieg, während er halblaute Worte murmelte, zur Treppe hinab.
Christoph sah auf seinen Onkel, offenen Mundes und sichtbar erleichtert. Bach dagegen lächelte, als wollte er ihm Mut machen. »Du darfst nicht bange sein, wenn ich bei dir bin«, sagte er, »und wenn du allein bist und wirst auf diese Art angefahren, mußt du keine Scheu zeigen. Am Ende wirst du sonst kleiner statt größer.«

Der Junge sah ihn noch immer an, und seine großen Augen sahen aus, als wollten sie voller Gier alles um sich her aufnehmen und nicht mehr loslassen.
Als sie über den Marktplatz gingen, ergriff Christoffer die Hand des Onkels und hielt sie fest, während sie immer weiterliefen und in die Kohlgasse einbogen. »Erzählst du mir, wie es war mit dem heiligen Christophorus?«
»Versprochen ist versprochen. Aber erst holen wir Schiebekarre und Sense und Rechen.«
Bach dachte, während sie im Hof ankamen und Christoffer die Karre aus der Schopfen zog: Der Schlingel hat doch die Geschichte gewiß schon ein paar Mal gehört. Warum will er sie gerade von mir noch einmal erzählt bekommen?
Er nahm die Sense und prüfte ihre Schärfe, ließ sich von Christoffer auch den Wetzstein bringen, und sie zogen los. Er trug Sense und Rechen, Christoffer schob die Karre, und sie liefen ausgangs der Kohlgasse in die Richtung des Pförtchens, zwischen Propstei und Klostermühle hindurch und an der Frühkirche vorüber, wo der mächtige Turm alle Häuser überragte. Bachs Blick glitt an dem Gemäuer hoch, und es war ihm für einen Augenblick, als wolle es auf die Straße stürzen mit allen Fabelgestalten, den Meerdrachen und Katzenköpfen und Schildkröten und mit all den vielen blauen und grünen Figuren in den schönen Fenstern, die von außen blind und schmutzig wirkten, von innen aber, das wußte er noch, geheimnisvoll erstrahlten, als ob Frauen und Männer lebten und unter einem Zwang tätig waren, wie im Traum und über Jahrhunderte hinweg, ohne Tod und ohne Schlaf.
Vom Pförtchen her transportierten Arbeiter auf einem ungefügen Karren, vor dem ein Ochse gespannt war, einen Leichenstein. Sie mußten ihnen ausweichen, und Bach sah, eingehauen in den Stein, eine reichgekleidete Frauensper-

son, die starr und steif an ihnen vorüberglitt. Über sich, zwischen den beiden hohen, rollenden Rädern, hatte sie nur den blanken Himmel, der reglos herabsah und die blinden, geschlossenen Augen samt Kopf und Körper hell und glänzend machte.

Sie standen beide und starrten auf den Stein, die Köpfe gesenkt, ihre Augen verfolgten den Wagen, und Bach sah, wie er sich entfernte zur Kirche und wie der Stein, als schrumpfe er zusammen, sich verkürzte und formloser wurde, ein grauer Block nur, nichts weiter als leblose Materie.

»Woher holen sie ihn?« fragte er den Jungen.

»Er kommt aus dem Weißischen Garten vor der Pforte. Dort stehen noch andere. Sie werden an die Kirchenwand gestellt.«

»War vor der Pforte in alten Zeiten nicht ein Friedhof?«

»Meine Mutter sagte so etwas. Als es noch das Kloster gab.«

Sie gingen durch die überwölbte Pforte, ließen die Stadtmauer und den Stadtgraben hinter sich und liefen zwischen Gärten bis zu dem Steg, der die Weiße überquerte und wo der Weg zum Eichfeldt und zur Kupferstraße führte. Von dort war er damals, als Junge und zusammen mit seinen Brüdern, dem Vater und dem Großoheim, herabgekommen in die Stadt.

Er sah auf seinen Vetter, der vor ihm die Karre schob und mit den nackten Füßen kleine, behende Schritte machte, eilig und voller Ungeduld, als wollte er schnell die Arbeit hinter sich bringen. Bach dachte an seinen Vater und wie er dessen Hand hielt, vor dem großen Christophorusbild in Erfurt, als sie den Dom Sankt Marien besuchten und der Vater zu sprechen begann, von dem heiligen Christophorus und von den Schmerzen, die er ertragen mußte.

Und Bach begann zu sprechen, doch nach dem ersten Satz

stockte er und dachte wieder an seinen Vater, und es fiel ihm auf, daß er, der Sohn, die Geschichte anders begann und daß es vielleicht schon immer so gewesen war. Jeder tat etwas dazu oder ließ etwas weg. Am Ende war es nicht mehr die Geschichte, wie sie vor fünfzig oder vor hundert oder vor fünfhundert Jahren erzählt worden war.

»Der Sankt Christophorus hieß, als er noch nicht getauft und noch ein Heide war, Offerus und lebte in Syrien. Das war zweihundertfünfzig Jahre nach der Geburt unseres Herrn, zur Zeit des römischen Kaisers Decius. Der sah das Christentum als eine Neuerung an und ließ viele Christen verfolgen und hinrichten.«

»Warum hat er das getan?« Der Junge hatte die Karre abgestellt und sich umgewandt. Sie waren auf halber Höhe des Berges. Christoffer stand zwischen den Holmen der Schiebekarre, sah seinen Vetter mit großen Augen an und schien hartnäckig auf eine Antwort zu warten.

Bach dachte an die Unschuld seiner Kinderjahre, an die vielen Fragen, die er in seinem Innern versteckt hatte, an Unverständliches und an Ungewißheiten, und er wandte sich ebenfalls um und sah auf die Stadt, auf Mauern und Türme, die reglos unter der Augustsonne lagen. Die Schwedenschanze auf dem Berg gegenüber und oberhalb der Stadt reckte den alten, gedrungenen Turm in die Höhe. Über ihm flogen zwei Bussarde, die sich in großen Bögen umkreisten und dabei einander zuriefen, mit hohen, spitzen Schreien, als fragten und antworteten sie. In den Pausen dazwischen hörte Bach das Blöken der Lämmer im Schafhof vor der Mauer zwischen dem Pförtchen und dem Wachsenburger Tor. Links davon, kurz vor dem Tor, schimmerte zwischen den Weiden das Wasser des Korbteiches, einer alten Pferdeschwemme, die nur noch zur Bestrafung der Feld- und Fruchtdiebe diente.

»Es gab erst wenig Christen dazumal, und sie lebten anders als die Mehrheit des Volkes. Da sie die Wahrheit erkannt hatten und an unseren Herrn glaubten, wurden sie verspottet und verfolgt. Wenn ein Mensch anders denkt und etwas Ungewohntes tut, wenn er das Alte verwirft und etwas Neues will, dann wird er angefeindet und verhöhnt. Für die Herrschaft ist es am besten, wenn der Mensch wie eine Puppe ist, die man mit Fäden bewegen und lenken kann. Eine solche Puppe kann nicht räsonieren. Das Kopfanstrengen ist ihre Sache nicht. Die Christen aber hatten ihren eigenen Kopf und verwarfen die Verehrung der Kaiser. Sie stellten unseren Herrn Jesus Christus über die Obrigkeit. Und da sie immer mehr Anhänger gewannen, wurden sie um so gefährlicher für den Kaiser. Das ist der Grund für die Christenverfolgung.«

»Und der heilige Christophorus hat etwas Neues gedacht?«

»Er war Heide, zwölf Ellen lang, mit starkem Leib und großen Gliedern, und er wollte dem größten Herrn dienen, den es gab. Er fand einen König, der gebot über viel Land und Leute. Und wie er ihm diente, sang ein Spielmann vor dem König und nannte dabei den Teufel beim Namen. Da schlug der König ein Kreuz vor sich, denn er war ein Christ. Offerus wunderte sich und fragte den König, was das bedeuten sollte. Als er erfuhr, daß sich der König vor dem Teufel fürchtete, sagte Offerus, daß er dem Teufel dienen wolle, weil der stärker wäre als sein jetziger Herr. Und er ging hinweg und suchte den Teufel so lange, bis er ihn gefunden hatte.

Er diente ihm, bis sie einstmals an einen Weg kamen, wo ein Kreuz stand. Da ritt der Teufel um das Kreuz herum seitab übers Feld, und als ihn Offerus fragte, wich der Teufel aus und antwortete nicht. Offerus aber verlangte die Wahrheit zu wissen, sonst wolle er ihm keinen Tag mehr dienen. Und endlich sagte der Teufel, daß es wegen dem Kreuz wäre, an dem Christus erhangen ward, und daß er das Zeichen des Christus fürchte. Offerus wunderte sich und sprach: ›Wenn du das Zeichen des Christus fürchtest, so ist er mächtiger als du. Ich will davon gehen und den auferstandenen Christus suchen, um ihm zu dienen.‹«

Noch immer schrien die Bussarde über der Schwedenschanze. Christoffer nahm die Karre wieder auf, und sie liefen weiter. »Offerus ging weg und kam zu einem Einsiedler. Als der hörte, was sein Gast suchte, lehrte er ihm der Christen Glauben, so daß Offerus meinte, er wolle Christus hinfort dienen mit großem Fleiß. Dann mußt du, sagte der Einsiedler, beten und wachen und fasten. Offerus wollte aber weder beten noch wachen noch fasten. Er solle ihm etwas anderes weisen, damit er Christus dienen könne. Dein Gott, sagte der Einsiedler, will, daß du betest. Ich mag nicht beten, antwortete Offerus.«

»Warum wollte er nicht beten?« wunderte sich Christoffer. »Ich bete jeden Tag!«

»Unterbrich mich nicht. Er war noch immer ein Heide und das Beten nicht gewohnt. Gleich wird er beten. Da der Einsiedler nichts weiter vermochte, schlug er ihm vor, er solle, weil er groß und stark sei, die Menschen über ein Wasser tragen, über das weder Weg noch Steg führe. Damit diene er Gott.

Offerus war dies recht, und so trug er fortan Menschen über den Fluß, hatte einen großen Stab und trug sie Tag und Nacht.

Eines Nachts aber war Offerus so müde, daß er sich legte und schlief. Da rief ihn ein Kind. Er stand auf und suchte, fand es aber nicht. Das wiederholte sich, und wieder fand er es nicht. Erst beim dritten Mal fand er es, nahm es auf den

Arm und ging mit ihm und dem Stab ins Wasser. Dies wuchs aber sehr über ihn, und das Kind war so schwer, als ob es von Blei wäre. Je länger er trug, um so schwerer wurde es, und das Wasser war so tief, daß er fürchtete zu ertrinken. Als er in der Mitte des Flusses war, sprach er zum Kind: ›Du bist so schwer, daß mir ist, als trüge ich die ganze Welt.‹ Da sprach es: ›Du trägst nicht allein die Welt, du trägst auch den, der Himmel und Erde erschaffen hat.‹ Und es drückte Offerus unter das Wasser und sagte: ›Ich bin Jesus Christus, dein König und dein Gott, durch den du arbeitest. Jetzt taufe ich dich in meinem Vater und in seinem Sohn und in dem Heiligen Geist. Vorher hießest du Offerus, nun sollst du Christophorus heißen nach mir. Du sollst deinen Stab in die Erde pflanzen. Er wird morgen blühen und Früchte bringen.‹«
Bach unterbrach seine Erzählung. Die beiden waren angekommen. Vor ihnen erhob sich der Pfennigsberg, und rechter und linker Hand des Weges wucherte üppiges Gras, das sie schneiden wollten. Bach stützte sich auf die Sense und fuhr fort: »Damit war das Kind verschwunden. Christophorus pflanzte den Stab in die Erde, und er wurde in einer Nacht zu einem Baum und blühte und brachte Früchte. Wie er das große Wunder sah, gewann er eine große Anhänglichkeit an Gott, dankte ihm und zog in eine Stadt, wo die Christen viel litten um ihres Glaubens. Da wurde Christophorus von einem Heiden geschlagen. Christophorus aber steckte einen dürren Stab in die Erde und bat Gott, er möchte ihn grünen und blühen lassen, damit er mit diesem Zeichen das Volk bekehren könne. Gott aber erhörte ihn, und so bekehrten sich viele Heiden zu dem christlichen Glauben. Als dies der König vernahm, war er voller Zorn und sandte zweihundert Mann nach ihm. Die fürchteten sich, ihn gefangenzunehmen. Da sandte der König noch ein-

mal zweihundert Mann. Die fürchteten sich ebenso, aber Christophorus meinte, sie sollten ihn binden und vor den König schaffen. Der bot ihm Ehre und Gut an, wenn er seinen Göttern opfern wollte. Tust du das nicht, so sagte er, wirst du viel Pein und Marter leiden. Christophorus sprach darauf, dein Gott ist der böse Geist. Ich glaube an unseren Herrn Jesum Christum! Der König warf ihn sogleich in den Kerker und schickte zwei Frauen zu ihm, ihn von seinem Glauben abzubringen. Christophorus sagte ihnen aber so viel von seinem Glauben, bis daß er sie bekehrt hatte. Da der König dies erfuhr, ließ er die beiden vor sich bringen und verlangte, sie sollten ihrem neuen Glauben abschwören. Die Frauen hingegen verlangten, mit viel Volk in den Tempel gebracht zu werden, wo sie furchtlos den heidnischen Gott schlugen und ihn zerbrachen. Darauf wurden sie zu Tode geschlagen. Ihre Seelen aber fuhren zu den ewigen Freuden.«

»Und Christophorus?« Sein Vetter stand neben der abgestellten Karre und sah Bach gespannt an. Der blickte über den Jungen in nördliche Richtung, zum Weinberg und zum Kalkberg, wo auf den Südhängen die Weinrebenblätter einen hellgrünen Teppich ausgebreitet hatten, der sich abhob von dem dunkleren Grün im Holzhäuser Feld. Auf dem Kamm des Kalkberges sah er vor dem blauweißen Horizont zwei Menschen, die sich unendlich langsam nach Westen hin bewegten. Es war fast, als ob sie stünden oder auf der Stelle traten, mühsam und ohne Hoffnung und ungeheuer einsam in der weiten Landschaft.

»Christophorus zog man aus, daß er nackt war, und schlug ihn mit Gerten und setzte ihn auf einen glühenden Helm und legte ihn auf ein Eisen und begoß ihn mit siedendem Pech. Aber die Bande zersprangen, und die Bank zerbrach, weil ihm Gott half. Daraufhin wurde er an eine Säule gebunden, und sie beschossen ihn mit Pfeilen. Da geschah es aber, daß die Pfeile in der Luft hängenblieben und einer der Pfeile dem König ins Auge fuhr, daß er erblindete. Wenn ich morgen sterbe, sagte Christophorus, so nimm mein Blut und streich es übers Auge, so wirst du sehen und gesund sein.

Anderntags wurde Christophorus enthauptet, und der König tat, wie ihm geheißen. Da konnte er sehen und wurde gläubig und getauft.«

Bach schwieg und sah wieder zum Kamm des Kalkberges. Die beiden Menschen dort waren ein Stück weiter gekommen, ein winziges Stück nur. Er dachte, daß es vielleicht Mann und Frau wären. Sie waren in der Stadt gewesen und hatten etwas verkauft oder auch etwas erworben und liefen nun zurück in ihr Dorf. Und ohne daß er etwas Genaues sah, stellte er sich den Korb vor, den die Frau auf dem Rükken trug, und auch die weiße Haube auf ihrem Kopf. Ich mache mir ein Bild und ebenso Christoffer, dachte er. Er begann zu mähen. Die Sense fuhr durch das Gras mit einem zischenden Geräusch. Er wußte, daß all das, was er abschnitt, eben noch gelebt hatte. Die lange Zeit des Wachsens wurde jäh und mit einem Schlag beendet, und doch machte es ihm Freude zu sehen, wie er Schwaden auf Schwaden niederlegte.

»Ist das die ganze Geschichte?« fragte Christoffer. Er schwang den Rechen und sah dabei auf Bachs Rücken.

»Das ist sie.«

»Und warum mußte der Sankt Christophorus sterben?«

»Alle Heiligen müssen sterben, weil sie sich opfern für andere. Aber in Wirklichkeit leben sie, wie hätte ich dir sonst von Christophorus erzählen können?«

»Aber er ist doch enthauptet worden!«

»Jesus Christus ist auch ans Kreuz geschlagen worden, und

dennoch lebt er. Er lebt durch uns und in uns. Ebenso der Sankt Christophorus.«

»Und doch ist er enthauptet worden!«

»Wenn ich dir von ihm erzähle, dann steht er auf, und du siehst ihn. Also ist er am Leben.«

Christoffer blieb still, und Bach ließ die Sense sinken und sah sich um. Da stand der Junge und sah ihn zweifelnd an.

»Es hat nichts zu bedeuten«, sagte Bach, »daß er in Wahrheit vor über tausend Jahren enthauptet wurde. Aber da er für unsern Herr Jesus Christus starb, ist er in uns und lebt weiter. Wenn du auf dem Riedplatz am Haus zum großen Christoffer vorübergehst und sein Konterfei an der Wand siehst, erinnerst du dich an ihn, und er lebt. Die Menschen, die vom Wald kommen am Markttag, gehen dort vorüber und sehen ihn, und wieder lebt er.«

»Aber es ist doch nur ein Bild!«

»Freilich ist es nur ein Bild. Die Figuren in den Kirchen und die Bilder hinter den Altären bestehen auch nur aus Stein und Leinwand und Farbe, aber ist dir nicht manchmal, als lebten sie? Vorhin, als der Grabstein vorübergefahren wurde, schien der Körper der Frau für einen Augenblick zu leben, unter dem Schein der Sonne und als er vorüberglitt.«

Die Augen des Jungen waren wie abwesend auf einen fernen Punkt hinter der Stadt gerichtet. Er blickte, als sei er in Gedanken versunken oder als wolle er sich an etwas erinnern. Vielleicht dachte er an seine Träume, wie er selbst an seinen Traum auf dem Feld des Bruders bei Ohrdruf.

Eine ganze Weile später hörte Bach ein leises Ja, immer noch wie in Gedanken, und der Junge senkte den Blick und sah auf die Stadt, als hätte er zur Wirklichkeit zurückgefunden.

Die Mausefalle

Angekommen in der Kohlgasse, trat die Tante in den Hof und tat sehr aufgeregt. »Dein Weller, der Fuhrmann, ist heute früh überfallen und ausgeraubt worden!«
»Was?« rief Bach erschrocken. »Er hatte doch nichts bei sich. Hat man ihn verletzt, ihm das Pferd genommen?«
»Nichts dergleichen, nur Geld und Briefschaften.«
»Briefschaften? Was denn für Briefschaften?«
Die Tante hob die Schultern. Sie wisse es nicht.
Plötzlich erinnerte er sich an den Wirt zum »Ritter«. Bach setzte sich auf die Schiebekarre und starrte der Tante ins Gesicht. »Wie ist es denn passiert?«
»Der Schultheiß von Dornheim kam in die Stadt geritten und hat es dem Feldhaus angezeigt. Am Morgen sei der Fuhrmann Weller ins Dorf gekommen und hätte gesagt, er sei auf dem Dornheimer Berg von zwei Wegelagerern überfallen und vom Wagen gerissen worden. Sie hätten ihm die fünf Taler abgenommen, die er bei sich gehabt, und auch zwei Briefe, die er nach Weimar schaffen sollte. Es seien zwei Männer gewesen mit doppelten Spießen, wie sie die Waldbauern tragen. Beide mit schwarzgrauen Röcken und schwarzen Hüten.«
Ein Verdacht stieg in ihm auf. Ist dies möglich? dachte er. Um alles in der Welt. Er erinnerte sich an den Abend zuvor. Der Küchenschreiber hatte Weller angestarrt, nachdem Bach ihm von dem Brief sprach. Was hatte er gesagt? Schraubt Augen und Ohren heraus, um zu vernehmen, ob es etwas Neues gibt. Das sudelt er dann aufs Papier und schickt es nach Weimar.

Warum hatten sie ihm die Briefe geraubt? Waren sie vielleicht noch wichtiger gewesen als die fünf Taler?

Er erhob sich abrupt, als hätte er einen plötzlichen Entschluß gefaßt. »Ich muß in die Stadt, Frau Tante. Bleib nicht lange.«

Hastig lief er aus dem Hof und zur Kohlgasse hinab. Ohne einen Blick nach rechts oder nach links eilte er über den Marktplatz, am Rathaus, an der Neuen Kirch und am Hopfenbrunnen vorüber, und erst eingangs der Zimmergasse, vor der Auslage des Goldschmieds, zögerte er, verhielt den Schritt und sah auf den Zierat, der sich dort befand.

War es richtig, was er jetzt tun wollte? Was ging ihn dies alles an? Ihr sollt Euch nicht in andere Händel und Verrichtungen mengen. Er konnte machen, was er wollte, immer wurde er in etwas hineingezogen, was nicht seine Sache war. Aber dies war seine Sache. Wenn es einen Verdacht gab, mußte er den Küchenschreiber zumindest fragen, sonst stünde immer das Mißtrauen zwischen ihnen.

Er machte einen Schritt näher zu dem heruntergelassenen Laden und sah wie am Vortag den Degen, dessen Knauf silberbeschlagen war. Die Kette daneben schien aus Gold zu bestehen. Er machte einen weiteren Schritt, und schon tauchte die Gestalt des Meisters aus der Werkstatt dahinter auf.

»Es ist alles da, Monsieur. Ihr könnt kaufen, was Ihr wollt. Was soll es denn sein?«

Der Meister neigte seinen Kopf über den Laden und wies auf einen Becher. »Getrieben und vergoldet, Monsieur, mit Herzen versehen auch noch. Das rechte Geschenk für die Liebste. Kostet nur vier Taler. Oder diesen schönen Doppelknopf aus Bronze mit aufgelegtem Glas und dem flammenden Herz. Nehmt es ruhig in die Hand. Seht Ihr die zwei Vögel, die sich schnäbeln?«

Bach sah auf den Doppelknopf und las unter dem Herzen eingravierte Worte. »Die Liebe« stand da. Er wandte sich widerstrebend zur Seite.
»Oder hier, dies Gefäß hier, der Knopf auf dem Deckel ist doch ein schönes Paar? Meint Ihr nicht auch?«
Bach trat ein Stück zurück. »Ein andermal vielleicht, wenn es recht ist, Herr Meister, ein andermal sicher.«
Und er ging in die Zimmergasse hinein bis vor des Küchenschreibers Haus, wo er erneut verhielt und zur Hausfront hochsah. Ich muß mit ihm sprechen, dachte er, es geht nicht, daß zwischen ihm und mir ein Mißtrauen herrscht. Ich will Auskunft haben, koste es, was es wolle.
Er ging ins Haus. Börners Frau war im Erdgeschoß, und er fragte sie nach dem Küchenschreiber. Er sei noch im Schloß, und ihr Mann wäre nach Rudisleben gelaufen.
»Was will er in Rudisleben?«
Maria Elisabetha wurde rot und wandte den Kopf ab.
»Ich weiß es nicht. Er hat nur gesagt, jetzt gehe ich nach Rudisleben, da man das Eisen schmieden muß, solange es heißt ist.«
»Das hat er gesagt?«
Sie wandte ihm den Kopf wieder zu. Bach sah, daß ihr die Tränen in den Augen standen. »Sebastian, kannst du nicht mit ihm sprechen? Seitdem das geschehen ist mit dem Vieh, gibt es nur noch Unfrieden im Haus. Heute war es ganz schlimm. Er liegt mit meinem Vater im Streit, daß es ärger nicht sein kann.«
Sie sah ihn bittend an.
Er wollte sagen, daß er nicht Partei wäre und gar nichts sagen könne, stockte aber mitten im Wort und schwieg still.
»Ich will mit deinem Vater sprechen«, sagte er schließlich, umarmte sie und ging aus dem Haus.
Andreas Börners Verhalten erstaunte ihn. Der tat ja gerade

das, was ihnen untersagt worden war. Nicht in andere Händel und Verrichtungen mengen. Das galt für Börner ebenso wie für ihn und konnte ihm die Stellung kosten. Und sein Schwiegervater, der Küchenschreiber, mußte es anzeigen. Ebenso der Sohn als Schreiber auf der gräflichen Kanzlei. Eine mißliche Situation für beide, dachte Bach, und bog in die Schloßgasse ein. Aber seine Sache war das nicht, er hatte nur mit dem Küchenschreiber wegen Weller zu sprechen. Mit Börner würde er auch reden, sicher, aber so starrsinnig, wie der war, konnte niemand etwas ausrichten.

Bach lief an der Tanzlinde vorüber und am Vorwerk vorbei. Die Vorderfront des Schlosses erhob sich vor ihm mit den schwarzen Roßköpfen an beiden Ecken. Sie wuchsen aus dem hellen Stein heraus, wendeten einander zu mit gebleckten Zähnen und sahen aus, als wollten sie miteinander kämpfen. Als Kind hatte er sie schon gesehen und geglaubt, sie bedrohten ihn. Ein Besucher des Schlosses, da er zwischen den Köpfen hindurchgehen mußte, war auf diese Art immer ein wenig erschrocken oder eingeschüchtert.

Zum ersten Mal sah Bach den Schlußstein über dem Torgewölbe. Es war ein Medusenhaupt, das ihm als Kind gar nicht aufgefallen war, weil er immer nur die Roßköpfe angestaunt hatte. Er verhielt den Schritt und sah nach oben, wo das Gesicht der Frau im Augenblick eines jähen Todes alle Schönheit behalten hatte und doch in plötzlichem Schrekken zu Stein erstarrt war. Aus den Haaren züngelten Schlangen, und Bach erinnerte sich für einen kurzen Augenblick an die Erzählungen des Hesiod und des Pindar, die er in Lüneburg gelesen hatte.

Im gewölbten Eingang zum Schloßhof hielt ihn die Wache an, ließ ihn aber durch, als er nach dem Küchenschreiber fragte. Er solle nur quer über den Hof in die Küche gehn, dort sitze er.

Bach sah zum ersten Mal den Hof des Schlosses, der gepflastert war und hundert Fuß im Quadrat messen mochte. Er hielt inne und hörte das Plätschern des Brunnens, der in der Mitte stand und schon im Schatten lag. Auf die Front gegenüber schien die Sonne, machte das Mauerwerk hell und spiegelte sich in den vielen Fenstern mit den kleinen, runden Scheiben.

Er lief am Brunnen vorüber, wo zwei Mägde ihre ledernen Eimer füllten, trat aus dem Schatten des Vordergebäudes in die Sonne und ging schnell durch die Tür zu ebener Erde in das Küchengewölbe. Da war erst ein Vorraum, von wo er geradenwegs in die Hofküche sah und auf den Kamin. Eine Magd lief an ihm vorüber mit einem Tragkorb voller Holzscheite und schleppte ihn in die Küche. Es roch nach Gebratenem und Gesottenem. Rechts lag ein weiterer Raum, die Tür war geöffnet, und ganz hinten vor einem mächtigen Schrank saß der Küchenschreiber hinter seinem großen Tisch und schrieb in einem Buch. Er brauchte nur hochzusehen, so hatte er den Vorraum im Blick und wußte, wer aus- und einging. Bach faßte sich ein Herz und lief auf ihn zu, der Küchenschreiber sah hoch, in der Rechten den Federkiel und erstaunten Blicks, als er sah, wer da zu ihm kam. Einen Augenblick lang sah sich Bach um und gewahrte Fässer mit Unschlitt und Mehl und Früchten. Es roch nach Äpfeln und Pflaumen, vermischt mit dem Gestank des Unschlitts. In einer Kiste lagen Eier. Er sah drei Hirschgeweihe und hölzerne Schüsseln und Teller in großen Mengen. In einer Ecke waren Hirschhäute und Rehfelle aufgeschichtet. Die stanken auch.

Bach grüßte, vermied es aber, dem Küchenschreiber die Hand zu geben. Statt dessen fiel sein Blick auf eine prunkvolle und mit großer Kunstfertigkeit geschnitzte, gewaltige, hölzerne Mausefalle, die grad über des Küchenschreibers

Kopf auf dem Schrank stand. Was für ein schönes Gefängnis, dachte er, und sah wieder auf den Küchenschreiber, dessen mausgrauer Rock mit zwei Reihen silberner Knöpfe besetzt war. Er klaffte vorn auseinander und ließ das schwarze Unterkleid und ein weißes, besticktes Hemd sehen.

»Sei mir willkommen. Es ist recht, daß du mich einmal in meinem Domizil besuchst. Über diesen Tisch«, er wies auf sein aufgeschlagenes Register, »und durch dieses Buch geht alles, was im Schloß verzehrt und genutzt wird.«

»Mein Erscheinen, Herr Küchenschreiber«, begann Bach förmlich, »hat folgende Bewandtnis: Eben erzählte mir die Frau Tante, mein Fuhrmann, der Weller, wäre bei Dornheim überfallen und ausgeraubt worden.«

Das Gesicht des Küchenschreibers verwandelte sich bei den letzten Worten Bachs. Da waren sowohl Erstaunen als auch eine gewisse Abweisung zu sehen. Er beugte sich vor und sah an Bach vorüber durch die geöffnete Tür in den Vorraum.

»Das ist mir neu. Der Weller tut mir leid. Ist er blessiert worden?«

»Nein, das nicht. Man hat ihm fünf Taler und die Briefe geraubt.«

»Briefe? Welche Briefe?«

»Die Post, von der ich Euch gestern abend am Biertisch erzählte.«

»Ach ja, ich entsinne mich. Er sollte einen Brief befördern für den Wirt vom ›Ritter‹.«

»Kann es nicht sein, Herr Küchenschreiber, daß man den Weller nur wegen der Post überfallen hat?«

»Wer sagt das?«

»Ich denk mir's nur.«

Jetzt sah ihn Herthum an, erstaunt und nur für einen Moment, denn schon wandte er die Augen wieder zu dem Vor-

raum. »Ich kann mir nicht denken, daß so ein Hohlwegslaurer auf Briefschaften aus ist.«
»Eben, könnten es nicht Leute gewesen sein aus der Stadt oder aus dem Schloß, die wissen möchten, was in einem Brief steht, den der Geheime Kammeragent von Weimar an seine Herrschaft gerichtet hat?«
Mit einem Ruck erhob sich der Küchenschreiber, eilte zur Tür, schloß sie, stellte sich mit dem Rücken davor und sagte eindringlich: »Schweig still von solchen Sachen. Weißt du, was du da von dir gibst?«
»Um es rundheraus zu sagen, Herr Küchenschreiber, ich denke mir, Ihr habt irgend jemandem berichtet, was ich Euch erzählte, und zwischen Mitternacht und dem ersten Hahnenschrei hat man zwei Subjekte gefunden, die sich bereit erklärten, dieses schmachvolle Stück aufzuführen.«
Im Gesicht des Küchenschreibers lag zuerst Erschrecken, schließlich zunehmender Zorn. Wütend stieß er heraus: »Ich habe zu niemand auch nur ein Sterbenswörtchen gesagt. Du verdächtigst mich, aber kann es nicht jemand gehört haben? Wir saßen nicht allein am Tisch. Gleitsmann saß neben dir, wie du weißt, und vielleicht hat jemand gesehen, wie Hönicke mit Weller sprach am gestrigen Tag. Es gibt der Möglichkeiten viele.« Der Küchenschreiber hatte schnell und überstürzt gesprochen, seine Augen aber wanderten dabei unstet von einer Ecke in die andere und vermieden es, den Organisten anzusehn.
Im Grunde, dachte Bach, hatte dieser Mann, sein Verwandter, soeben zugegeben, daß der Verdacht berechtigt war. Und fest stand, daß er mehr wußte, als er zugab. Eine heiße Welle stieg in ihm hoch aus Zorn und Traurigkeit und Mißtrauen. Er stand da und schwieg. Sein Blick glitt vom Küchenschreiber zu der prächtigen Mausefalle und wieder zurück. Da war ihm, als sei der Küchenschreiber eine einge-

sperrte Maus, die hin und her huschte und wahllos und voller Angst um sich biß.

»Gewiß«, sagte er, »es gibt der Möglichkeiten viele. Ich will nichts mehr sagen. Ihr seid dreimal älter als ich und noch dazu mein Verwandter und ein angesehner Mann. Da muß ich einen solchen Verdacht begraben. Denkt Euch, ich sei nicht hiergewesen.« Und damit wollte er an dem Küchenschreiber vorüber und hinausgehen, doch der packte ihn am Arm. »Johann Sebastian, daß du dich für den Weller in die Bresche schlagen willst, gereicht dir zur Ehre, aber selbst der Sache nachgehn darfst du nicht. Überlasse sie dem Stadtleutnant, der solche Vorkommnisse zu untersuchen hat. Schlag du nur die Orgel und schweig ansonsten still.«

Bach entwand sich dem Zugriff des Küchenschreibers. »Ich sagte ja schon, Ihr sollt denken, Ihr habt mich weder gesehen noch gesprochen.« Verbittert ging er zur Tür und öffnete sie. »Gehabt Euch wohl, Herr Küchenschreiber!« rief er von der Schwelle aus zurück und eilte durch den Vorraum auf den Hof, wo er mit derselben Magd zusammenstieß, die bei seinem Kommen die Holzkiepe hereingetragen hatte. Wieder trug sie denselben Korb und schleppte Holz in die Küche.

»Pardon!« entschuldigte er sich.

»Flegel!« schrie sie. »Kannst du nicht sehen? Wo hast du...« Sie unterbrach sich, weil ihr offenbar klar wurde, daß ein Herr von Stand sie angestoßen hatte. Aber Bach war schon weitergegangen und beachtete sie nicht mehr. Erst in der Mitte des Hofes, neben dem sanft und stetig plätschernden Brunnen, als er aus der Sonne in den Schatten des vorderen Schloßflügels trat, hielt er an und hob den Kopf. Wieder sah er viele hundert runde Scheiben, diesmal matt und fast schwarz, und die Altane und Söller des vierten Stocks aus braunem Holz, von wilden Männern und Frauen gestützt, die allesamt auf ihn herabglotzten und dabei ächzend ihre Last trugen. Ihm war, als sei ihr Stöhnen und Schreien und sie selbst zu Stein erstarrt und so für immer festgehalten worden. Und weiter glitt sein Blick zum Hausmannsturm hoch, der in der rechten Ecke stand und über dessen Spitze in großer Höhe gerade eine kleine, weiße Wolke zog, die im Wind zerfaserte. Schlag du nur die Orgel, dachte er, und schweig ansonsten still. Er verzog das Gesicht, ging über die andere Hälfte des Hofes durch den gewölbten Schloßeingang, wo ihn die eisernen Spitzen der Gittertore umgaben, und über die Schloßbrücke, unter der im Wasser der Weiße sich die Sonne spiegelte. Die Köpfe der schwarzen Rosse bleckten noch immer ihre Zähne, und auch sie spiegelten sich im Wasser und zitterten sachte, als klapperten sie in panischer Angst.

Als er an der gräflichen Kanzlei vorüberlief, traten die Herren Schreiber aus der Tür auf die Treppe. Er legte einen Schritt zu, aber sogleich hörte er die Stimme von Ludwig Martinus Herthum. »Herr Vetter, wir haben denselben Weg. Ich hab den Dienst hinter mich gebracht und gehe nach Hause.«

Wieder ein Herthum, dachte er, und sah mit mürrischem Gesicht auf den einzigen Sohn des Küchenschreibers. Er war einige Jahre älter als Bach und akkurat dem Vater wie aus dem Gesicht geschnitten. Sie gaben sich die Hand. Herthum beglückwünschte ihn zur Bestallung. »Ich hatte gestern nicht Gelegenheit, Herr Vetter, meine Freude zu zeigen. Mit dieser Bestallung, das kann man wohl sagen, stehst du dich recht gut.«

Bach stimmte ihm halben Herzens zu und sah, während sie weiterliefen, gradenwegs durch die Schloßgasse auf die Brunnen vor der Zimmergasse und vor der »Tanne«. Dort standen wieder Frauen und schöpften Wasser. Um den vorderen Brunnen lief eine Schar Gänse. Sie schlugen mit den Flügeln und schrien wie am Spieß.

»Wie haben denn die Herren entschieden«, fragte er, »was die Bauern aus Rudisleben betrifft?«

Der junge Herthum schwieg eine Weile. Bach sah, daß er seine Augen zusammenkniff und den Mund ein wenig verzog.

»Sie müssen doch zu einem Schluß gekommen sein.« Bach sah ihm beharrlich ins Gesicht.

Endlich begann der Schreiber zu sprechen. »Die Stadt will Anstalten zu einem Flurumzug treffen. Er soll in vierzehn Tagen stattfinden.«

»Und damit soll alles wieder ins rechte Lot kommen?«

»Sie hoffen es. Die Herren gehen von einem Grenzstein zum anderen, treffen dort die Vertreter der Dorfschaften, und alle bestätigen die Flurgrenze wie von altersher. So ist der Brauch.«

»Aber beim letzten Umzug, habe ich gehört, floß Blut an der Grenze zu Rudisleben.«

»Die Herren hoffen, daß es diesmal nicht dazu kommt.«

»Wer hat recht, die Bauern oder die Bürger?«

»Es ist meine Sache nicht, Herr Vetter, darüber zu urteilen. Ich schreibe nur das Protokoll und habe keine Meinung.«

Die Gänse liefen noch immer im Kreis um den Brunnen, sinnlos und lärmend. Bach sah auf den Schreiber. Er trug den gleichen Rock wie sein Vater, von demselben Schneider offenbar und mit ebensolchen Knöpfen besetzt. Mein Gott, dachte er, da sitzt er und kratzt auf dem Papier herum und denkt sich nichts dabei. Warum läßt er seinen Kopf nicht zu Hause. Er trägt ihn, ohne ihn zu gebrauchen.

Inzwischen waren sie vor dem Haus des Küchenschreibers angelangt.

»Willst du mit hereinkommen, den Schwestern guten Tag sagen?«
Bach lehnte ab. »Ich hab die Börnerin vorhin schon begrüßt, bevor ich zum Schloß ging.«
»Du warst im Schloß?«
»Ja, bei deinem Vater. Ich hatte ein Gespräch mit ihm.«
Er wollte sich verabschieden, aber währenddem hörte er Börners Stimme aus einem der Fenster des oberen Stocks. Er solle warten, er hätte ihm etwas zu sagen. Gleich darauf trat er aus der Tür und schlug ihm vor, sich irgendwo, am bestem im Ratskeller, niederzusetzen. Er wäre in Rudisleben gewesen und wolle ihn unbedingt davon unterrichten, was inzwischen geschehen sei.
Bach wehrte ab. Er hätte anderes zu tun. Aber dann dachte er an die Bitte der Börnerin und an den ausgeplünderten Weller.
»In den Ratskeller gehe ich nicht«, erklärte er, »aber wenn du mit mir auf ein Bier in den ›Ritter‹ gehen willst, soll es mir recht sein.«
»In den ›Ritter‹?« wunderte sich Börner.
»Ja, warum nicht? Es ist ebensoweit.«
»Aber der ›Ritter‹ liegt nicht auf deinem Weg.«
»Das macht nichts. Ich will nun einmal in den ›Ritter‹.«
»Gut, dann gehen wir.«
Und wieder ging Bach die Zimmergasse hinab bis zum Brunnen, wo diesmal die Gänse in einer Gruppe zusammenstanden, allesamt die Köpfe zur Seite neigend, freilich jetzt still und nur die dunkelblauen Knopfaugen mißtrauisch auf beide Organisten gerichtet. Ein Ganter setzte sich mit großen, watschelnden Füßen in Bewegung und fuhr auf sie zu, Kopf und Hals stracks hervorgestreckt und böse zischend. Die Flügel wirbelten eine Staubwolke auf, aber Mut und Tapferkeit des Ganters waren dahin, als Börner einen festen

Schritt in seine Richtung machte. »S. ist es immer«, sagte er, »man darf nur keine Angst haben. Was sie jetzt für ein Geschrei machen! Es ist unter den Tieren wie unter den Menschen.«

»Sie sind klüger, als du denkst. Sie geben nach, wo Gewalt im Spiel ist. Cedo maiori, sagen sie sich und tun recht daran.«

»Ich glaube, es ist nur die Feigheit, die sie vor dem Größeren weichen läßt. Wenn der Mensch mutiger wäre, so würden alle Infamien, mit denen man ihm kommt, wie eine Schweinsblase zerplatzen, in die man eine Nadel sticht.«

Bach schwieg darauf. Sie liefen zur Schloßstraße vor, am Brunnen vor der »Tanne« vorüber und hinunter zum Längwitzer Tor.

»Bei euch«, fragte er schließlich, »gibt es ein Donnerwetter im Haus, erzählte mir deine Frau?«

»Nicht mehr als gewöhnlich. Der Küchenschreiber krakeelt herum. Sein Sohn und die Weiber schweigen still, und ich lach in mich hinein.«

»Und deine Frau ist unglücklich dabei!«

Börner schwieg eine Zeitlang, hielt den Kopf gesenkt und sagte schließlich, indem er ihn hob und auf den Hexenturm sah: »Es wandelt sich alles. Mal fährt man ins Tal und mal auf den Berg. Glück und Unglück kommen und gehen. Warum soll meine Frau davon verschont sein?«

»Aber kannst du nicht ein wenig nachgeben und dich aus dem Streit heraushalten. Warum versetzt du sie in Unruhe? Läufst nach Rudisleben und willst das Eisen schmieden, solange es noch heiß ist.«

Börner sah ihn überrascht an. »Da hat sie wieder mal alles ausgeplaudert. Die Weiber schwatzen, daß einem angst und bange wird. Wie soll ich mich, frage ich dich, heraushalten? Ich komme ja von dort und habe meine Verwandt-

schaft wie jeder andre auch. Mein Vetter Martin Börner ist Landfähnrich in Rudisleben. Zudem will und kann ich nicht zugeben, daß weiß auf einmal schwarz sein soll oder umgekehrt.«
Sie standen vor dem »Ritter«, mitten auf der Straße und einander gegenüber.
»Du bist aber«, sagte Bach mit erhobener Stimme, »auch mit dem Küchenschreiber verwandt, da du seine Tochter geheiratet hast. Das ist ebenso deine Verwandtschaft, und mit der mußt du zuvörderst leben.«
»Was kann ich dafür, daß mein Schwiegervater gerade an dem angeblichen Grenzstein Land hat, welches in Wahrheit zur Rudisleber Flur und eigentlich meinem Onkel Hans Friedrich Börner gehört. Jetzt auf einmal richtet sich seine Wut gegen mich. Dann hätte er mir nicht seine Tochter zur Frau geben sollen. Die Sache schwelte damals schon wie heute.«
Bach wurde heftiger als zuvor. »Aber will es nicht in deinen Kopf, daß du hier lebst, in seinem Haus sogar. Da mußt du Rücksicht nehmen, und sei es nur um des lieben Friedens willen.«
Börner lachte, wandte sich um und lief voraus in den Gasthof. »Durchaus nicht. Es will durchaus nicht in meinen Kopf. Ich meine, daß ich wohl weiß, daß ich hier lebe und unter seinem Dach, aber was hat das mit meiner Auffassung von Recht oder Unrecht zu tun. Das eine ist das eine, und das andere ist das andere. Soll ich mich, nur weil ich anderer Meinung bin als er, prostituieren? Ich will immer aufrecht gehen, nicht gebückt oder gar kriechend wie ein Wurm auf der Erde!«
Wie Börner so vor ihm her ging und über die Schulter zurücksprach, empfand Bach den eigenen Zwiespalt. Was machst du, dachte er. Der Börner hat einen Satz gesagt, der

mich an die letzte Nacht erinnert. ›Ich komme ja von dort.‹ Im Traum hatte der Oheim aus Eisenach geschrien: ›Daß wir von dort kommen‹. Andreas Börner hat ebenso recht wie unrecht. Darin glich er ganz und gar dem Oheim. Kann man imperfekte Verhältnisse ändern, indem man rigoros gegen sie lebt, oder muß man sie dadurch erträglich machen, daß man sich ihnen anpaßt? Soll er das Verhalten des Küchenschreibers in bezug auf Weller auf sich beruhen lassen und es vergessen und nur seine Arbeit tun? Die Orgel schlagen und ansonsten stillschweigen?

Sie saßen am Tisch und warteten auf die Bedienung. »Gut«, sagte Bach, »was du sagst, hat etwas für sich, aber glaubst du wirklich, daß ein solches Aufbegehren sowohl dir und deiner Familie nützt, als auch das Unerträgliche ändert?«

»Ich glaube, mein lieber Vetter, daß das Unerträgliche nicht erträglicher wird, wenn man es von vornherein geschehen läßt und hinnimmt, als sei man ein geduldiges Schaf. Das Leid, das mit dem Aufbegehren über einen selbst und über die Familie kommen kann, mit diesem Leid muß man leben. Viele vor uns haben damit gelebt und es ertragen. Unser Glaube verlangt es sogar!«

Bach wollte antworten, aber da trat der Wirt an den Tisch, machte seinen Kratzfuß und fragte nach den Wünschen der Herren. Sie bestellten Bier. Bach sah Hönike dabei an und versuchte in seinem Gesicht zu lesen. Aber da war nichts zu erkennen.

Der Wirt katzbuckelte davon zu seinem Faß, und Bach war so klug wie zuvor.

Er dachte an Börners letzte Worte und an das Gespräch mit dem Küchenschreiber. Da gibt Börner diesen Satz von sich, und schon kommt mir die Vorstellung, ich sei zu seinem Kumpan geworden, denn von woher komme ich selbst? Auch von daher. Und unversehens entfuhr ihm die Frage:

»Gestern abend, als wir den Ratskeller verließen, ist da dein Schwiegervater, der Herr Küchenschreiber, mit dir nach Hause gegangen?«
Börner sah ihn überrascht und erstaunt an. »Ja, das heißt, nein. Nur bis zur Neuen Kirch. Dort ist er noch einmal umgekehrt. Er meinte, er hätte vergessen, dem Bürgermeister Feldhaus etwas zu sagen. Aber was soll das? Eine halbe Stunde später hörte ich ihn im Treppenhaus.«
Bach setzte ein gleichgültiges Gesicht auf. »Es ist nichts weiter. Hat er gesagt, was er vergaß, Feldhaus mitzuteilen?«
Börner überlegte. »Wart mal. Wie sprach er gleich. ›Ach, jetzt hab ich doch vergessen, dem Herrn Bürgermeister zu sagen, was die Hofhaltung noch Wichtiges braucht bei der Einweihung der Augustenburg. Ich geh schnell noch mal ins Ratsherrenstübchen und bin etwas später zu Hause.‹ So etwa sprach er.«
Hönike brachte das Bier und wünschte den Herren, daß es ihnen wohl bekommen möge. Wieder durchforschte Bach sein Gesicht, aber es war nicht anders als zuvor.
Börner wartete, bis Hönike wegging. Dann fragte er mit heftiger Stimme: »Du mußt doch einen Grund haben, wenn du solche Fragen stellst!«
Bach antwortete nicht. Er überlegte, ob er sprechen und ihm alles sagen sollte. Nein, dachte er, das würde Börner und Herthum noch mehr entzweien und wäre so gut nicht. Außerdem hatte er dem Küchenschreiber versprochen, den Verdacht zu begraben. Ein Gefühl der Scham für den alten Mann ergriff ihn. Niemals hatte Herthum mit Feldhaus etwas besprochen, was mit der Einweihung der Augustenburg zusammenhing. Das war Sache des Oberhofmeisters der Gräfin. Mein Gott, dachte er, es ist wahr. Der Hofdienst macht den Menschen zum Wurm, der auf der Erde herumkriecht, und wenn er noch so eine hohe Stellung hat.

Wieder hörte er Börners bohrende Stimme. »Nun sag schon, was du denkst. Was ist mit dem Küchenschreiber?«
Bach schüttelte den Kopf. »Nichts ist mit ihm!«
»Du warst doch vorhin im Schloß. Meine Frau sagte, du wolltest ihn besuchen.«
»Er hat mir sein Domizil gezeigt, und den Innenhof des Schlosses sah ich zum ersten Mal. Er ist sehr beeindrukkend. Und an der Vorderfront fletschen die Rosse nach wie vor ihre Zähne.« Börner sah ihn ungläubig an. »Du willst mich wohl zum Narren halten?«
»Was du denkst. Im übrigen, weißt du schon, daß man den Weller, meinen Fuhrmann, ausgeraubt hat in der Früh, auf dem Marktweg zwischen Arnstadt und Dornheim?«
»Was«, schrie Börner, »das ist doch nicht möglich. Noch nie hat es da einen Überfall gegeben, so nahe bei der Stadt.«
»Doch, zwei Männer haben ihn vom Wagen gerissen und ausgeraubt. Fünf Taler sind weg und die Briefschaften, die er bei sich trug.«
»Briefschaften? Was für Briefschaften? Wozu das?«
»Wirst du gleich sehen.« Bach wandte sich um und rief nach dem Wirt, der eilig herbeikam. »Monsieur Hönike, haben Sie schon gehört? Den Weller hat man ausgeraubt!«
Der Wirt nickte und sagte schnell: »Man hat ihm sein Geld genommen, hörte ich.«
»Nicht nur das Geld, sondern auch die Briefe, die er bei sich führte.«
Wie er's sagte, sah Bach, daß der Wirt zusammenfuhr und so blaß wurde wie seine Schürze. »Was Sie nicht sagen, Monsieur. Ist das wahr?«
»Man hat es mir berichtet. Haben Sie ihm nicht etwas mitgegeben?«
Verlegen sah der Wirt auf Bach, und dann, als wäre er ertappt worden und sei voller Angst, auf Börner. »Zwei Brie-

fe«, sagte er stockend, »für meine Verwandtschaft in Weimar.«
Börner lachte. »Monsieur Hönike, wenn es weiter nichts ist. Die Briefe könnt Ihr noch einmal schreiben. So wichtig werden sie nicht gewesen sein. Oder?«
Der Wirt hatte sich gefangen. »Wie man's nimmt, Herr Organiste, wie man's nimmt. Was man so der Verwandtschaft schreibt.« Er kehrte sich brüsk um, als ob er ärgerlich und voller Wut wäre.
Börner faßte Bach am Arm, beugte sich zu ihm hin und flüsterte:
»Der Hönike wird eine schlaflose Nacht haben, er ist nämlich Geheimer Kammeragent des Weimarer Herzogs, erzählt man sich, und steckt ihm alles, was unter unseres Grafen Herrschaft geschieht. Wenn er Briefe nach Weimar schreibt, dann sind es zumeist Geheimberichte für das herzogliche Amt.«
»Was du nicht sagst!« Bach tat erstaunt und verwundert. »Wo hast du das her?«
»Der Küchenschreiber ließ einmal so etwas fallen. Es ist anzunehmen, daß er recht hat. Dieser Wirt ist immer dort, wo etwas geschieht. Gestern abend saß er im Ratskeller und hat aufgepaßt wie ein Schießhund.«
Bach schwieg. Er wunderte sich, in welchem Maße er sich verstellen konnte, und war versucht, Börner alles zu sagen, aber wieder hielt ihn der Gedanke zurück, er könne die Zwietracht im Haus des Küchenschreibers schüren. So spürte er immer stärker einen Zorn auf sich selbst, trank von dem Bier, hielt sich mühsam zurück und fragte, wobei ihm gleichzeitig in den Sinn kam, daß er erneut auswich: »Du wolltest mir etwas von Rudisleben erzählen.«
»Am Morgen erfuhr ich, daß die Stadt einen Flurumzug veranstalten will. Da bin ich stehenden Fußes nach Rudisle-

ben gelaufen und hab es brühwarm dem Landfähnrich und dem Bürgermeister Paul Löberich mitgeteilt.«

»Und?«

»Sie wußten es schon. Der Teufel weiß, wie sie es erfahren haben. Weißt du, was mein Vetter, der Landfähnrich, gesagt hat?«

»Wie soll ich das wissen?«

»Sie sollen nur kommen, hat er gesagt, die Bauern hätten sich ausgemacht, sie wollten allesamt auf den umstrittenen Grenzstein scheißen, und die Bürger könnten kommen und es ablecken.«

»Das ist stark!«

»Angst haben sie keine. Sie schleifen schon Sensen und Sicheln und Äxte. Wenn es soweit ist, wird es sich lohnen, am Flurumzug teilzunehmen. Du kommst doch mit?«

»Ich? Warum sollte ich?«

»Warum solltest du nicht? Man sieht etwas vom Leben. Wir könnten in der letzten Reihe gehen, da kann uns nichts passieren.«

»Ich will weder vorne noch hinten gehen. Ich habe kein Land, das mir einer wegnehmen oder geben kann. Ich will überhaupt nicht gehen.«

»Du bist ja ein Ignorant!«

»Bin ich nicht. Ich halte mich an meine Bestallung. Es wird verlangt, daß ich mich nicht in andere Händel und Verrichtungen mengen soll. Das gleiche gilt für dich. Ich muß mich wundern, daß du nach Rudisleben läufst und brühwarm die neuste Zeitung überbringst. Das kann dich deine Stellung kosten.«

Börner machte eine unwillige Kopfbewegung. »Sie haben ja schon alles gewußt, und meine Verwandtschaft kann ich jederzeit besuchen.«

Bach winkte ab und rief nach dem Wirt. Er bezahlte die

zwei Krüge Bier, und sie erhoben sich. Hönike druckste herum und wollte ihnen nicht von der Seite weichen. Schließlich fragte er Bach, wer die Männer gewesen seien, die Weller überfallen hätten. Als er hörte, daß sie wie Waldbauern ausgesehen hätten, atmete er auf und schien ganz beruhigt zu sein.

Wenn du wüßtest, dachte Bach, wie es in Wahrheit abgelaufen ist, wärst du noch immer so weiß wie deine Schürze.

Die beiden gingen gemeinsam bis zur »Tanne« und verabschiedeten sich dort. Bach lief zum Markt hoch und dachte, daß er nun den Bürgermeister Feldhaus fragen müßte, was er von dem Überfall auf Weller wußte. Oder den Stadtleutnant. Aber kein Spitzbube, dachte er weiter, wird sich selbst einer schlimmen Tat bezichtigen. Da hast du eine schöne Verwandtschaft. Und mit der sollst du in Freundschaft zusammenleben.

Der Tischler

Er lief durch das Tor, am Schlagbaum vorüber und verhielt mitten auf der steinernen Brücke über der Gera. Das Wasser schoß rasch und gurgelnd um die Pfeiler, und fortwährend trieben Baumstämme heran, teils zusammengekettet oder gebunden, teils lose und geschwind sich drehend in der Flut. Weiter unterhalb der Brücke zogen Holzknechte die Stämme mit Haken aus dem Wasser, und Bach hörte, wie sie einander zuschrien und sich beeilten, alles Holz zu erlangen.

Die Sonne stand über dem Dornheimer Berg, tauchte Stadtmauer und Türme in ein hellgraues, gleißendes Licht und ließ das Wasser am westlichen Ufer des Flusses glitzern und funkeln. Und wie er das Wasser sah, das sich rasch näherte und ebenso schnell entfernte mitsamt dem Holz, während die Brücke, auf der er stand, unbeweglich verharrte und nur sachte zu zittern schien, dachte er an die Frühpredigt, die er soeben gehört hatte. Den Mund des Pfarrers hatte er nur von oben gesehen, eine halbe Stunde lang in unablässiger Bewegung, das Gesicht im erregten Auf und Ab und nach den Seiten hin und zu den Gläubigen noch weiter unten, von denen er nur Köpfe und Rücken und schweigendes, horchendes Verharren wahrgenommen hatte.

Bach lief vollends über die Brücke. Er wollte in zwei oder drei Stunden in Gehren und bevor es dunkel wurde zurück sein.

Börner hatte recht behalten. Es war eine Brandpredigt gewesen. Gott war auf seiten der Stadtbewohner, und die Bauern waren Unruhestifter und Tölpel, die nichts weiter als

Aufruhr im Sinn hatten. Den trugen sie sogar bis in den Ratskeller der Stadt. Er aber, Bach, hatte die Musik zu den Worten gemacht und sich alles mit angehört, wenn auch unter dem Spielen wieder vergessen. Da war es ihm, wie so oft, geschehen, daß er alles um sich her nicht mehr bemerkt und nur auf Tasten und Töne geachtet hatte. Die Musik war etwas für sich, etwas Losgelöstes von allem anderen, als wären die Predigt und das Murmeln und Singen der Menge die Welt, die von draußen in das Gotteshaus gedrungen war, profan und realiter und als wäre es etwas Aufgesetztes, Fremdes, etwas, was den Frieden und den Gleichmut in ihm und im Gotteshaus störte.

Als Bach die Höhe des Berges erreicht hatte, auf dem Rabenhold, wandte er sich um und sah die Stadt diesmal von Südosten her. Sie lag so friedlich und sonnenbeschienen unter ihm, daß er vermeinte, schon lange nicht mehr ein solches Bild gesehen zu haben. Entlang der Gera, auf den Wiesen weiter nördlich, weidete das Stadtvieh, braunweiße Tupfen zwischen hellem Grün und Buschwerk; und am Rande der Stadt, vor dem dunklen Grün des Schloßgartens, glänzten die weißgrauen Steine des Neideckschlosses in der Sonne. Behäbig und satt lag die Stadt da und blinzelte wie mit vielen Augen in den Morgenhimmel, als wüßte sie von nichts etwas und sei mit allem zufrieden, was um sie und in ihr war.

Und wie Bach sich wiederum umwandte, nach Südosten blickte und weiterlief, sah er zuerst die Trümmer der Käfernburg, dahinter den Hain, dessen Bäume ihm nicht grün, sondern schwarz erschienen, was wohl am Licht lag. Davor, unterhalb der Burg, stand die Oberndorfer Kirche, über den Häusern des Dorfes und über der Augustenburg, dem Lustschloß der Gräfin. Erst jetzt fiel ihm auf, da er es bisher immer nur aus der Ferne und von der Seite her gesehen hatte,

daß es ein großes, langgestrecktes Gebäude war, schön anzusehn vor dem Garten, der dahinter erst flach, dann steiler anstieg und in Quartiere unterteilt war.
Er mußte an den bedauernswerten Weller denken. ›Da wird sie dann sitzen mit ihren Hofdamen und Maulaffen feilhalten und übers Land glotzen.‹
Sie wird schon, dachte er, ihre Gründe haben, wenn sie sich so weit von ihrem Gemahl entfernt. Wenn es stimmte, was man ihm inzwischen erzählt hatte, daß nämlich die Ehe zwischen Graf und Gräfin etwas abgekühlt sei, so blieb ihr wohl nur dieser Ausweg: den Schein wahren, solange es ging und weil es notwendig war, und dennoch ein eigenes Leben führen. Immerhin, wenn sie auf so etwas wie ein Schloß verfiel, dann schien sie einen eigenen Kopf zu haben.
Bach legte einen Schritt zu, vor sich ein welliges Gelände. In der Ferne und am Horizont lagen die Berge des Thüringerwaldgebirges. Gegen Mittag, in Gehren, würden sie vor ihm aufsteigen, und er freute sich schon jetzt auf seine Verwandten dort, die ihn sicher willkommen heißen würden.
In Gräfinau, wenige Meilen vor Gehren, kehrte Bach in einen Gasthof ein, auf dessen Fassade das Konterfei eines wilden Mannes mit Bart gemalt war. Es mußte ein Trinker sein, denn mit Weinlaub bekleidet hielt er sich mühsam an einem Baum fest, als wäre er trunken und voll bis oben hin. Bach ging hinein, bekam einen Krug Bier vorgesetzt und saß einem grauhaarigen Mann gegenüber, dessen Kittel, zusammengeschnürt durch einen zerfransten Strick, Spuren von Holzstaub aufwies. Der Mann aß bedächtig Brot und Speck und schob mit seinem Messer die aufgespießten Stükke nacheinander in den Mund. Dabei sah er beharrlich auf Bach, mit hellen, blanken und reglosen Augen unter weißen Brauen, während der Unterkiefer unablässig und gründlich malmte. Der Mann sah aus, als befände er sich tief in Ge-

danken und kaue nur nebenbei, zum Zeitvertreib und wie unabsichtlich.
Aber plötzlich, nachdem er einen lange gekauten Bissen hinuntergeschluckt und einen tüchtigen Zug aus seinem Krug getan hatte, wurde Bach von ihm angesprochen.
»Auf'm Weg nach Gehren?«
Bach nickte.
»Geschäfte dort?«
Erneut nickte Bach, diesmal unwillig und abweisend.
»Trifft sich gut. Hab denselben Weg.«
»Ist das Eure Schiebekarre vor der Schenke?«
Diesmal nickte der Mann, da er sich erneut einen Bissen Brot mit Speck in den Mund geschoben hatte und heftig kaute.
»Arbeitet Ihr im Holz?«
Die Kiefer hielten inne, und als sei er beleidigt, knurrte er drohend und mit finsterer Miene: »Ich bin Tischler und schon zwanzig Jahre ein ehrenwerter Meister in Gehren!« Entrüstet spießte er mit dem Messer erneut Brot und Speck auf und schob es in den Mund.
»Entschuldigt, daß ich so vorwitzig war, aber was treibt Euch nach Gräfinau?«
Wieder hielten seine Kiefer still, und er stieß heraus: »Hab einen Kastenschrank zum hiesigen Prediger geschafft.«
»Eine Kommode?«
Der Mann winkte ab. »Bin kein welscher Meister. Nur ein Gehrener. Mach's aber ebenso oder besser.« Es schien, als werfe er sich etwas in die Brust. Die Augen wurden noch um eine Spur heller. »Was wollt Ihr in Gehren?« fuhr er fort und hob seinen Krug.
»Ich will meine Verwandten besuchen. Die Witwe Bach, des seligen Organisten Frau.«
Der Meister setzte seinen Krug ab, hielt die linke Hand un-

ter den Tischrand und strich mit der rechten die Brotkrumen auf die Handfläche. Er schüttete sie in den Mund.
»Die Witwe«, sagte er, »ist nicht bei guter Gesundheit, mit den fünf Jungfern hat sie Sorgen. Seid Ihr auch ein Bach?«
Wieder nickte der Organist. »Wenn Ihr schon zwanzig Jahre Meister seid in Gehren, dann kanntet Ihr wohl den verstorbenen Organisten?«
»Und ob ich ihn kannte. Kam jeden Tag gerannt. Wollte dies und wollte das. Aber alles allein machen. Ließ mich nichts verdienen. Aufs Holz war er aus, und zehn Jahre liegen sollte es auch noch.« Der Mann schwieg still und starrte auf Bachs Hände. »Seid Ihr auch ein Musikus?«
»Ich versuch es, so gut es geht. Bin Organiste.«
»Auch Organiste? Es gibt wohl keine Bache mit einer anderen Profession? Der jetzige Kantor in Gehren ist auch wieder ein Bach. Kaum war der eine tot, kam der nächste gelaufen, aus Erfurt stammt er wohl.«
»Ich weiß. Er hat bei meinem Vater gelernt. Als ich Kind war in Eisenach, wohnte er bei uns im Haus.«
»Die Spielleute aus Euerm Geschlecht, denk ich, halten zusammen wie Pech und Schwefel. In unserer Profession schlagen die Meister aufeinander ein und gönnen sich nicht den Verdienst. Und die Pfuscher in den Dörfern nehmen uns noch dazu die Arbeit weg.«
»Das gibt's ebenso in unserer Profession. Wenn die Hochzeit oder die Taufe nicht viel kosten soll, nehmen die Leute miserable Bierfiedler, wenn die nur irgendwas zusammenkratzen können.«
»Ja, die Pfuscher hobeln was zurecht. Am Ende ist es krumm und schief und fällt wieder auseinander.« Der Meister erhob sich und rief nach dem Wirt. »Es wär gut, wenn wir uns auf die Beine machten. Ich muß nach dem Mittag aufs Feld, hab meiner Alten versprochen, zeitig zurück zu sein.«

Auch Bach erhob sich und zahlte seinen Krug.
Sie gingen hinaus, der Tischler warf seinen Leinenbeutel auf die Schiebekarre und packte sie an den Holmen. »Es ist gut«, sagte er, »wenn man zu zweit ist auf so einem Weg. Ist man allein und läuft dahin, kommt am Ende einer und schnappt einem die paar Taler weg, die man im Schubsack hat.«
Bach dachte an Weller und pflichtete dem Tischler bei.
Der wurde nun redselig den ganzen Weg über: »Was denkt Ihr wohl, was sich für Gesindel im Wald herumtreibt. Da wimmelt es von armen, ausgehungerten Marodebrüdern. Das Gewissen ist denen einen Furz wert. Unsereiner plagt sich ab und verdient sich redlich ein paar Groschen mit harter Arbeit, jene Vigilanten aber springen aus dem Busch und halten einem das Messer vor die Brust. Da steht man da. Geld oder Leben! Die Obrigkeit sieht zu und tut nichts. Sind deren aber auch zu viele. Vor ein paar Wochen haben sie einem Forstbedienten bei Langewiesen sogar die Muskete geklaut. Jetzt ist zu befürchten, daß man auf Knall und Fall ins Gras beißen muß. Ich lauf ungern über Land, aber es bleibt mir nichts andres, wenn ich was verdienen will.«
»Mir scheint«, entgegnete Bach, »daß es eine glückliche Fügung war, die uns in der Schenke zusammenführte. So können wir getrost zu zweit und ohne Furcht bis Gehren kommen. Aber am Abend muß ich allein nach Arnstadt zurück.«
Der Tischler blickte ihn von der Seite her an, wobei er seine Karre immer weiterschob. »Ihr seid jung und habt schnelle Beine. Wenn so ein Hohlwegslaurer aus dem Busch springt, müßt Ihr laufen, als ob der Teufel hinter Euch her wäre. Wieviel Jahre zählt Ihr denn?
»Bald werden's neunzehn.«
»Na seht Ihr, da könnt Ihr springen wie ein junger Bock.

Unsereiner dagegen, mit fünfundfünzig und kurzem Odem, den haben sie bald eingeholt.« Und als ob ihm der Weg Mühe machte, hielt er an, setzte die Karre ab, bat Bach um eine kurze Rast und ließ sich auf seinem Fuhrwerk nieder. Zu beiden Seiten des Weges wucherte niedriges Strauchwerk, junge Birken und Eichen. Dahinter stand Laubwald, Buchen zumeist. Ihre hellen, silbrigen Stämme standen wie Kerzen vor dem Dunkel des Waldinnern. Ein Specht hämmerte hartnäckig, und aus noch größerer Entfernung waren Axtschläge zu hören, kurz und hart, und das Kreischen einer Säge auch, und Bach hörte die Geräusche und sah die weißen, wandernden Wolken, die über den grünen Baumwipfeln nach Osten zogen, von ihnen verdeckt wurden und ein Stück weiter in veränderter Gestalt weiterglitten, als seien sie voller Unrast und in ständiger Wandlung begriffen. Er setzte sich auf die Böschung am Rande des Weges und sah auf den Tischlermeister, der auf seiner Karre saß und heftig atmete.

»Wenn Ihr, Herr Meister, meinen seligen Verwandten so gut gekannt habt, dann könntet Ihr mir wohl sagen, was es für ein Mensch war. Als ich ihn das letzte Mal sah, das war vor elf Jahren, war ich noch ein kleiner Junge und hatte für nichts einen Sinn.«

Der Tischler hob den Kopf, und es schien Bach, als blicke er an ihm vorüber in das Buschwerk, seine Augen waren klein und zusammengekniffen. »Was seh ich da«, rief er überrascht, erhob sich, griff in die Tasche und holte sein Messer hervor. »Ein Schießbeerenstrauch. Der soll mir ein paar gute Pfeifenstiele abgeben!« Und schon lief er über den Weg an dem Organisten vorbei und zu einem üppig wuchernden Strauch, wo er sogleich ein paar Äste herausschnitt.

»Wie heißt der Strauch?« fragte Bach verwundert.

»Wie ich's sagte. Die Beeren geben ein vorzügliches Pur-

giermittel, das Holz eine gute Kohle für Schießpulver und prächtige Tobakspfeifen. Ist auch gut für Verzierungen. Den Strauch merk ich mir.« Er kam zurück, warf die Knüppel auf seine Karre, griff nach den Holmen und setzte sich in Bewegung.
Bach erhob sich und lief hinter ihm her. Der Alte wandte den Kopf zur Seite, während er immer weiterschob.
»Johann Michael Bach, Euer Verwandter, war nicht recht am Platze in seiner Profession. Hat lieber etwas gehobelt und geleimt, als an der Orgel gesessen. Ich weiß noch, wie er mit aller Gewalt eine Pochette machen wollte. Pochette, sagte er. Was ist das, hab ich gefragt. Wirst sehen, hat er nur gemurmelt. Und was kam heraus? Eine Geige, grad ellenlang. Konnte sie in die Tasche stecken. Über'm Wirbelkasten ein Schlangenkopf. Da hat er dann gefiedelt, ganz dünn und hell. Immer wollte er schönes, tannenes Holz, da durfte kein Ast sein, nur alles schön eben und mit langen Fasern. Auf die Clavicords war er ganz versessen.« Der Mann unterbrach sich, schöpfte Atem und fuhr hastig fort: »Zuerst ist alles tot, Holzstücke nur und Tasten und Saiten. Und wie sich's zusammenfügt, am Ende, fängt's an zu leben. Wie er dann saß und auf die Tasten schlug, da war's kein totes Ding mehr, und der Herr Organiste davor war auch ein anderer. Sah aus, als wollte er vor lauter Vergnügen in die Luft springen. Vorher lauter Spannung und Sorge, und dann, auf einmal, wie ein Kind, das eine Pfeife geschnitzt hat, aus der auf einmal was rauskommt.«
Er verschnaufte wieder, schob langsamer, und Bach, der jetzt an seiner Seite war, fragte schnell: »Aber eine gute Musik hat er auch gemacht?«
»Da ist nichts zu sagen. Hat er gemacht. Die Kirchgänger waren zufrieden und die Obrigkeiten auch. Aber sein Herz, das sag ich Euch, war bei den Clavicords und Pochetten und

Flöten. Flöten hat er auch gemacht. Eine Drehleier auch. So eine Bauernleier. Die hat geschnarrt wie ein alter, abgelebter Großvater. Er hat neben der Hobelbank gestanden und mir auf die Finger gesehn. Alles abgeguckt und gestohlen von unsereinem. Ließ mir keinen Verdienst. Nur die paar Groschen am Holz konnt ich gutschreiben. Hab ich ihm ewig und alle Tage vorgeworfen. Kam dann das Hungerjahr 93/94, und pardauz, grad zu Himmelfahrt, hat nicht mal eine Woche gelegen, macht er doch den letzten Schnapper zwischen fünfen und sechsen auf den Abend. War zur Vesperzeit noch bei ihm, er hatte Fieber und war schon voller Flecken, und ich sag zu ihm, nächste Woche, sag ich, es war Mai, müßt Ihr wissen, und der lange Winter war nur noch ganz oben, mit weißen Flecken überm Wald, sag ich zu ihm, nächste Woche scheint die Sonne erst recht, und wir machen ein schönes Clavicord mit Ahorn und Kirschbaum, und wenn's klingt, seid Ihr ganz gesund, Herr Organiste. Lag da, rotfleckig und erhitzt, und tat so, als wollte er nicken und lachen, als freut er sich unter der Haut, und kaum zwei Stunden später hör ich, daß er den letzten Schnapper getan. Sechsundvierzig war er, grad so alt wie ich. Beide sind wir Anno 48 zur Welt gekommen. Da war eben der große Krieg zu Ende.«

Der Mann schob seine Karre und starrte verbissen auf den Weg. »Ihr habt ihn wohl gemocht?«

Die Karre verhielt jäh. Der Tischler ließ sie fallen. »Was sagt Ihr da? Ich soll ihn gemocht haben? Ums Verrecken nicht. Er hat mich ja nichts verdienen lassen.« Erregt packte er die Holme und schob weiter. »Einen Sarg hab ich gemacht, einen schönen Sarg. Den besten überhaupt. Hab ihn der Witwe geschenkt auch noch. Tat mir leid mit ihren fünf unmündigen Würmern. Den Sargboden, eingedenk des Verstorbenen, hab ich aus Tannenholz gefertigt ohne jeden Ast, mit langen, schönen Fasern, da hat er dann sein Bett gehabt auf'm Resonanzboden, wie sich's gehört. Hat ihm im Tod wohl noch geklungen.«

In diesem Augenblick sah Bach ihn wieder vor sich, lächelnd, voller Güte und Geduld, als beide, Johann Michael und sein Eisenacher Bruder Johann Christoph, vor ihrem sterbenden Vater im Herthumschen Haus in Arnstadt standen, und ihm schien bei den Worten des Tischlers, daß er ebenso in dem Sarg aus Tannenholz gelegen haben mußte, mit all seinen schönen Motetten im Kopf, die sich endlich erfüllten. »Denn es fähret schnell dahin, als flögen wir davon.« Das Leben, geschäftig und lärmend, an dessen Ende die Todessehnsucht stand und die heitere Freude, endlich dem Leiden der Menschheit entronnen zu sein und der Seligkeit Gottes teilhaftig zu werden.

»Soll ich Euch was sagen?« wieder vernahm er die Stimme des Mannes. Das Rad der Schubkarre knarrte und quietschte, und aus weiter Ferne hörte Bach die hellen Schläge der Axt und gleich nebenan im Buschwerk das Zwitschern der Vögel. »Er wollte nicht mehr. Ihm blutete der Kopf und das Herz. Da hatte er endlich, drei Jahre zuvor, einen Sohn, den er auf den Namen Johannes Gottfried taufte, und er freute sich und dachte, es würde einer in seine Fußstapfen treten. Da starb er ihm weg nach anderthalb Jahren wohl. Von da an sprach er nur noch dunkle Worte, trauervoll, als sei er müde und satt vom Leben. Legte sich hin und ergab sich und starb unversehens. Da standen dann die fünf Jungfern neben der Mutter am Grab und hielten sich fest an ihrem Rock, eine kleiner als die andere, und der Sohn war tot. Ich weiß noch, wie die kleine Maria Barbara dastand mit großen Augen und nichts verstand und mal auf den Sarg und mal auf die Mutter sah!«

Bach, wieder von einer plötzlichen Erinnerung erfaßt, sah

sich neben dem Sarg der Mutter stehen, im selben Jahr, zwischen den Brüdern und den Schwestern, nebenan die Lehrlinge und Gesellen, und er wußte noch, daß er verstohlen die Hand des Vaters erfaßt und ihn angesehen hatte, sodann den sinkenden Sarg, und wie sie die Sterbemotette sangen, seine Mitschüler zusammen mit den Gesellen und Lehrlingen, und er auch, als wäre die Mutter eine fremde Leiche und als singe er im Chor mit wie immer; und zwischendurch, als trieben Wellen der Erinnerung sein Spiel mit ihm, wurde ihm bewußt, daß dies die Mutter war im Sarg und für immer in die Erde versank mit dumpfem Poltern und unter dem Wind des Frühlings, der die Worte des Sterbeliedes mit sich riß und den Umhang des Geistlichen blähte und die Seiten seines Buches umschlug, als wisse er von nichts und als sei ihm alles gleichgültig.

Bach versuchte, auf die Worte des Tischlers zu hören. Er sprach schon wieder, diesmal von seiner Familie, doch um das Maß voll zu machen, sah sich Bach erneut zurückversetzt, in das Jahr 95, keine zehn Monate später, diesmal hielt er nur die Hände seiner Geschwister, und mit wachsendem Entsetzen und in endloser Verwirrung sah er den Sarg des Vaters versinken, und der alte Friedhof war ringsum weiß vom Schnee, es gab nur das aufgeworfene Grab mit der schwarzen Erde und mit den schwarzgekleideten Menschen, und er wußte noch, daß er nicht gesungen hatte, daß immer nur die Schwärze der Erde vor seinen Augen stand mit dem hinabgleitenden, ebenso schwarzen Sarg und dahinter über dem Hügel und zwischen den Menschen der weiße Schnee, der ebenso ohne Mitleid war wie der Wind im vergangenen Mai. Wie sie alle zu Grabe getragen wurden über die Jahre. Die Leichen folgten einander so sehr, daß die Zeit und die Erinnerung nach ihnen bemessen ward.

Im Jahr 91, als er sechs Jahre alt war, starb der anderthalbjährige Johann Gottfried Bach in Gehren. Im Jahr darauf Heinrich Bach, dessen Großvater in Arnstadt. Wieder ein Jahr später der Onkel Johann Christoph in Arnstadt und im Jahr darauf dessen zweijähriger Sohn Johann Andreas. Im selben Jahr starben die Mutter in Eisenach und der Großoheim in Gehren, und noch ein Jahr später der Vater, wieder in Eisenach. Der Bruder Johann Balthasar, Trompeter in Köthen, starb einundneunzig mit achtzehn Jahren, und sein Vetter, Johann Jacob, der Stadtpfeifergeselle in Eisenach, ein Jahr später mit vierundzwanzig Jahren. Zwei Jahre nach seines Vaters Tod starb der Onkel in Schweinfurt, und als letzter vorerst legte sich in diesem Frühjahr sein Großoheim in Eisenach ins Grab. So reihten sich die Gräber aneinander, und man konnte die Jahre danach zählen. Es hatte den Anschein, als ob die ganze Bachsche Sippe in kurzer Zeit verdorrte, doch da überall ringsherum gestorben wurde, fiel es nicht einmal auf. Sein Alltag als Kind, da er im Chor der Schüler mitsang, bestand darin, daß er fast an jedem Tag an einem Grab stehen mußte und daß er immerfort die gleichen Bilder und die gleiche Trauer sah.

»Der Verwandte Eures Großoheims«, hörte er den Tischler sagen, »jener, der aus Erfurt angesprungen kam und die Kantorstelle erhielt, vertritt des öfteren den Organiste. Will nichts gegen ihn sagen, aber er hat es dauernd mit dem Pfarrer. Sie sind wie Hund und Katze.«

Bach horchte auf. Er hatte Johann Christoph Bach über zehn Jahre hinweg nicht gesehen. Zwanzig Jahre alt war er damals, als sich die Bache trafen und Johann Christoph beim Tanz die Beine warf, daß man meinte, sie flögen davon.

»Wirft man ihm etwas vor?«

»Wenn er an der Orgel sitzt und beim Vorspiel ist, dann

denkt man, es ist Kirmes. Er spielt ja, daß man danach tanzen könnte. Und der Pfarrer, ich hab es deutlich gesehen, verzieht das Gesicht dabei. Immer verzieht er das Gesicht und knirscht mit den Zähnen. Da bleibt der Streit nicht aus. Und in der Schule, obwohl er auch die Rute gebraucht, macht er manchmal der Späße zuviel.«

Ach Gott, dachte Bach, er ist immer noch der Bruder Leichtfuß von dazumal, und laut sagte er: »Es ist besser, in der Schule zu lachen, als zu heulen.«

»Papperlapap, Herr Musikus. Die Kinder muß man in der Zucht halten. Sie wachsen einem sonst über den Kopf. Was hab ich meinen Sohn gedrillt. Jetzt wird etwas aus ihm. Er lernt Orgelmacher und hat es schon weit gebracht. Wird in Langewiesen an der neuen Orgel gebraucht.«

»Was Ihr nicht sagt! Wird dort eine Orgel gebaut?«

»Nach der Feuersbrunst vor fünfundzwanzig Jahren gab es, Gott sei's gedankt, viel zu tun bei der Aufrichtung der Häuser und der Neuen Kirch. Jetzt kommt eine Orgel aufs Tapet. Und da wird wohl mein Sohn dabeisein.«

»Und Ihr habt auch Arbeit?«

»Ich hätte mich als Meister in Gehren nicht behaupten können, wenn es damals nicht gebrannt hätte. Ein Feuer hin und wieder ist meiner Profession immer dienlich.«

»Bei welchem Meister lernt Euer Sohn das Handwerk?«

»Bei dem Herrn Orgelbauer Johann Albrecht in Coburg. Mein Sohn heißt genau wie Ihr, Johann Sebastian. Unser Organiste, der Herr Johann Kister, hält viel von ihm, da er zur Jahreswende, als er Urlaub hatte, die hiesige Orgel sich angesehen und saubergemacht hat. Es wird ein rechter Orgelmacher, hat er mir gesagt. Da freut sich ein Vaterherz.«

»Und Euer Kantor, mein Vetter Johann Christoph Bach, hat er auch Kinder?«

»Eben hat sein Eheweib ihm einen Sohn geboren, vor vier Monaten. Er schreit schon wie ein Läuferschwein so laut. Hat ihn auf den Namen Johann Günther taufen lassen. Ein dreijähriges Mädchen ist auch noch da. Aber der Kantor ist ganz närrisch auf den Sohn.«
»Dann sind es ja zehn Personen, die in dem Haus wohnen!«
»Ja, zehn sind es mit der Witwe und den fünf Jungfern. Und da zu erwarten steht, daß des Kantors Kinderzahl wächst, wird das Haus wohl bald nicht mehr ausreichen.«
Zu Hause, in Eisenach, erinnerte sich Bach, waren es mit den Lehrlingen und Gesellen oft zwölf und einmal sogar fünfzehn gewesen. Es reichte oftmals der Tisch nicht hin und nicht her, und die Kinder mußten in der Ecke sitzen. Das war ein ständiges Kommen und Gehen, ein Lärmen und Klappern und ein fortwährendes Summen und Klingen, da die Stadtpfeifer ihre Instrumente traktierten. Und sowohl beim Essen als auch bei der Arbeit hatte der Vater die Gewalt und gab den Takt an.
In Gehren angelangt, wollte ihm der Tischler das Haus zeigen, aber Bach gab ihm Bescheid, daß er es wüßte, er sei schon einmal in Gehren gewesen, vor sechs Jahren, mit seinem Bruder, von Ohrdruf aus. So nahmen sie Abschied voneinander, nicht ohne daß ihm der Tischler seine Dienste anbot. »Wenn Ihr Euch einmal auf den Instrumentenbau verlegt, kommt nur immer zu mir, ich will Euch aushelfen, so gut es geht.«
Bach bedankte sich sowohl für das Angebot als auch für die gute Gesellschaft und stand wenig später vor dem Haus der Witwe.

Die Jungfer von Gehren

Er zog die Glocke, und innen, im Flur, schepperte es blechern und hell. Er hörte kurz darauf zwei Mädchenstimmen, und es schien, als rannten zwei Personen zugleich, ihm zu öffnen. Tatsächlich standen zwei Jungfern im Flur, dunkelhaarig beide und heftig atmend, die Gesichter gerötet und voller Neugier. Sie ähnelten sich, nur hatte jene, von der Bach dachte, daß sie die Jüngere wäre, ein schmaleres Gesicht und war überhaupt ein wenig zarter als ihre Schwester. Beide sahen ihn erstaunt an, offenbar hatten sie jemand anders erwartet und nicht einen Fremden.

»Erkennt Ihr mich nicht?« sagte Bach und blickte von einer zur anderen. Dabei wußte er selbst nicht, wer die beiden waren, ob die Jüngsten oder die Mittleren.

Das Gesicht der Älteren veränderte sich jäh bei seinen Worten. »Johann Sebastian aus Ohrdruf!« Sie klatschte in die Hände.

»Und du bist Barbara Catharina!« Bach lächelte.

Sie war im Begriff gewesen, ihm ihre Hand zu reichen. Jetzt zog sie sie zurück und verzog das Gesicht. »Ich bin Maria Sophia«, sagte sie enttäuscht. »Ich hätte nicht gedacht«, daß du mich nicht wiedererkennst.«

»O Pardon!« murmelte er verlegen und faßte ihre Hand. Sie zog noch immer ein Gesicht. Er sah die andere an. »Dann bist du Maria Barbara?« Ihre Augen waren dunkel, die Brauen wie schwarze, geschwungene Flügel. Zum Teufel, dachte er, der Küchenschreiber hat recht. Damals war sie dreizehn, und ich hab sie nicht einmal richtig wahrgenommen. Sie sah auf ihn herab, der eine Stufe tiefer stand, und nickte nur. Eine Antwort gab sie nicht.

Aus einer Stube neben dem Flur war eine schrille Frauenstimme zu hören: »Was schwatzt ihr da? Macht die Tür zu. Es zieht.« Maria Sophia legte einen Finger auf die Lippen. »Jetzt werden wir die Mutter überraschen.« Sie gingen den Flur entlang, und beide Jungfern traten voraus in die Stube. Bach blieb zurück und wartete vor der Tür. »Es kommt Besuch«, hörte er Maria Sophia sagen, »ratet einmal, wer es ist.«
Zu gleicher Zeit begann ein Kind zu schreien, und zwischendurch rief die Stimme: »Kümmer dich um den Balg, Maria Barbara. Und du halt mich nicht zum Narren. Wenn's nicht der Essenkehrer ist, soll er reinkommen.«
Bach trat durch die Tür. Da saß seine Großtante auf der Ofenbank, zusammengefallen und dürr wie ein Scheit Holz, die Hände gefaltet auf den Knauf eines Stockes, der vor ihr stand und auf den sie sich stützte. Ein paar Schritte weiter, auf der anderen Seite des Kachelofens, stieß Maria Barbara eine hölzerne Wiege immer wieder an, daß sie schaukelte und ständig das gleiche Geräusch auf den Dielen von sich gab.
Die alte Frau kniff die Augen zusammen und starrte ihn an, verdrossen, wie es schien. Mein Gott, dachte Bach, ist das jene Frau, die ich vor sechs Jahren das letzte Mal sah? Sie ist wohl doch nicht bei guter Gesundheit. Im selben Augenblick erkannte sie ihn, und über ihr Gesicht flog ein plötzliches Lächeln, rasch flackerte es auf und verlosch ebenso schnell, es war wie ein Rückfall in eine alte, entschwundene Zeit oder als kämen der Frau jähe, glückliche Erinnerungen an andre Tage, doch schon blinzelte die alte Verdrossenheit und Strenge wieder hervor. »Du bist der Johann Sebastian, des Ambrosius Sohn. Hab ich recht?« Sie wollte sich erheben, doch es machte ihr Mühe, und sie fiel wieder zurück. Bach trat vor sie, sie wies mit dem Stock auf die Ofenbank,

er setzte sich gehorsam und wurde nach wie vor von ihr angestarrt.
Wieder schrie der Balg in der Wiege. Maria Barbara, die sich unterdessen an den Tisch gesetzt hatte, auf dem Erbsen lagen, erhob sich und schaukelte das Kind aufs neue. Maria Sophia stand in der Mitte der Stube und sah ihrem Vetter ins Gesicht.
Die Frau wandte den Kopf von Bach weg und richtete ihre Augen auf die Tochter. »Was glotzt du wie eine Eule auf deinen Vetter. Es ist grad so, als hättest du noch nie einen Mann gesehen. Scher dich an den Tisch.«
Maria Sophia wurde glühendrot im Gesicht, kehrte sich um und setzte sich flugs. Hastig begann sie, Erbsen auszulesen.
»Wo sind denn Eure anderen drei Töchter, Frau Tante?« fragte Bach.
»Du wirst ihre Larven noch früh genug besehen können«, fertigte sie ihn ab. »Kommst du wegen der Jungfern oder Geschäfte halber? Immerfort springen irgendwelche Laffen um das Haus und begucken sie sich, aber am Ende will sie keiner haben.« Die beiden Mädchen begannen zu kichern.
»Ihr seid still. Tut eure Arbeit und haltet keine Maulaffen feil. Das Leben muß weitergehn, ob es stürmt oder schneit oder ob Besuch kommt. Wo kämen wir hin, wenn alles liegen bleibt!« Und zu Bach gewandt, fuhr sie fort: »Man muß sie in der Zucht halten, sonst wachsen sie einem über den Kopf und lassen alle Achtung hinter sich. Was kommst du hier so unverhofft hereingeschneit, hast du nicht genug zu schaffen in deinem neuen Dienst? Hab schon gehört. Man hat dich gnädig aufgenommen an der Neuen Kirch in Arnstadt, aber du spazierst im Land herum wie ein Junker!« Dabei sah sie Bach mißbilligend an und musterte kritisch sei-

nen Aufzug. Wieder kicherten die beiden Jungfern, besonders die ältere. Bach hingegen sah auf die jüngere Maria Barbara, und sein Blick gewahrte das Profil ihres Gesichtes vor dem kleinen Fenster linker Hand. Er wollte der Großtante antworten, dachte aber statt dessen: Was sie für schöne, lange und geschwungene Wimpern hat. Und seine Augen, wie abwesend und selbstvergessen, wanderten über Nase und Mund bis zum Hals und schließlich zum Nacken, der frei lag, da sie ihr Haar hochgebunden hatte. Was hast du da, dachte er, für eine liebenswerte Base. Die jüngste Tochter ist immer die schönste, es ist hier wie überall.
Die Augen der Großtante waren auf dem goldenen Ring haftengeblieben, den Bach am rechten Mittelfinger trug. »Du hast dich herausgeputzt wie ein Hofschlingel. Mit achtzehn Jahren hat noch keiner aus der Bachschen Sippe einen solchen Ring getragen. Hast dich wohl mit einer versprochen?«
»Was Ihr denkt, Frau Tante. Nichts dergleichen. Als ich die Violine spielte in Weimar, hat mein Spiel an einem Abend besonderen Eindruck gemacht. Da hatte ich ein Solo, und der gnädige Herr Herzog Johann Ernst ließ mich hernach zu sich rufen, um mir diesen Ring zu überreichen. Das Solo hat ihm wohl sehr gefallen. ›Der Lakai Bach‹, sagte er, ›hat Seele in seinem Spiel.‹ Er tat sehr bewegt, der gnädige Herr. Aber weshalb ich nach…«
»Was du nicht sagst«, unterbrach sie ihn zornig, »vom Herzog auch noch. Du kannst mir viel erzählen, aber nicht solche Lügengeschichten. Mein seliger Mann hat in seinem ganzen Leben nicht einen solchen Ring geschenkt bekommen und hat doch an die hundert Mal in Arnstadt dem Herrn aufgespielt.«
Bach setzte sich gerade. Seine Stimme wurde jetzt etwas lauter und bestimmter. »Frau Tante, ich weiß nicht, was Lügen-

geschichten sind, und ob Ihr es glaubt oder nicht, es ändert nichts daran, daß es so war. Ich habe an die vierzehn Gulden bekommen für meinen Dienst in Weimar und erwarte demnächst weitere sechs Gulden und achtzehn Groschen. Diese Summe ist mir der gnädige Herr noch schuldig. Glaubt Ihr, ich hätte davon fünf oder zehn Gulden für einen solchen Ring ausgegeben?«

»Gut, gut. Ich seh schon, der Herr will hoch hinaus. Aber je mehr man emporsteigt, um so tiefer fällt man.«

Sie stampfte mit dem Stock auf. »Maria Barbara, hol für den Herrn Vetter einen Krug Kofent. Er hat einen langen Weg gehabt und ist durstig.«

Die Jungfer ließ Erbsen Erbsen sein, sprang auf, ein schneller Blick streifte den Ring an Bachs Finger und sodann seine Augen, und sie lief hinaus.

»Ihr habt mich unterbrochen, Frau Tante, ich wollte sagen, daß...«

Wieder hatte sie mit dem Stock aufgestampft. Die Hände umschlossen den Knauf, weiß und knöchern, und Bach sah die Sprünge und Risse in der Haut und die braunen Flecken auf ihrer wächsernen Blässe. »Es sollte mir doch verstattet sein, will ich meinen, dich zu unterbrechen, wie es mir beliebt. Es gefällt mir nicht, wenn einer, der so jung ist wie du und noch dazu ein Anverwandter, dahergeprahlt kommt mit einem solch feinen Halstuch und noch dazu mit einem goldenen Ring am Finger. Das hieße ja Franzosen und Edelleute nachäffen. Was sagte wohl dein Herr Vater Ambrosius dazu, lebte er und musizierte er noch?« Eigensinnig und beharrlich starrte sie ihn an.

Er gab ihren Blick ruhig zurück. Im Innern aber war er ärgerlich und getroffen durch ihre Vorwürfe. Die Frau Tante, dachte er, ist mit den Jahren noch halsstarriger geworden, als sie ohnehin schon war. Jetzt ist sie wie ihr Vater, der

Stadtschreiber von Arnstadt, der soll am Ende auch ein Stinkstiefel gewesen sein. Und ruhig sagte er: »Er wäre stolz auf seinen Sohn und hätte mich gelobt.«

»Ha, das denkst du dir in deinen Kopf hinein«, schrillte ihre Stimme, »er wäre todunglücklich gewesen und hätte dich unter die Fuchtel genommen. Da bringst du grad mal einen passablen Bogenstrich zuwege, und schon regnet es goldenen Ringe. Mein Mann, dein Großoheim, der selige Organiste allhier, hat wohl fünfzig Motetten erfunden und an die zwanzig Instrumente angefertigt, aber im Haus gab es dennoch nur die zwei Eheringe, das war alles.« Die alte Frau schwieg. Ihr Atem rasselte, und sie sank zurück an die hölzerne Lehne, wo ein Kissen angebunden war. Sie atmete heftig. Maria Sophia wandte den Kopf von ihren Erbsen weg und sah besorgt auf die Mutter. Die blickte so drohend und grimmig zurück, daß sie flugs weitermachte.

Bach überlegte. Mit dieser Tante war nicht gut Kirschen essen. Man ließ sie am besten in Ruhe und auf ihrer Ofenbank. Aber, obwohl es ihm widerstrebte, platzte er heraus: »Und wenn Euer Ehgemahl, mein seliger Großoheim, tausend Motetten geschrieben und hundert Instrumente gefertigt hätte; das eine ist das eine, und das andere ist das andere. Ich habe für einen guten Bogenstrich über eine Viertelstunde hinweg das Gemüt des Herzogs so erregt, daß er mir diesen Ring verehrte. Was hat das mit Euren Eheringen zu tun?«

Sie hatte ermattet an dem Kissen gelegen und ihn aus den Augenwinkeln heraus böse angestarrt. Jetzt beugte sie sich mit einem Ruck vor. »Ha. Jetzt hab ich dich erkannt. Du bist ebenso wie dein Onkel in Arnstadt und wie mein Schwager in Eisenach. Trutzig und stutzig. Prozesse führen und Eingaben machen. Was hatten sie davon? Jung gestorben! Alles Schall und Rauch! Da denk ich«, ihre Stimme sank plötzlich und nahm einen etwas jammervollen und weinerlichen Ton an, »an meinen seligen Mann. Wie hat er doch alles ertragen und in sich hineingefressen und stillgeschwiegen und Gott und die Obrigkeit gefürchtet. Ein junger Baum, hat er immer gesagt, muß sich im Winde biegen und sich ihm anschmiegen, sonst würde er umgeworfen und abgebrochen. Wenn er dasteht und sich nicht rührt und nicht nachgibt, wird er umgebrochen, das hat er immer gesagt.«

»Er war sechsundvierzig, als er starb. Auch jung gestorben!«

»Weil«, ein Schluchzen überfiel sie plötzlich, »weil unser lieber Sohn Johannes Gottfried nicht mehr war.« Wieder schluchzte sie, wischte sich mit der Rechten über die Augen, holte Luft und fuhr ihn an: »Weißt du auch, daß er am achtzehnten März geboren wurde, fünf Tage vor deinem Geburtstag. Dreizehn Jahre alt wär er jetzt. Fünf Jahre jünger als du. Am nächsten Montag sind's grad zwölf Jahre, daß wir ihn begruben.«

Bach sah der alten Frau in die Augen. Er glaubt, in ihnen einen Funken von Sorge und Teilnahme zu entdecken, oder vielmehr ein Verlangen nach Teilnahme an ihrer Trauer und an ihrem Schmerz. Die Sorge aber schien ihm zu gelten, und er dachte, daß hinter dieser harten Schale aus Eigensinn und Halsstarrigkeit vielleicht doch ein weicher, mitfühlender Kern verborgen war. Und in einer plötzlichen Aufwallung ergriff er ihre Hand. Unterdessen war Maria Barbara zurückgekommen und reichte ihm den Krug Bier. Er bedankte sich und sah, wie sie zum Tisch ging, ihren Rock raffte und sich setzte. Für einen kurzen Augenblick waren die nackten Knöchel zu sehen.

Er trank, hörte, wie die Erbsen über den Tisch rollten, wie die Tante heftig atmete neben ihm und wie das Kind in der Wiege leise gurrende und schmatzende Geräusche von sich

gab. In den Bäumen auf der Straße tschilpten Spatzen. Er wandte sich an die alte Frau: »Es hat folgende Bewandtnis, daß ich Euch besuche, Frau Tante. Ihr habt wohl noch, wie mir der Herr Küchenschreiber berichtete, ein Clavicord von dem Herrn Organiste. Und nun frage ich Sie, ob ich wohl, mit Verlaub, es erwerben kann, damit ich ebenso wie Ihr Herr Ehgemahl etwas erfinde mit der Zeit.«
Maria Barbara hob das Gesicht und blickte herüber. Es sah aus, als sei sie erschrocken und wollte etwas sagen, aber ein Blick ihrer Mutter genügte, und sie ließ den Kopf wieder sinken. Die Erbsen rollten erneut.
»Es steht noch eines da, das letzte, das er zustande brachte. Es ist mir sehr wert und teuer.«
»Wenn Ihr mir, Frau Tante, einen guten, nicht allzu hohen Preis macht, und wenn es mir gefällt, dann kommen wir gewiß ins Geschäft.«
Sie sah starr durch eines der Fenster, die Lippen zu einem Strich zusammengepreßt.
»Ich sagte doch, es ist mir und auch den Kindern sehr wert und teuer, demnach nicht feil. Auch machen wir hin und wieder etwas Musik. Der Kantor traktiert es, und die Jungfern singen allesamt. Die schönste Stimme hat Maria Barbara. Warum sollten wir es aus dem Haus geben?«
Bach sah zum Tisch. Wieder war das Profil des Mädchens vor dem Fenster. Im Gegenlicht waren winzige Flaumhärchen zu sehen. Eine Haarsträhne hing herab. Dahinter spielte die Helligkeit.
»Hab ich mich verhört«, fragte er, »als man mir in Arnstadt sagte, Ihr wolltet es verkaufen? Dann war ja mein Fußweg ganz umsonst!«
»Es gehört sich wohl, daß du uns besuchst. Muß immer gleich ein solcher Zweck damit verbunden sein? Freilich, vor Jahren, bevor der Kantor nach Gehren kam, als wir

weiß Gott nichts zu beißen hatten, da hatte ich für einen Augenblick einen solchen Gedanken. Aber er verflog schnell wieder. Was willst du denn für ein solches Instrument berappen?«

Ach, dachte Bach, daher weht der Wind. Jetzt fragt sie schon, was ich ausgeben will. »Frau Tante, der Verkäufer macht den Preis. Noch auf keinem Markt hab ich gesehen, daß es umgekehrt war.«

Seine Großtante setzte sich aufrecht. Wieder waren ihre Lippen wie ein Strich. Ihr Kinn trat hervor. »Hört ihr, was er sagt?«

Die Mädchen sahen vom Tisch hoch. Beide starrten auf ihren Vetter.

»Er läuft fünf oder sechs Stunden hin und zurück wegen einem Clavicord und will nicht einmal den Preis nennen. Und ich denke nicht ans Verkaufen und soll mich dennoch aufführen wie auf dem Markt. Das hieße ja, ein Pferd verkehrtherum aufzäumen.«

Sie lehnte sich zurück, störrisch wie zuvor.

»Ich muß es doch erst sehen und probieren, Frau Tante. Soll ich die Katze im Sack kaufen?«

»Sehen kannst du's. Der Kantor wird gleich kommen und seine Frau auch. Es steht in seiner Studierstube, die auch jene meines seligen Ehgemahls war. Immer schau es dir an. Seine ganze Seele steckt in dem Instrument.« Und wieder bekam ihre Stimme einen gramvollen und weinerlichen Klang. Sie fuhr sich erneut mit der Rechten über die Augen. Doch gleich darauf straffte sich ihr Körper. »Maria Sophia!«

Die Jungfer hob den Kopf: »Ja, Frau Mutter!«

»Sieh nach dem Brei in der Küche und mach noch etwas dazu. Es gibt einen Esser mehr am Tisch.«

Maria Sophia sprang auf und lief aus der Tür. Maria Barbara sah unterdessen nach dem Kind.

»Dies ist der Sohn des Kantors«, sagte die Tante. »Nun haben wir doch wieder einen im Haus. Er heißt Johann Günther und ist mit Gottes Hilfe vier Monate alt geworden. Ist er erst zwei Jahre alt, wird er es wohl überstanden haben.«
Bach erhob sich, trat zur Wiege und beugte den Kopf. Da waren die Köpfe von Vetter und Base nahe beieinander. Er roch ihre Haare und hörte den Atem des Mädchens. Das Kind nahm er nicht recht wahr. Er sah nur ein kleines, erschrockenes Gesicht, das aussah, als fürchte es sich vor der Welt und wolle nichts mit ihr zu tun haben. »Ein schönes, gesundes Kind«, sagte er und sah dabei auf seine Base. Sie ist noch schöner und gefällt mir noch besser als die Apothekerstochter in Arnstadt. Das Engelsgleiche fehlt ihr, hinter ihrer Ruhe und Zurückhaltung scheinen sich aber Bestimmtheit und Stärke zu verbergen. Vielleicht hat sie etwas von dem Resoluten ihrer Mutter. Er richtete sich auf und wiederholte: »Ein schönes Kind, und schreien kann es schon wie ein Kalb. Aber wo sind denn nun Eure anderen Töchter, Frau Tante?«
»Du kannst es wohl nicht erwarten, sie zu sehen? Sie sind alle drei auf dem Feld, wo sie hingehören. Den halben Akker Land hat man uns, Gott sei Dank, nicht genommen, und nun kratzen wir dort unsere Notdurft zusammen.«
»Was ist denn von den anderen Vergünstigungen geblieben, die Euer Ehgemahl erhielt?«
»Vom Kofent bekommen wir die Hälfte. Vorher war es ein halber Eimer. Ebenso ein Viertel Maß Trebern von jedem Gebräu. Von den achtzehn Klafter Holz sind fünf geblieben. Da müssen die Jungfern in den Wald und zusätzlich soviel wie möglich heranschaffen. Dann gibt es noch eine kleine Zuwendung, weil er doch auch Stadtschreiber war. Es ist zum Leben zu wenig und zum Sterben zu viel.« Sie seufzte und lehnte sich zurück.

Ein kurzer, huschender Blick Maria Barbaras streifte sein Gesicht. War da nicht eben ein Lächeln gewesen, so geschwind, als flöge ein Vogel vorüber. Sogleich tat Bach desgleichen, aber sie sah schon wieder auf ihre Erbsen. Ich hinke immer hinterher. Kaum seh ich sie an, sind ihre Augen schon woanders. Wenn die Tante doch in die Küche gehen würde. Auch könnte sie im Hof in der Sonne sitzen und ihre gichtigen Glieder wärmen. Ich müßte einmal allein mit der Base sprechen können, da weiß man gleich, wes Geistes Kind sie ist.

»Und Maria Barbara«, platzte er heraus, »hat die beste Stimme von allen?«

»Ich sagte es doch. Glaubst du es nicht?«

»Aber sie sagt ja kein Wort. Wenn sie still ist wie eine Violine, der man die Saiten genommen hat, wie soll ich da wissen, was sie für eine Stimme besitzt.« Er sah hartnäckig auf die Base, deren Kopf sich noch mehr der Tischplatte näherte.

»Einer Jungfrau«, belehrte ihn die Tante, »ziemt es stillzuschweigen und nicht vorlaut zu sein. Außerdem ist sie die Jüngste, da ist Zurückhaltung geboten.«

»Ihr laßt sie wohl nicht aus dem Haus?«

Jetzt sah Bach, daß Maria Barbara den Kopf hob und offenbar böse wurde. Ihre Augen funkelten. Bach lächelte sie an. »Außerdem«, fuhr er fort, »sind stille Brunnen tief. Tiefer, als man glaubt.«

»Was erlaubst du dir, du Schlingel«, schrie die Tante erbost. »Was soll das heißen? Willst du wohl ein wenig mehr Ehrerbietung der Jungfer gegenüber zeigen und nicht solche unziemlichen Späße machen. Du hast dich doch in der Welt herumgetrieben und vielleicht sogar dunkle und unzüchtige Örter…«, sie unterbrach sich, sah auf Maria Barbara und rief: »Geh hinaus und sieh nach dem Brei!«

»Aber Frau Mutter, Maria Sophia sieht doch schon danach!«
»Willst du wohl nicht widersprechen. Es schadet nichts, wenn zwei nach einer Sache sehen.«
»Viele Köche verderben den Brei!« sagte Bach. »Und was die unzüchtigen und anrüchigen Örter und Häuser betrifft, Frau Tante, so kann ich Euch beruhigen. Ich weiß, daß es sie gibt, aber ich habe noch nie deren Bekanntschaft gemacht.«
Maria Barbara war aufgesprungen und mit trotzigem Gesicht aus der Stube gegangen, nicht ohne vorher noch einen zornigen Blick auf ihren Vetter zu werfen. Ihre Ohren waren dabei so rot wie wilder Mohn.
»Warst du in der Stadt Hamburg oder nicht?« examinierte ihn die Tante.
»Freilich war ich in Hamburg.«
»Siehst du. Und was hat mir deine Tante in Arnstadt vor kaum anderthalb Jahren erzählt? Ihr Johann Ernst hätte geschrieben, sein Vetter Johann Sebastian wäre von Lüneburg herübergekommen, und ein lustiges Leben sei im Gange gewesen. Sie hat mir den Brief gezeigt, deine Tante in der Kohlgasse. Da stand zu lesen: ›Sind wir an den zweifelhaften Häusern vorübergekommen, von denen Ihr Euch, Frau Mutter, keinen Begriff machen könnt. Die Huren, mit Verlaub gesagt, stehen dort wie die Orgelpfeifen und geben ebensolche Töne von sich.‹ Nun, Herr Organiste, ich weiß alles und will Krethi und Plethi heißen, wenn ihr zwei Schlingel nicht auch hineingegangen seid!« Sie stampfte mit dem Stock auf und sah ihn zornig an.
Bach hob abwehrend beide Hände. »Was Ihr denkt, Frau Tante. Vorübergegangen sind wir, aber nicht hineingegangen. Ich habe, bei Gott, Tante, Ihr könnt mir's glauben, mit meinem Vetter fortwährend in der Katharinenkirche geses-

sen und das Orgelspiel des bald achtzigjährigen Herrn Adam Reinken gehört. Die Orgel ist die beste überhaupt und hat sechzehn Rohrwerke. Daran hing mein Herz und am Wasser noch und an den Schiffen, aber nicht an Huren und Hurenhäusern.«

Und Bach, während er sprach, erinnerte sich an die Gassen, durch die sie gelaufen waren, er immer im Schatten des um zwei Jahre älteren Vetters, der mit sicherem Schritt vor ihm herlief und ihm mit aller Gewalt etwas zeigen wollte, und wie auf einmal ein solches Weibsbild, das im Fenster hing zu ebener Erde und alles zur Schau stellte, über das sie verfügte, wie dieses Weibsbild plötzlich, als er schon eine Elle weiter und vorüber war, ihn aus dem Fenster heraus beim Rock packte und zurückriß, so daß er auf der Stelle trat und nicht fortkam, und sein Vetter immer weiterlief ohne den blassen Schimmer jenes Unglücks. Er strampelte und trat auf der Stelle und schrie im Lärm der Gasse nach dem Vetter, und sie, die Bestie von einem Weibsbild, sah ihn an und sagte: ›Was für einen schönen Fisch hab ich denn da im Netz. Na, bei mir wirst du's aber gut haben! Hast du Geld?‹

Grade da schaffte er es, sich loszureißen, während aus Fenstern und Weibermündern ein heftiges, schallendes Gelächter ertönte, das die ganze Gasse erfüllte und ihn vor Scham rot werden ließ, wie er auch jetzt rot wurde, während seiner Rede und während seiner Gedanken.

Die Tante sah ihn mißtrauisch an. »Ich wollte, es wäre so. Ohne Vater und ohne Mutter kommen die Kinder schnell auf Abwege. Da ist alle Ehre und alle Moral beim Leibhaftigen.«

Die Türglocke schepperte wieder durch das Haus.

»Das werden Johann Christoph und Anna Margareta sein mit dem Mädchen. Barbara Elisabetha ist schon drei Jahre alt

und bei guter Gesundheit.« Sie horchte nach dem Flur. »Laßt Ihr die Tür immer geschlossen? Es trägt Euch doch niemand etwas weg!«
»Wo denkst du hin. Da laufen die Bettler und alles Gesindel bis in die Küche. Wenn sie auf dem Wald oben nichts mehr zu beißen haben, kommen sie herunter und überschwemmen die Örter mit Wehklagen und Gejammer.«
Sie hörten Stimmen im Flur. Der Kantor trat herein und hinter ihm seine Frau, an der Hand ein Mädchen.
Bach erhob sich, umarmte seinen Vetter und gab der Frau die Hand.
»Wie freu ich mich«, sagte Johann Christoph, »daß du den Weg zu uns gefunden hast.« Er legte Bach die Hände auf die Schultern, schob ihn ein Stück weg und musterte ihn kritisch. »Du hast dich herausgemacht, seitdem wir uns das letzte Mal sahen. Was für ein passabler Organiste! Ich hab von deinen absonderlichen Fertigkeiten gehört. Da wächst doch endlich einmal wieder etwas nach.«
Bach wurde verlegen. »Vor zehn Jahren sahen wir uns das letzte Mal. Zu deiner Hochzeit in Erfurt, als alle Bache sich trafen und ich acht Jahre alt war.«
»Richtig, vor zehn Jahren, und eben am Sonntag feierten wir den zehnten Hochzeitstag, meine Frau und ich. Aber jetzt müssen wir beide uns des öfteren sehen. Die paar Meilen nach Arnstadt sind ein Katzensprung.«
»Wie geht es dir in deinem Dienst? Bist du zufrieden?«
Der Kantor, mit einem Runzeln auf der Stirn, winkte ab. »Davon später. Setzen wir uns erst an den Tisch. Die Jungfern sind gewiß schon fertig.«
Die Frau war unterdessen zur Wiege gelaufen und beugte sich darüber. »Mein Sohn, Johann Günther!« sagte der Kantor stolz und reckte sich etwas. »Er hat schon jetzt eine Stimme, daß man glaubt, es ist der geborene Kantor.«

»Ich habe schon Kostproben davon gehört.«
Sie gingen allesamt in die Küche, die Tante auf den Stock gestützt, der dumpfe Schläge auf dem gestampften Lehmboden hervorrief.
Auf dem Tisch stand eine Holzschüssel, so groß wie das Rad von einer Schiebekarre und bis obenhin gefüllt mit Gerstenbrei. Die Jungfern stellten kleinere tönerne Schüsseln auf den Tisch. Ein Laib Brot lag schon da.
»Maria Sophia«, rief die Tante, »guck nach, ob die anderen vom Feld kommen. Daß sie nie die Zeit einhalten.«
Das Mädchen lief in den Flur, aber da schepperte die Glokke erneut, und sie hörten gleich darauf lautes Reden und Lachen, doch wurde es mit einem Mal still, und hastiges Flüstern war zu hören. Gleich darauf erklang wieder ein Lachen, und alle vier kamen in die Küche. Wieder hatte Bach Mühe, sie zu unterscheiden. Die Älteste allerdings erkannte er gleich. Friedelena Margareta war achtundzwanzig Jahre alt und hatte ebenso schmale Lippen wie ihre Mutter. Die beiden anderen, jeweils zwei Jahre jünger, ähnelten offenbar mehr dem verstorbenen Organisten. Aber wer war Anna Dorothea und wer Barbara Katharina? Die Basen machten sich einen Spaß daraus, ihn raten zu lassen. Er sah in ihre sonnenverbrannten Gesichter und riet diesmal richtig. Und wie er sie nun alle fünf vor sich sah und seinen Blick von einer zur andern wandern ließ, sagte er sich erneut, daß die Schönste von allen doch Maria Barbara war.
Die hatte unterdessen die kleinen tönernen Schüsseln mit warmem Kofent gefüllt, während der Kantor sich an die Stirnseite des Tisches stellte. Nachdem alle an ihrem Platz standen, faltete er die Hände und sah an die geschwärzte Decke der Küche.

»Unser Vater, der uns liebt,
und uns das, was gut ist, gibt,

gab uns jetzt auch Speis und Trank.
Lobt den Vater, sagt ihm Dank.
Aller Segen kommt vom Herrn.
Dankt ihm und gehorcht ihm gern.
Rühmt und freuet euch des Herrn.
Amen.«

Alle setzten sich, Johann Christoph ergriff den Laib Brot, sah in die Runde, hielt den Laib vor sich und schnitt mit einem großen Messer neun Scheiben ab, wobei seine Frau die dickste erhielt, da sie noch das dreijährige Mädchen auf dem Schoß hielt.

Bach brockte das Brot in die Biersuppe wie die anderen. Er sah, daß es dunkler war als in Weimar oder in Arnstadt bei seiner Tante, und dachte, daß sie wahrscheinlich das Roggenmehl mit Hafermehl streckten.

Ihm gegenüber saß Maria Barbara. Sie führte den Holzlöffel zum Mund und sah ihn dabei mit großen Augen an. Er machte es ebenso, und so ging es eine ganze Weile fort, bis sie rot wurde. Die Röte, er sah es ganz deutlich, machte sich zuerst an den Ohrläppchen bemerkbar, erfaßte schließlich das ganze Ohr und legte sich, mit dem vierten oder fünften Löffel, auf die Wangen und das ganze Gesicht. Auch bei sich begann er eine gewisse Hitze zu spüren, holte das Sacktuch heraus und wischte sich übers Gesicht.

»Sieh doch«, Friedelena stieß ihre Schwester Anna Dorothea an, »der Vetter Johann Sebastian ist im Gesicht so rot wie eine Rübe!« Anna Dorothea flüsterte unter dem Gelächter der anderen Mädchen etwas zurück, worauf Friedelena auf Maria Barbara blickte. »Maria Barbara ebenso!« rief sie laut.

»Schweigt ihr wohl still!« schrie die Mutter. »Was ist das für eine Aufführung bei Tische. Sieh dich selbst an.« Mit ihrem Stock stampfte sie auf und sah streng auf die Älteste. »Da wirst du sehen, was du für Grimassen schneidest und weshalb dich keiner haben will. Immer schwatzen und mit dem Maul vorneweg.« Sie blickte grimmig in die Runde, wo sich keiner mehr muckste, und tauchte befriedigt ihren Löffel in die Suppe.

Als die Schüsseln geleert waren, ließ sie sich erneut vernehmen. »Der Herr Vetter«, ihre Stimme hatte einen etwas spöttischen Unterton, während sie sich an den Kantor wandte, »will einmal das Clavicord sehen und, wie es scheint, es probieren, wobei Maria Barbara dazu singen soll. Er will das Instrument sogar kaufen, um etwas zu erfinden, gleichwohl ich ihm zu verstehen gab, daß es uns allen sehr wert und teuer ist.«

Johann Christoph hatte unterdessen mit seinem Löffel in den Gerstenbrei gelangt und führte ihn zum Munde. Auf halbem Wege hielt er inne, mit ausgestreckter Hand, der Brei dampfte und des Kantors Mund stand offen. »Hast du solche Ambitionen, Vetter?«

Bach nickte. Der Kantor schluckte seinen Brei hinunter. »Dann«, sagte er, zur Tante gewandt, »findet das Instrument keinen besseren Besitzer, obwohl es mir sauer ankommt, auf das abendliche Spiel verzichten zu müssen. Du mußt wissen, Vetter, das Clavicord ist sehr künstlich und in mustergültiger Ordnung. Der selige Onkel hat es weit gebracht auf diesem Gebiet.«

Maria Barbara sah wieder böse auf ihren Vetter und sodann besorgt auf die Mutter. Ihr war es wohl nicht recht, daß das Instrument aus dem Haus ging.

»Mir«, ließ sich die Tante erneut vernehmen, »ist es durchaus nicht angenehm, daß wir es verlieren. Mein seliger Ehgemahl hat so daran gehangen.« Ihre Stimme zitterte wieder.

»Aber Frau Tante«, tröstete sie Bach, »es bleibt doch in der Familie.«

»Das sag ich dir«, rief sie, »unter zehn Talern ist nichts zu machen. Da beißt die Maus keinen Faden ab.«
»Zehn Taler?« entrüstete sich Bach. »Das ist viel Geld. Es sind ja elf Gulden!«
»Nicht ganz«, berichtigte sie ihn, »es fehlt ein Groschen.«
Sie starrte ihn an, den Löffel in der Rechten und die Linke auf dem abgewetzten Stockknauf gelegt. Und sie fuhr fort: »Was willst du? Bist du nicht gut gestellt als Organist in Arnstadt? Wie hoch ist deine jährliche Besoldung?«
»Vierundachtzig Gulden und sechs Groschen.« Bach hatte sich aufrecht gesetzt. Eigentlich wollte er sagen, daß seine Besoldung nichts mit dem Instrument zu tun hatte, aber unversehens und gehorsam hatte er geantwortet. Jetzt schwieg er betroffen. Stolz und eitel, dachte er, wie schwach ich bin.
Alle sahen ihn erstaunt und voller Achtung an. Nur die Tante schrie ungerührt und erbittert: »Was? Hör ich recht? Du hast mehr Verdienst mit achtzehn Jahren als mein Ehgemahl mit sechsundvierzig, nachdem er einundzwanzig Jahre an der Orgel saß? Zehn Gulden mehr?«
Er nickte und tat ein wenig beschämt, sah aber der Tante offen ins Gesicht.
»Da wird ja«, fuhr sie fort, »das Unterste zuoberst gekehrt. Hat man so etwas schon gesehen? Die Welt wird immer verrückter. Da sind ja die zehn Taler für dich ein leichtes.«
»Liebste Tante, das eine hat wiederum nichts mit dem anderen zu tun. Wenn mich die Obrigkeit auf diese Art ästimiert, sollte Euch das freuen, aber nicht entsetzen. Für die Tante in der Kohlgasse ist es auch eine Wohltat, da ich ihr helfen kann.«
»Nun gut, wenn du der Bachin in Arnstadt helfen kannst, so wirst du es mir sicher nicht abschlagen, indem du zehn Taler für das Instrument berappst.«

Die anderen lachten. Bach verzog das Gesicht. »Ich muß es mir erst ansehen. Handeln und feilschen könnt Ihr, Frau Tante, wie eine Marktfrau, die Butter und Eier verkauft.«
»Ich bin oft genug in der Früh nach Ilmenau gelaufen mit der vollen Kiepe und am Abend mit ein paar Groschen zurückgekommen, wiewohl unsere Nachbarn meinten, es stünde mir nicht zu als Frau des Organisten. Darauf aber gab ich nichts.«
Nach dem Essen begab sich die ganze Gesellschaft auf der schmalen Stiege nach oben. Die Tante bestand darauf dabeizusein und wurde mehr getragen, als sie selbst lief. In einer kleinen Stube linker Hand stand rechts vom Fenster das Instrument, daneben ein Notenschrank. Das Clavicord hatte geschwungene, zierliche Füße, und in Deckel und Frontplatte war Zierat aus weißem Ahornholz eingelegt. Sonst aber war es schlicht und einfach gehalten. Bach klappte den Deckel auf und besah sich sowohl die Saiten wie auch die Tangenten. Er ging die Tasten durch und fand, daß es im großen und ganzen gut gestimmt war. Zugleich achtete er auf das Gewicht der Tasten und meinte, zum Kantor gewandt, daß sie den Finger von selbst wieder in die Höhe heben müßten. »Das tun sie«, sagte Bach, »aber der Ton im Forte ist nicht rein und deutlich genug. Wenn ich meine Stärke richtig gebrauchen will, spricht es weniger gut an. Hörst du?« Er schlug die tiefen Töne, so daß der Kantor unwillig das Gesicht verzog.
»So hab ich es noch nie traktiert, Herr Vetter.«
»Gleich wird es auseinanderfallen«, schrie die Tante hinter ihm und stampfte mit dem Stock auf. »Behandelt man auf diese Art ein solch zartes Instrument? Du sitzt nicht an der Orgel!«
Bach wandte sich um. »Das muß es aushalten. Und rein und deutlich muß der Ton herauskommen. Sonst taugt es nichts.

Da wären ja zehn Taler für nichts und wieder nichts geradezu hinausgeworfen.« Er setzte sich vor das Instrument und begann zu spielen. Zuerst phantasierte er nur, doch unversehens erinnerte er sich an ein Stück, das er in Celle abgeschrieben hatte vor Jahresfrist, und wie er sich hineinfand, erstand es immer klarer in seinem Kopf, so daß er die Noten vor sich sah, obwohl sie doch in Arnstadt lagen. Erstaunt fragte der Kantor, was das wäre.

»Es ist etwas Französisches, von einem gewissen Couperin. In der Ritterakademie in Lüneburg gibt es einen französischen Tanzlehrer, Tomas de La Selle mit Namen. Der hatte immer die neuesten Sachen geradenwegs aus Paris und nahm mich auch mit nach Celle, wo er in der Hofmusik spielte und wo ich hin und wieder aushalf. Der Franzosen gab es dort noch mehr. Sie sind stark in solchen Sachen.«

Wieder ließ sich die Tante vernehmen: »Aber man hört gleich, daß es nichts Deutsches ist. Wie sagte doch mein Ehgemahl immer:

›Wir kleiden jetzund, ihr Franzosen,
den deutschen Ruhm in eure Hosen.
Ihr könnt es schwerlich anders machen;
ihr müßt zu unsrer Torheit lachen.‹

Spielen kannst du, Herr Vetter, da gibt es nichts zu sagen, aber warum du dich an das Fremdländische hängst, will mir nicht in den Sinn. Haben wir nicht selber genug von denen Sachen?«

»Frau Tante, wenn das Fremdländische gut ist, soll man lernen daraus. Was gut ist, kann doch nicht schaden.«

Sie stampfte wieder mit ihrem Stock auf. »Es ist anders, das ist schon genug. Man soll beim Althergebrachten bleiben. Nichts ist schlimmer als eine Veränderung. Maria Barbara!«

Sie wandte sich um. »Wo ist sie denn?« Das Mädchen trat

hinter ihren Schwestern hervor. »Jetzt sing du ein schönes Lied, und der Vetter soll dich begleiten. Ein deutsches Lied, wohlgemerkt.«

Maria Barbara war verlegen, und Bach schien es sogar, daß ihre Hand ein wenig zitterte, als der Kantor dem Mädchen ein Notenblatt gab. Auch ihm gab er eines. Bach sah die Jungfer an, lächelte ihr Mut zu und gab ein Zeichen. Er spielte, und sie sang dazu, zuerst ein wenig mit zittriger Stimme, aber sogleich fing sie sich.

»Zwischen Berg und tiefem Tal
da liegt die freie Straßen.
Wer sein Liebsten nit haben will
der soll ihn fahren lassen.
Fahr hin, fahr hin, du hast die Wahl.
Ich kann dich fahren lassen.
Im Jahr sind noch viel langer Tag
Glück ist in allen Gassen.«

Bach hatte zum Ende hin immer leiser und zarter gespielt, um ihre Stimme zu hören, die voller Empfindung war und wie geschaffen fürs Singen. Beim Spielen hatte er sich umgewandt und sie angesehen.

»Da siehst du wohl!« rief die Tante. »Wir können auch etwas und brauchen uns nicht zu verstecken. Aber jetzt hat das Vergnügen ein Ende. Was steht ihr alle herum und gafft? An die Arbeit! Es ist noch lange nicht Abend.«

Die Mädchen liefen hinaus und polterten die Treppe hinab. Gelächter und Türenschlagen war zu hören.

»Nun, Herr Johann Sebastian, ich höre.«

»Was denn, Frau Tante?«

»Willst du es für zehn Taler oder nicht?«

»Für zehn Taler will ich es nicht. Acht sind genug!«

»Wer feilscht hier? Du bist jener, der feilscht!« schrie sie erbost.

»Für zehn Taler nicht. Ich muß ja noch den Fuhrlohn nach Arnstadt dazurechnen.«
Sie sah ihn an, und ihm schien, als wäre nun doch hinter ihrer Bosheit eine Spur Wohlwollen und Hochachtung zu erkennen.
»Du bist ganz der Sohn deines Vaters. Haushälterisch bis zum Geiz. Jeden Groschen zehnmal gewendet. Neun Taler, das ist mein letztes Wort.«
»Gut«, sagte er, »neun Taler. Dann kostet es mich mit dem Transport zehn. So haben wir uns doch noch verständigt. Ich schicke Euch, Frau Tante, mit der nächsten Post fünf Taler und im September die restlichen vier, wenn's beliebt.«
»Es soll mir recht sein.«
Der Kantor meldete sich zu Wort. »Frau Tante, wollt Ihr uns jetzt wohl ein wenig allein lassen. Ich will mit dem Vetter ein paar Worte wechseln und will ihn ausfragen, wie es ihm ergangen ist bisher.«
Sie warf ihm einen Blick zu, der mühsam zurückgehaltenen Zorn verriet. »Das sollte mich wohl auch etwas angehen.« Trotzdem reichte sie ihren Arm der Frau des Kantors und erhob sich vom Stuhl.
»Es sind Fragen«, sagte der Kantor hastig, »die unsere Profession betreffen und die Musik überhaupt. Das wird Euch nur langweilen.«
»Ja, ja«, nörgelte sie und sah die Frau des Kantors dabei an. »Der Teufel wird wissen, worüber sie sich bereden. Aber ich mach mich ja schon davon.«
Sie polterte hinaus mit ihrem Stock, am Arm der Frau Kantorin, und murmelte dabei unverständliche Worte.
»Sie meint es nicht so, wie sie es sagt. Es sieht nur so aus. Nach außen hin ist sie immer bärbeißig und streng, in Wahrheit aber hat sie großes Verständnis, und manchmal sogar kann sie recht lustig sein.«

»Das dachte ich auch schon«, sagte Bach und rückte seinen Stuhl zurecht.
Der Kantor sah ihn sinnend an. »Ich muß mich wundern, wie du so behende spielen kannst. Das ist ja, als ob die Hände ganz von allein über die Tasten flögen. Damals, als wir uns das letzte Mal sahen, ging es noch recht stockend zu.«
»Aber Herr Vetter, es sind zehn Jahre vergangen, und nicht ein Tag war darunter, der nicht etwas mit Musik zu tun hatte. Ich habe immer geübt und fortwährend Noten abgeschrieben. In Ohrdruf habe ich bei meinem Bruder neben der Orgel gesessen, manchmal auch davor, und in Lüneburg neben dem Meister Böhm in der Johanniskirche. Er ist ja gebürtiger Thüringer und stammt aus Goldbach bei Gotha. Auch kam mir zustatten, daß er meinen Bruder kennt und ihn achtet. Meinen Vater hat er auch gekannt und den Onkel in Eisenach ebenso. Von dem hatte er sogar Stücke, die er spielte.«
In den Augen seines Vetters erschien ein neidischer Ausdruck. »Da sieht man«, sagte er, »was es ausmacht, wenn man hinauskommt in die Welt. Hier ist mir, als wäre ich eingeschlossen und allein. Mit nichts anderem kommt man in Berührung, und wenn man wirklich etwas Neues aufs Tapet bringt, dann schreit die Obrigkeit Zeter und Mordio. Selbst die Kirchgänger hängen am Alten. Sie wenden ihren Rock zwei- oder dreimal, ehe sie ihn wegschmeißen. Du siehst ja, was die Tante sagt. Nur nichts ändern. Alles muß beim Alten bleiben. Es ist überall so eng und bescheiden, und dabei möchte man sich ein wenig dehnen und ausstrekken, ein wenig nur, das wäre schon etwas. Du dagegen, obwohl erst achtzehn Jahre alt, bist sogar mit Franzosen zusammengewesen. Ich bin dreißig, aus Thüringen nicht herausgekommen, und war immer nur in solchen Nestern, abgesehen von Erfurt.«

»Aber Erfurt und Eisenach ist auch die Welt. Von meinem Großoheim hab ich viel gelernt, und von den Stücken Pachelbels in Erfurt auch.«
Der Vetter winkte ab. »Das mag schon sein, aber man muß hinaus und noch etwas mehr sehen. In den anderen Professionen laufen sie sonstwohin, bis nach Nürnberg und sogar bis nach Wien. Sie bleiben Jahre hindurch in der Fremde und wandern immer weiter, so erfahren sie ständig Neues und vervollkommnen sich in ihrem Handwerk.«
Bach überlegte. »Im Grunde«, sagte er, »hast du recht. Wenn ich's gründlich überlege, sind mir ganz neue Gedanken gekommen. Denke ich zurück, war es ein großer Vorteil für mich. Die Bibliothek in Sankt Michaelis in Lüneburg hat über tausend Notenhandschriften. Hab sogar von Heinrich Bach und von meinem Großoheim Stücke gefunden. Dort ist alles vertreten, und ich hab viele Abschriften gemacht. Dann waren in Celle die Aufführungen der französischen Musik, und in Hamburg hab ich den Meister Reinken gehört. So bin ich mit vielem in Berührung gekommen, was ich nicht kannte. Jetzt stell ich mir vor, bei jedweder Invention alles zusammenzuführen, vielleicht sogar einen einzigen Stil zu finden, in dem das Gute enthalten ist.«
»Das sind ehrgeizige Pläne, Herr Vetter. Wer sollte dieses wohl vollbringen?«
»Das frag ich mich auch. Aber es müßte getan werden. Man muß alles aufnehmen, was es gibt auf dem Gebiet der Musik. Italienische hab ich auch gehört. Das ist eine schöne und klare Musik. Wenn man alles zusammenführte, wäre viel gewonnen. Aber ich kann es nicht. Ich habe nur eine Ahnung davon und möchte es gern können.«
»Siehst du, dies beschäftigt dich, und darüber denkst du nach. Ich aber schlage mich mit dem Prediger herum und warte mitunter vergebens auf mein Salär. Vorwürfe hier

und Ausflüchte da. Hinzu kommt die Familie, die ernährt werden muß. So bin ich mit vielen tagtäglichen Sorgen überladen, die mir keine Zeit lassen, über anderes nachzudenken.«

»Ich sehe freilich auch Dinge auf mich zukommen, die mir nicht gefallen. Da ist die gräfliche Kapelle, wo man offenbar auf meine Violine rechnet, und mir scheint außerdem, daß ich den Chor ausbilden soll. Dies alles widerstrebt mir. Lieber sitz ich an der Orgel oder am Clavicord und erfinde etwas Neues.«

»Aber in deiner Bestallung ist davon nichts enthalten?«

»Nein. Ich habe nur dreimal in der Woche die Orgel zu schlagen.«

»Bei deinem hohen Salär, das sage ich dir, erwartet man stillschweigend das andere. Du wirst dich schwerlich dem entziehen können, denn es ist der Brauch.«

»Aber es widerstrebt mir.« Er stockte und fuhr nach einem Augenblick des Nachdenkens fort: »Obgleich es einem auch schmeichelt, in der gräflichen Kapelle mitzuwirken.«

»Ich sage dir, der verstorbene Organiste allhier hatte recht, wenn er von dem jungen Baum sprach, der sich biegen muß, wenn er nicht abgebrochen und noch größer werden will. Man muß sich klug verhalten und den anderen das Gefühl überlassen, etwas bestimmen zu können.«

»Warum, frage ich dich, gibst du dann nicht den Forderungen des Predigers nach und hältst dich bei deinen Vorspielen auf der Orgel an die Regeln?«

Johann Christoph lachte. »Ich kann machen, was ich will. Immer kommt mir etwas Leichtes dazwischen. Da klingen dann gewisse Tanzweisen im Ohr und geraten schließlich in Hände und Finger. Sogleich verzieht der Prediger das Gesicht, und ich versuche, wieder zurückzufinden. Aber es gelingt mir nur schwer.«

»Was sagen denn die Kirchgänger dazu?«
»Oh, es scheint ihnen zu gefallen. Von dort habe ich niemals Vorwürfe vernommen. Wer hat dir überhaupt derartiges erzählt?«
»In der Schenke zu Gräfinau traf ich den Tischlermeister Ehrhardt und lief mit ihm nach Gehren. Der schwatzte wie eine Elster unterwegs.«
»Das ist kaum zu glauben. Sonst bringt er keine drei Worte heraus.«
»Sowie das Gespräch auf den seligen Organisten kam, löste es ihm die Zunge.«
»Das ist auch einer von denen, die herumgekommen sind. Er ist sehr gut in seinem Metier.« Der Kantor wies auf das Clavicord.
»Sieh dir das Holz an. Die Auswahl traf er. Du mußt zugeben, daß er eine glückliche Hand hat. Von ihm hat der Verstorbene viel gelernt.«
Bach hatte unterdessen seine Pfeife hervorgeholt und sie gestopft. Gerade als er Feuer schlug, trat Maria Barbara herein.
»Die Frau Mutter läßt fragen, ob Ihr über Nacht bleiben oder heute schon zurücklaufen wollt?«
»Ich muß zurück. Hab es der Tante in der Kohlgasse versprochen.«
Kaum hatte er's gesagt, bereute er es schon. Wenn er über Nacht bliebe, hätte er vielleicht Gelegenheit, ein wenig mehr Worte mit der schönen Base zu wechseln.
»Wenn es so ist, hat die Frau Mutter gesagt, sollt ihr Maria Sophia und mich begleiten, da wir nach Gräfinau zu aus dem Wald Schwarzbeeren und Schwämme holen sollen.«
»Das wäre mir recht angenehm. Vielleicht darf ich euch beim Suchen helfen?«
Sie machte ein abweisendes Gesicht, und zum ersten Mal

vernahm Bach ein paar Worte, die ganz aus ihrem eigenen Kopf kamen.
»Ihr seid es nicht gewohnt, Herr Vetter, was soll uns da Eure Hilfe? Geht nur nach Arnstadt zurück und grüßt die Tante Wedemann von mir und den Herrn Feldhaus, meine Paten.« Damit drehte sie sich um und lief aus der Stube. Wieder sah Bach die nackten Knöchel.
»Mit dieser Jungfer«, meinte der Kantor, »ist ebensowenig gut Kirschenessen wie mit ihrer Frau Mutter. Sie gibt mitunter schnippische Antworten und hat einen höchst eigenen Kopf. Aber wär das nicht«, fuhr er fort, indem sie sich erhoben, »wenn ich euch beide so sehe, für dich eine vorzügliche Haushälterin? Ihr seid fast gleichen Alters, sie ist rank und schlank, versteht etwas von Musik und wird noch dazu eine gute Mutter werden.«
Bach nahm hastig die Pfeife aus dem Mund und sagte schnell und erregt: »Herr Vetter, willst du einen Spaß mit mir machen? Ich denke mitnichten ans Heiraten. Warum sollte ich mich mit neunzehn Jahren schon binden? Vorerst will ich für die Musik leben und nicht für die Ehe.«
»Wer spricht denn von heiraten. Am Anfang steht das Verlöbnis. Dann kommst du nicht auf dumme Gedanken und hast ein Ziel vor dir. Aber beruhige dich. Es war so ernst nicht gemeint und nur ein Gedanke. Ich hab mit zwanzig geheiratet und es trotz aller Widrigkeiten nicht bereut.«
Sie gingen die Treppe hinab, Bach noch immer voller Erregung. Er sog heftig an seiner Pfeife.
»Tobak säuft er auch!« schrillte die Stimme seiner Großtante unten im Flur. Da stand sie auf dem hartgestampften Lehmboden, stützte sich auf ihren Stock, starrte ihn grimmig an und fuhr fort:

Wer Hofes Gunst genießt
und nimmt Tobak in Brauch,

dem bleibt zumeisten Asch,
und was er niest ist Rauch.

»Der Tobak«, widersprach Bach, »weckt Geist und Gedanken, liebe Frau Tante. Ihr solltet ihn nicht verdammen.«

Er paffte frech eine graublaue Wolke in den Flur. Sie hob ihren Stock, fuhrwerkte damit hin und her und blies den Rauch von sich weg. »Eine Teufelei ist das!« schrie sie. »Welche Sitten heutzutage! Feuer und Dampf saufen und das Haus in Flammen setzen.«

»Beruhigt Euch, Tante, ich will mich schon vorsehen.«

»Ja, ja, bis es zu spät ist. Und dir soll ich die beiden Jungfern anvertrauen.«

Die zwei standen mit ihren Körben hinter der Mutter und kicherten.

Wie es ans Abschiednehmen ging, wurde die Stimme der Tante wieder etwas zittrig. Sie hielt seine Hand und wollte sie nicht loslassen, doch dann, als er mit den Jungfern schon in der Haustür stand, hatte ihre Stimme wieder die alte Festigkeit. »Hörst du?« rief sie, »sauf nicht so viel Tobak und auch nicht so viel Bier, du wirst nur toll und voll davon, und der Geist fliegt sonstwohin. Du mußt auf dich halten, hörst du! Ein Organiste ist ein Organiste, kein Schwein oder Esel.«

Er versprach es und verbiß ein Lachen. Die beiden Mädchen dagegen hatten ihre Gesichter zur Straße gewandt und konnten gar nicht an sich halten. Schließlich platzte Maria Sophia heraus: »Da siehst du, was wir auszuhalten haben. Wenn sie nur befehlen und anordnen kann. Ob die Frau Mutter krank ist oder gesund, das macht keinen Unterschied. Ihre Augen hat sie überall. Wir sind immer in Bewegung und müssen laufen, daß uns die Füße brennen.«

»Du solltest die Frau Mutter nicht schlecht machen«, widersprach ihr Maria Barbara. »Sie weiß schon, was sie will.«

»Du hängst dich freilich wieder an ihren Rockzipfel. Immer finde etwas zu ihren Gunsten, ein Tyrann ist sie doch.«
Maria Barbara schwieg. Ihr Gesicht verfinsterte sich vor Zorn. Bach dachte, daß es selbst jetzt noch schön war und einen ganz eigenartigen Reiz besaß.
»Ich habe«, sagte er nachdenklich, »bisher nur einen Tyrannen kennengelernt. Das war jener Kantor Arnold aus Breitenbach, der bei dir, Maria Sophia, die Patenstelle vertreten hat. Als ich nach Ohrdruf kam auf die Lateinschule, war er dort Kantor, und ich hatte Unterricht bei ihm in der Tertia. Er praktizierte eine Schulzucht, wie man sie gar nicht beschreiben kann. Wir haben alle gezittert, wenn er vor uns stand. Er führte noch dazu gottlose Reden und wurde endlich von der Schule genommen. Mein Vetter Johann Ernst aus Arnstadt hat auch unter ihm zu leiden gehabt, als er mit mir zusammen die Tertia besuchte.«
Wie sie dem Wald immer näher kamen, bot Bach den beiden Basen wiederum seine Hilfe an. Er hätte Zeit, die Sonne stünde noch hoch, und er käme immer noch rechtzeitig nach Arnstadt zurück. Maria Barbara verspottete ihn wieder. Er sei es nicht gewohnt, Beeren zu suchen. Orgelschlagen und Clavicordspielen oder Violine, das könne er, aber von allem anderen wüßte er nichts.
»Das ist nicht wahr, Base. Ich kenne mich noch aus im Hebräischen, Griechischen und vollkommen im Lateinischen, ein wenig sogar im Französischen und außerdem noch in der Arithmetik, in der Mathematik und Physik, in der Geschichte und der Geographie. Soll ich dir etwas erzählen von Platon oder von Cicero oder Virgil oder Horaz? Und außerdem, liebste Base, hab ich als Kind in Eisenach und Ohrdruf ebenso Schwarzbeeren gesucht wie du.«
»Ich bin nicht deine liebste Base. Wenn du nicht so stolz und eitel wärst, könnte ich es vielleicht sein.«

Immerhin, dachte er, jetzt hat sie mich zum ersten Mal geduzt. Freilich bereute er es, so mit seinen Kenntnissen geprahlt zu haben. Er dachte: Was tut man nicht alles, um einen Eindruck hervorzurufen. Man vergißt, damit vielleicht gerade das Gegenteil zu bewirken. Er blieb stehen und griff nach ihrer Hand.

»Bin ich jetzt in deiner Achtung gesunken?«

Sie sah ihn an, entwandt sie ihm und sagte zu ihrer Schwester, die ebenfalls stehengeblieben war: »Der Vetter tut so, als läge ihm etwas an unserer Achtung!«

Maria Sophia verzog ihr Gesicht. »Um deine Achtung geht es ihm, nicht um unsere. Ich merke es wohl. Er hat ja nur Augen für dich. Hast du es nicht bemerkt?«

Maria Barbara schoß die Röte ins Gesicht. Sie trat einen Schritt beiseite, so daß sie von Bach entfernt war, und lief hastig voraus.

»Du redest«, sagte er zu Maria Sophia, »wie dir der Schnabel gewachsen ist.«

»Du bist auch nicht gerade aufs Maul gefallen. Aber eines will ich dir sagen, wenn dir meine Schwester gefällt, dann halt sie nicht zum Narren. Das verdient sie nicht. Es ist mir nämlich die Liebste von allen.«

»Ich habe kein Wort davon gesagt, daß sie mir gefällt.«

»Dann starr sie nicht so an und laß sie in Ruhe.«

Fortan schwieg Bach und blickte nur noch auf den Weg, bis er zu dem Schluß kam, daß Maria Sophia ihm eigentlich eine gute Hilfe gewesen war. Im Grunde müßte er sich für ihre Direktheit bedanken, da sie den Weg frei machte.

Dann wieder, schon im Wald, wurde ihm bewußt, welcher Zwiespalt in ihm war. Er wollte sich nicht binden und nur für die Musik leben. Aber zu dieser Base zog es ihn wie den Bär zum Honig. Er konnte machen, was er wollte, ansehen mußte er sie. Es war, als ob er keinen Willen mehr hätte.

Auf einer Lichtung fanden sie Schwarzbeerensträucher und begannen zu pflücken. Die Sonne hinter den Baumkronen warf grelle Lichtflecke auf Sträucher, Buschwerk und Farn. Licht und Schatten spielten mit den Blättern und Gräsern, und Bach hörte das vielfältige Summen der Insekten. Ganz in der Ferne erklang, wie schon am Vormittag, das Kreischen der Sägen und die Schläge der Äxte. Schmetterlinge taumelten vorüber, trunken vom Licht und von den Blüten, und während Bach sah, wie sie scheinbar ziellos und unsicher schwankend sich entfernten, dachte er, daß dies ganz sein eigner Zustand war. Ihm schien, als sei er ein wenig ratlos und durcheinander, ein seltsames Gefühl war in ihm entstanden, nicht zu fassen und nicht zu deuten eigentlich, ein Gefühl von Wehmut und Sehnsucht zugleich, von Glück und von Traurigkeit. Das Summen ringsum, die Lichtpfeile zwischen den Bäumen und die kleinen segelnden Wolken darüber, alles zusammen schien zu kreisen und zu wirbeln. Er beugte den Kopf und sah auf den Waldboden, als wollte er sehen, ob auch der sich drehte, aber die Erde, auf der er stand, lag starr und unbeweglich, nur Käfer und Spinnen bewegten sich mit großer Behendigkeit, und rote Ameisen liefen geschäftig auf immer demselben Weg.
Er sah sich um. Maria Sophia war ein Stück weg, der Korb Maria Barbaras stand ein paar Ellen weiter von ihm, und sie selbst war ganz in der Nähe. Er pflückte eine Handvoll Beeren, sie ebenso, und wie sie lief, die Beeren in den Korb zu werfen, lief er auch. So standen sie einen Schritt vor dem Korb, sahen sich an, ließen die Beeren fallen, und er platzte heraus: »Weißt du, was mir der Kantor gesagt hat?«
»Wie soll ich das wissen?«
»Er hat gesagt, wir beide paßten sehr gut zueinander!«
Zuerst war sie erschrocken und legte hastig ihre rechte Hand auf den Mund, dann ließ sie die Hand fallen, und

Bach sah die Abdrücke ihrer Figur, die blau und rot waren von den Beeren, auf Ober- und Unterlippe.

»Und was hast du geantwortet?«

»Nichts weiter. Aber ich fange an, darüber nachzudenken.«

Sie sah ihn forschend an. Dann suchten ihre Augen die Schwester und wanderten wieder zurück. »Was hab ich damit zu tun? Der Kantor sagt öfters solche Dummheiten, wenn ein Mannsbild mir hinterhersieht.«

»Vielleicht solltest du auch einmal darüber nachdenken.«

Sie bückte sich, nahm den Korb und stellte ihn mitten zwischen die Sträucher, sodann pflückte sie mit großer Fertigkeit und ganz schnell, als hätte sie etwas versäumt.

»Kannst du nicht nachdenken?«

»Ja doch, ich denke darüber nach, ob ich darüber nachdenken soll.«

»Wie lange brauchst du dazu?«

»Ich denke noch darüber nach, wenn du längst in Arnstadt bist und mich vergessen hast.«

»Wie soll ich denn erfahren, zu welchem Schluß du gekommen bist?«

»Wenn du mich vergessen hast, braucht es niemand mehr zu wissen.«

»Das ist wahr, aber gesetzt, ich würde dich nicht vergessen, dann muß ich es auf irgendeine Art erfahren.«

»Dann hab ich es vielleicht oder ganz gewiß schon selbst vergessen.«

»Das wäre schade und würde uns beiden sicher leid tun.«

»Wir können dann wieder von vorn anfangen und nachdenken.«

»Du meinst, es sei ein Spiel. Aber es ist kein Spiel.«

Sie richtete sich auf und sah ihn lange an. »Wenn es kein Spiel ist, dann bitte ich dich, nicht mehr von Nachdenken zu schwatzen. Dann hat es zuerst etwas mit dem Herzen zu tun und weniger mit dem Kopf.« Sie bückte sich und pflückte weiter.

Er schwieg und stand wie verloren zwischen den Sträuchern. Blätter raschelten. Gräser knisterten in der Sonne. Über ihnen segelten noch immer kleine, weiße Wolken nach der Morgenseite zu. Es war ihm, als wollte der Sommer zur Neige gehen und liege schon müde im gelben, verdorrten Gras.

Sie hat recht, dachte er, und wenig später, als er sich bückte: Sie hat unrecht.

Und eine Stunde später, als die Körbe gefüllt waren, standen sie wieder auf dem Weg, und Bach verabschiedete sich. Die beiden Jungfern liefen davon, von ihm weg und in Richtung Gehren, er stand und sah ihnen nach, spürte noch den Druck der Hand Maria Barbaras und vermeinte, noch immer ihre Augen zu sehen, den verborgenen Spott, das Mißtrauen und gleichzeitig, ob Einbildung oder Wahrheit, einen winzigen Funken Hoffnung, der sich auch versteckte und den sie unterdrückte. Sie hatten sich nichts mehr gesagt, nur adieu und den Gruß an Tante und Bürgermeister, den sollte er nicht vergessen.

Er stand noch immer und sah ihnen nach. Maria Sophia wandte sich zweimal um und winkte, seine Base Maria Barbara nicht ein einziges Mal. Er sah nur, wie der Rock um ihre Beine schlug und wie der Korb an ihrem Arm baumelte. So entfernten sie sich immer weiter, bis sie ganz verschwanden. Er stand allein, die Sonne hinter sich und seinen unbeweglichen, schwarzen Schatten vor sich, drehte sich um, als wollte er ihn nicht mehr sehen, und lief los, mit zwiespältigen Empfindungen, die ihn mitunter emporhoben und dann wieder in Unruhe versetzten.

Die Probe

In der großen Stube des Direktors der gräflichen Kapelle war ein handfester Streit im Gange. Der Herr Paul Gleitsmann hatte zur Probe geladen. Eine Tochter von ihm lief eifrig von einem Musiker zum anderen und verteilte Notenblätter, und währenddem stützte sich der Sohn des vorigen Kapellmeisters, der Herr Drese junior, auf seine Baßgeige, beugte sich vornüber und widersprach aufs heftigste dem Stadtkantor Heyndorf: »Wie können Sie denn, Herr Kantor, eine solche Dichtung in Vorschlag bringen? Sie ist ja nicht einmal in Noten gesetzt, und es sind grad noch drei Tage. Da haben wir eine schöne Auswahl der Stücke meines seligen Herrn Vaters, alle möglichen Couranten und Allemanten, die uns sehr gut über den Abend auf dem Schloß der Gräfin bringen könnten, und Sie machen solche Vorschläge. Es ist ja ein Sterbelied, die Gelegenheit ist aber eine freudige. Ein Schloß soll eingeweiht werden.«
»Ja, aber dieses Gedicht hat Seine Durchlaucht, der Herr Vater der Gräfin, selbst erfunden. Wenn er schon von Wolfenbüttel daherkommt in einem solch beschwerlichen Alter, dann sollten wir ihm eine Freude machen, es rasch in Noten setzen und auf den Abend spielen.«
Der Fagottist, ein Schüler vom Gymnasium, der neben dem Kantor stand, nickte energisch mit dem Kopf und sagte halblaut: »Er wird uns ein gutes Trinkgeld verehren.«
Bach sah auf den jungen Mann, der wohl in seinem Alter war und Pockennarben im Gesicht hatte. Er war gut gekleidet, trug einen tressenbesetzten Rock und schien aus reicher Familie zu kommen.

Drese warf einen zornigen Blick auf den Schüler. »Aber Herr Kantor«, er ergriff einen Bogen Papier, hielt ihn vors Gesicht und fuhr mit heftiger Stimme fort: »Es ist ein Sterbelied. Hier heißt es: ›Mein matter Sinn, sehnt sich dahin, wo meine Väter schlafen.‹ Und weiter unten, am Ende: ›Es ist genug, es sei also gestorben.‹ Wie stellen Sie sich das vor, Herr Kantor? Sollen Ihre Schüler im großen Saal der Augustenburg stehen und hinausblöken: ›Es sei also gestorben‹? Eben ist das Schloß fertig, das Leben und die Freude beginnen gerade, und jene Schüler singen vom Sterben. Das ist eine Unmöglichkeit.«

Er ließ den Bogen sinken, Bach streckte die Hand aus, und Drese gab ihm das Gedicht.

»Meine Schüler blöken nicht!« schrie der Kantor mit puterrotem Gesicht.

Gleitsmann, der gesenkten Kopfes den Streit verfolgt hatte, sagte schnell: »Um den Herren Genüge zu tun und den Streit zu beenden, sollten wir uns einmal das Gedicht des durchlauchtigsten Herrn Herzog anhören. Monsieur Bach, hätten Sie wohl die Güte, es vorzutragen, da es sich gerade in Ihrer Hand befindet?«

»Aber es umfaßt sechs Verse, Herr Direktor. Soll ich sie alle aufsagen?«

»Tun Sie das. Auf mehr oder weniger kommt es nicht an. Wir haben Zeit.«

Ich nicht, dachte Bach. Was soll ich hier einen ganzen Abend lang die elenden Couranten des seligen Kapellmeisters Drese herunterfiedeln. Jetzt auch noch dies. Dennoch legte er, wenn auch widerstrebend, die Violine auf den Tisch, der neben ihm stand, und begann zu lesen:

Es ist genug
Es ist genug! mein matter Sinn
Sehnt sich dahin,

Wo meine Väter schlafen.
Ich hab es endlich guten Fug,
Es ist genug!
Ich muß mir Rast verschaffen.

Ich bin ermüdt, ich hab geführt
Die Tagesbürd:
Es muß einst Abend werden,
Erlös mich, Herr, spann aus den Pflug,
Es ist genug!
Nimm von mir die Beschwerden.

Die große Last hat mich gedrückt,
Ja schier erstickt,
So viele lange Jahre.
Ach, laß mich finden, was ich such.
Es ist genug!
Mit solcher Kreuzesware.

Nun gute Nacht, ihr meine Freund,
Ihr meine Feind,
Ihr Guten und ihr Bösen!
Euch folg die Treu, euch folg der Trug.
Es ist genug!
Mein Gott will mich auflösen.

So nimm nun Herr! hin meine Seel,
Die ich befehl
In deine Händ und Pflege.
Schreib sie ein, in dein Lebensbuch.
Es ist genug!
Daß ich mich schlafen lege.

Nicht besser soll es mir ergehn,
Als wie geschehn
Den Vätern, die erworben
Durch ihren Tod des Lebens Ruh.
Es ist genug!
Es sei also gestorben!

Er ließ das Blatt sinken und blickte gespannt in die Runde. Des Kantors Augen, Bach sah es mit Erstaunen, schwammen in Tränen. Sein Gesicht war verklärt. Er dachte wohl wegen seines vorgerückten Alters an den eigenen Tod und sah ihn schon hinter der nächsten Ecke lauern. Ebenso schaute der spindeldürre Küchenschreiber betrübt und trauervoll zu Boden, als hätte auch ihn das Gedicht recht niedergeschlagen gemacht. Drese hingegen sah rechthaberisch auf Kantor und Kapellmeister zugleich und fühlte sich offenbar in seiner Ansicht bestätigt. Bach sah noch einmal auf das Papier und sagte in das allgemeine Schweigen hinein: »Aber es ist ja ein gutes Gedicht und ließe sich wohl in Noten setzen.«

Tatsächlich gefiel es ihm. Er dachte, daß hinter diesen Versen eine Persönlichkeit stand, die ein echtes Gefühl äußerte, und erinnerte sich an einen umfänglichen Roman des Herzogs, den er in Lüneburg vorgefunden hatte. Wie war doch gleich der Titel? Irgend etwas von einer Syrerin. »Die durchlauchtigste Syrerin Aramea«. Eine verwickelte Liebesgeschichte war das gewesen mit vielerlei Abenteuern und mit prächtigen fürstlichen Hochzeiten am Ende. Das Buch hatte ihn gelangweilt. Es war eine unbekannte, ferne Welt für ihn gewesen, aber dieses Gedicht hier drückte aus, was viele Menschen empfanden.

»Messieurs!« rief Gleitsmann und schwang dabei seine Notenrolle. »Es bleibt dabei. Ich bitte um Vergebung, Herr Kantor. Aber obwohl es tatsächlich ein sehr gutes Gedicht ist, so eignet es sich weiß Gott nicht für die Gelegenheit, vor der wir stehen. Die Herren und Damen sollen nicht in Tränen ausbrechen, sondern fröhlich gestimmt werden. Wir bringen demnach als erstes Stück die Crügersche Motette und proben noch einmal das Ganze durch. Nach der Motette bringt Monsieur Bach das von ihm in Vorschlag gebrachte französische Stück auf dem Clavicord zu Gehör. Von wem war es gleich, Herr Organiste?«

»Couperin, Herr Direktor, Couperin.«

»Ganz recht, Couperin. Das wird den durchlauchtigsten Herrn Herzog freuen, wenn etwas Französisches aufs Tapet gebracht wird. Auch die Frau Gräfin wird davon angetan sein, hoffe ich. Sodann, Messieurs, folgen die Allemanten und Couranten des seligen Herrn Kapellmeisters Drese, da die Herrschaften sich an sie gewöhnt haben. Und nun bitte ich die Herren Sänger, sich in Positur zu stellen und achtzugeben.«

Die drei Sänger, Schüler vom Gymnasium, stellten sich parat und starrten auf ihre Notenblätter. Der Stadtkantor Heyndorf sah mißmutig auf die Schüler und sodann auf den Kapellmeister. »Mir will scheinen«, sagte er schließlich, »daß diese Crügersche Motette so gut nicht ist und vielleicht sogar das Mißfallen des Herrn Herzog erregt.«

Bach setzte die Violine ab. Was ist denn jetzt schon wieder, dachte er, und las zum ersten Mal den Text der Motette, da er bisher nur auf die Noten geachtet hatte.

»Aber Herr Stadtkantor, was haben Sie denn auszusetzen?«

Des Kapellmeisters Gesicht hatte sich ein wenig gerötet, als wäre ihm warm geworden. Er ließ die Hand sinken, lief zu einem der Fenster, riß es auf und fächelte sich mit der Notenrolle frische Luft zu. »Wir kommen ja nicht von der Stelle, wenn sie fortwährend Bedenken äußern.«

»Zum Ende hin«, äußerte der Kantor und sah jetzt, noch immer mißmutig, auf den Text, »werden für eine solche Motette recht profane Worte gebraucht. Ich lese hier ›gottlose Buben‹. Auch wird vom Saufen gesprochen. ›Saufen die Hefen aus‹ steht da. Der Herr durchlauchtigste Herzog von Braunschweig-Wolfenbüttel hat aber Zeit seines Lebens solche Worte in seinen Werken vermieden.«
Der Kapellmeister schnitt ein Gesicht, als hätte er Zahngrimmen. Er ließ sich auf einen Stuhl fallen und sagte ergeben: »Also gut. So wollen wir einmal den Text zitieren und sehen, was gemeint ist.« Er gab dem Schüler, der ihm am nächsten stand, einen Wink. Jener warf sich in die Brust und begann zu lesen:

Der Herr hat in seinen Händen
ein Becher stark voll Wein.
Der geht an allen Enden
gar voll geschenket ein.

Einem jeden muß belieben
zu tun ein Trünklein draus.
Zuletzt gottlose Buben
saufen die Hefen aus.

Eine Weile herrschte Schweigen in der Stube. Der Küchenschreiber räusperte sich. Alle dachten, er wolle etwas sagen. Aber das tat er mitnichten. Er saß, halb sich umwendend, vor dem Clavicord und starrte auf ein Bild, das über der Eingangstür hing. Bach folgte seinem Blick und gewahrte in der Mitte des Bildes Moses mit ausgestreckter Hand, hinter ihm die Kinder Israels, die trockenen Fußes und unbeschadet ans Ufer gekommen waren, und die Hand Moses wies auf das Heer der Ägypter, über dem die Wellen zusammenschlugen. Die Ägypter ersaufen im Meer, lautete die Inschrift darunter. Er dachte an das zweite Buch Mose, und

sogleich erinnerte er sich an den siebenundzwanzigsten Vers: »Da reckte Mose seine Hand aus über das Meer; und das Meer kam wieder vor morgens in seinen Strom, und die Ägypter flohen ihm entgegen. Also stürzte sie der Herr mitten ins Meer.«
Da hat der Herr, dachte er, seine Gaben ausgeteilt. Die einen bekamen den Wein und die Gottlosen den Tod. Es war wie in der Motette. Er wollte überlegen, ob der Küchenschreiber ebenso dachte, da er unentwegt auf das Bild glotzte, doch blieb ihm keine Zeit dazu, denn der Kammerdiener Wenzing, den Violinenbogen erhoben, ließ sich vernehmen: »Könnte man nicht, Herr Direktor, um allen Genüge zu tun und den Herrn Herzog nicht zu brüskieren, aus dem Saufen ein Trinken machen?« Er reckte sein spitznasiges Gesicht dem Kapellmeister fast triumphierend entgegen, als hätte er eben den Stein der Weisen entdeckt.
Gleitsmann schnitt wieder eine Grimasse. Er sah auf das Notenblatt und murmelte: »Zuletzt gottlose Buben trinken die Hefen aus.«
»Das wäre akzeptabel«, rief der Kantor.
»Hat man gottlose Buben«, erregte sich Bach, »schon einmal trinken sehen? Sie saufen doch und trinken nicht.«
Einer der drei gräflichen Trompeter, die seitwärts standen und während des Streites beständig getuschelt und gegrinst hatten, sagte halblaut, indem er dabei auf den Küchenschreiber sah: »Ich habe schon eifrige Kirchgänger gesehen, die soffen wie die Löcher, wenn nur genug auf den Tisch kam.«
Der Kantor warf einen zornigen Blick auf die Trompeter. Bach hingegen sah sie an, als verdienten sie, bemitleidet zu werden. »Es ist doch ein Bild«, sagte er, »eine Allegorie, die ausdrücken soll, wie es den Gottlosen ergehen wird. Das hat nichts mit dem zu tun, was sich in der Wirklichkeit mitunter abspielt.«

Wieder murmelte Gleitsmann die letzte Zeile der Motette: »Zuletzt gottlose Buben trinken die Hefen aus.« Er hob den Kopf, sah in die Runde, sang alle drei Stimmen durch, erhob sich dabei, und Bach schien es, als horche er den eigenen Worten hinterher. Wieder herrschte Schweigen, der Kapellmeister sah aus, als träume er einen Augenblick, während durch das geöffnete Fenster das Knarren und Rumpeln eines Erntewagens erscholl, vermischt mit dem Tschilpen der Spatzen. Es war noch früher Abend, Bach sah auf der anderen Seite der Zimmergasse den sonnenbeschienenen zweiten Stock des Herthumschen Hauses und hörte Kindergeschrei vom Hopfenbrunnen her. Er wollte am Abend zum Bürgermeister Feldhaus gehen und ihm die Grüße seines Patenkindes bestellen, und wieder fuhr ihm der Gedanke durch den Kopf, daß er ihm wegen des Fuhrmanns Weller eine Frage stellen müßte.

»Herr Wenzing«, hörte er Gleitsmann sagen, »Ihr könntet wohl recht haben. Das hört sich auch gut an. Um allem Ärger aus dem Wege zu gehen, soll es in Gottes Namen trinken statt saufen heißen. Wir tun damit dem Johann Crüger nicht das geringste zuleide, zumal er schon seit vierzig Jahren im Grabe liegt.«

Und während nun die Probe ihren Fortgang nahm, begann sich Bach zu ärgern. Wenn man eine derartige Motette verändert, so daß ihr die Schärfe genommen wird und der Sinn, zumal ohne musikalische Gründe, dann ist das für mich eine kolossale Dummheit. Da stehst du nun, dachte er, und fiedelst eine amputierte Motette herunter, und der Unmut sitzt dir im Kopf, und die Lust vergeht ebenso wie die Zeit, die du anders nützen könntest. Einen Bogenstrich lang sah er den Kopf und die Augen seiner Base Maria Barbara vor sich, und es war ihm, als dämpfe diese Vorstellung seinen Ärger, aber dann hörte er einen falschen Ton vom Fa-

gott her, der pockennarbige Schüler blies so verzweifelt falsch, daß ihm die Ohren schmerzten. Mitten im Strich unterbrach er sein Spiel, sah auf den Kapellmeister, der seine Notenrolle schwang und nichts zu hören schien, ihn statt dessen strafend ansah und endlich seine Hand sinken ließ.
»Was ist denn nun schon wieder, Monsieur Bach?«
»Das Fagott humpelt hinterher wie ein blessierter Soldat!«
»Was denn, schon wieder?« Bei der vorigen Probe war er bereits aus dem Takt geraten. »Könnt ihr nicht«, Gleitsmann wandte sich an den Schüler und sah ärgerlich auf dessen Fagott, »besser aufpassen und das Tempo behalten?«
Der Fagottist stand da und machte ein Gesicht, als wären ihm die Worte Bachs und des Kapellmeisters lauter böhmische Dörfer. Ein Stümpler und Pfeiferling, dachte Bach. Den hat der Kantor angeschleppt. Der Esel will ein Pferd werden. Er hörte, wie der Schüler sagte, daß er sich bemühen wolle, aber während es nun weiterging, gewahrte er, wie der Fagottist aus den Augenwinkeln heraus ihn gehässig ansah und dabei die Lippen bewegte, als sei er von ohnmächtiger Wut erfüllt.
Eine Stunde später, als die Probe beendet war und Bach aus dem Haus des Kapellmeisters lief, gingen die Schüler wenige Schritte hinter ihm. Er hörte sie miteinander schwatzen und vernahm ganz deutlich die Stimme des Fagottisten. »Das ist ein rechter Arschgeiger. Der fiedelt wie der Teufel selbst und sieht auch so aus.«
Bach blieb stehen und wandte sich um. Sie kamen heran, schwiegen aber sogleich.
»Habt Ihr soeben von einem Arschgeiger gesprochen?«
Die Schüler, vier an der Zahl, hielten an. Der Fagottist, sein Instrument unter dem Arm, musterte ihn hochmütig. »Ich sprach von einem rechten Arsgeiger. Das ist ein großer Un-

terschied. Sie haben doch, Herr Organiste, ebenso Latein studiert wie wir. Ars heißt Kunst, soviel wir wissen.«
Bach sah über ihn hinweg zum Hopfenbrunnen und auf die Neue Kirch. Der Himmel dahinter war noch hell, und die Kirche stand schwarz und düster davor. Der Geharnischte hing über dem Brunnen, als schwebe er in der Dämmerung samt Schild und Hellebarde und steige aus glitzerndem Wasser in den Himmel.
»Ich bitte um Pardon«, sagte Bach und biß die Zähne aufeinander, »da habe ich mich wohl verhört.«
Die Schüler gingen weiter, nicht ohne die Köpfe zusammenzustecken und miteinander zu tuscheln. Bach stand noch immer, war voller Ärger und sah die vier in der wachsenden Dämmerung am Brunnen vorüber- und zum Markt hochgehen. Aber bevor sie um die Ecke bogen, hielten sie noch einmal an, schwatzten miteinander, sahen zurück, und Bach hatte den Eindruck, als lachten sie aus vollem Halse über den Streich, den sie ihm soeben gespielt hatten.

Stadtkantor und Bürgermeister

In diesem Augenblick sprach ihn der Kantor an. Er war herangekommen und gab seiner Verwunderung Ausdruck, daß der neue Organiste die Probe so schnell verlassen hätte. Er wäre so gut auf seinem Instrument, daß er voll des Staunens sei. »Ein rechter Gewinn ist das für uns, Herr Organiste.«

»Für mich ist es weniger gut, Herr Stadtkantor.« Während sie weitergingen, fuhr er fort: »Die Proben nehmen mir die Zeit für anderes, was zu tun wäre.«

»Aber schon immer haben die Organisten mitgewirkt, zumal es zusätzliche Einnahmen gibt.«

»Das mag schon sein, aber mich ärgert, um es offen zu sagen, eine solche Veränderung, wie sie vorhin an der Motette vorgenommen wurde. Auch sind die Schüler nicht qualifiziert genug und noch dazu so widerborstig und eitel, daß es mich wundert, wie sie mit ihnen zurechtkommen.«

»Herr Organiste, man muß mit dem leben, was man hat, solange man noch nicht mit jenem leben kann, was man sich wünscht. Wenn Ihr etwas älter seid, werdet Ihr sehen, daß ich recht habe. Ich habe den Eindruck, daß Ihr ebenso ungebärdig seid wie die Schüler, nur auf Eure Weise.«

Bach verhielt den Schritt, der Kantor Heyndorf ebenfalls. Sie standen wenige Fuß vom Brunnen entfernt, und Bach sah das fallende Wasser und hörte sein Plätschern. Vom Marktplatz herunter erklangen scheltende Stimmen.

»Mir will nicht in den Kopf«, sagte der Organist und ließ dabei seinen Blick über die reglose Kirche gleiten, »daß in der Hofkapelle Hümpler und Stümpler mitwirken. Es muß sich doch etwas Besseres finden lassen!«

»Wo denkt Ihr hin, Herr Organiste. Der Schüler Geyersbach ist der einzige, der das Fagott einigermaßen beherrscht. Ungeduld hilft da nicht weiter. Mit der Zeit wird er noch besser werden.«

»Da bin ich weniger zuversichtlich. Zur Taufe und zum Tanz und bei Hochzeiten mag sein Spiel noch gefallen, aber wenn es darüber hinausgehen soll, dann wäre nichts weniger angebracht als dieses Fagott.«

»Seid nicht so streng mit ihm. Er ist ja noch jung. Gerade über zwanzig.«

»Wie? Er ist älter als ich? Und Sie glauben, Herr Kantor, daß er noch etwas lernt? Da ist Hopfen und Malz verloren. Einen Eid will ich darauf schwören.«

»Na, Herr Organiste, Ihr übertreibt. Da sieht man, wie ungeduldig Ihr seid. Und ich hoffte, Ihr könntet einen heilsamen Einfluß auf den Chor haben. Ihr müßt doch üben mit ihm, wenn er zum Hauptgottesdienst singen soll.«

»Aber Herr Kantor, das ist nicht meine Aufgabe. Ich habe nur die Orgel zu schlagen. Sie denken doch nicht, daß die Schüler auf mich hören werden, zumal sie zum Teil älter sind und ich keinerlei Anordnungen geben kann. Sie unterstehen mir ja nicht!«

»Das wird sich alles regeln lassen. Die Kirchgänger sind es gewohnt, daß der Chor singt. Wie wollen sie denn eine wohlgefaßte Musik haben ohne Chor und Musicis?«

Bach schwieg. Er sah auf den geschlossenen Verkaufsladen des Goldschmieds an der Ecke gegenüber und dachte einen Augenblick lang an den bronzenen Doppelknopf mit der Aufschrift und an seine Base Maria Barbara.

Der Kantor hatte recht. Er mußte sich dreinschicken und es versuchen. Wie man es wendete, mit dem Chor mußte er sich befassen, aber so leicht wollte er es dem Kantor doch nicht machen.

»Wenn ein Direktor Musicis vorhanden ist, so wäre viel geholfen. Einer muß sein, der die Gewalt hat, alles unziemliche Betragen der Schüler abschafft und sie in der Zucht hält.«

»Es gibt ihn aber nicht, Herr Organiste. Die Stadt kann ihn nicht besolden. So müssen wir zusehen, daß wir ohne ihn auskommen. Es ist ja nur einmal im Monat.«

Bach antwortete nicht. Sie standen sich schweigend gegenüber. In der Dämmerung, über dem Kopf des Kantors und zwischen Brunnen und der Ecke des Goldschmieds, glitt schnell und lautlos eine Fledermaus vorüber und verlor sich in Richtung des Erfurter Tores. Bach drückte dem Kantor die Hand. »Mit Verlaub, ich muß noch zum Herrn Bürgermeister Feldhaus. Einen guten Nachhauseweg wünsche ich, Herr Stadtkantor.«

»Gehabt Euch wohl, Herr Organiste, und denkt noch einmal darüber nach, wie es sich machen läßt.«

Bach nickte, wandte sich um und ging zum Ledermarkt, wo er vor der »Goldenen Krone«, dem Haus des Bürgermeisters, zwei Gestalten in der Dämmerung sah, die heftig gestikulierten und dabei dennoch nur halblaut sprachen, als hätten sie Verborgenes zu schwatzen miteinander. Als er näher kam, schwiegen sie still, eine der beiden mit erhobener Hand, als wollte sie den Himmel zum Zeugen anrufen.

Es war Feldhaus, der über die Schulter auf den näherkommenden Bach sah, die Hand nun sinken ließ, sich vollends umwandte und ihn begrüßte. Der andere, ein massiger Mann, wie ein Bauer gekleidet, sah Bach starren Blicks von oben bis unten an, musterte den Geigenkasten und schien verärgert über die Störung. Bach entschuldigte sich, aber Feldhaus unterbrach ihn und meinte, daß ihr Gespräch gerade beendet sei. »Dies ist«, sagte er und wies auf den Mann ihm gegenüber, »Herr Johann Christoph Wagner von der

›Güldenen Sonne‹ auf dem Riedplatz, und hier habt Ihr, Herr Wagner, den Johann Sebastian Bach, Organiste an der Neuen Kirch und vormals Hoforganist in Weimar.«
Bach neigte verwundert den Kopf. Er sah den Aufzug Wagners und überlegte, warum der reichste Mann von Arnstadt so schäbig gekleidet war. Der Bürgermeister indessen sah ganz erleichtert aus, als ob er sich freute, daß er das Gespräch mit Wagner beenden konnte. Der räusperte sich und brummte mit tiefer, etwas schnarrender Stimme: »Vor Jahren trafen sich einmal die Bachs in meiner Wirtschaft. Wart Ihr da auch schon dabei, Herr Organiste?«
»Ich war dabei, aber erst acht Jahre alt.«
»Und wann wird es wieder so einen Familientag geben? Ihr seid mitsamt Eurer Verwandtschaft immer willkommen!«
»Ich kann das nicht bestimmen, Monsieur Wagner. Es wäre schon an der Zeit, wieder einmal zusammenzukommen.«
»Wer hat es denn zu entscheiden, Monsieur Bach?«
»Der Herr Stadtmusikdirektor in Erfurt, Johann Egidius Bach.«
Wagner wandte sich an Feldhaus: »Ist das nicht jener, der mit einer Arnstädterin verheiratet ist?«
»Es war es, Herr Wagner. Die Susanne Schmidt ist schon lange tot. Sein Bruder Johann Christian Bach hatte die Schwester Anne Margaretha Schmidt geheiratet. Aber die ist auch schon tot. Die beiden haben ein zweites Mal geheiratet. Der Bruder ist aber inzwischen gestorben. Kinder sind da. Allein Egidius hat wohl deren neun, und ein Sohn seines Bruders, der Johann Christoph, lebt als Kantor in Gehren.«
»Nun, wenn es so viele Nachkommen gibt, dann wird sich ein solcher Familientag wohl lohnen. Was meint Ihr, Herr Organiste, wieviel Personen es sein könnten am Ende?«
»Wenn alle kommen, sowohl aus Eisenach, Erfurt, Gotha, Je-

na, Meiningen, Ohrdruf und Gehren, dann werden es wohl an die hundert sein.«
»Ich will sie alle unterbringen und versorgen. Was Küche und Keller hergeben, soll auf den Tisch kommen. Vielleicht könnt Ihr, Herr Organiste, für das nächste Jahr einen solchen Tag ins Auge fassen. Sprecht einmal mit dem Stadtmusikdirektor in Erfurt und grüßt ihn von mir.«
Bach bedankte sich und versprach, den Rat zu befolgen, sobald er Gelegenheit dazu hätte.
Wagner entfernte sich. In der schmalen Gasse unterm Berg herrschte schon Dunkelheit, die seine Gestalt schnell formlos machte und verschluckte.
»Da siehst du«, sagte der Bürgermeister und atmete hörbar auf, »wie dieser Mann sein Geschäft versteht. Eben war er noch dabei, mich zu bedrängen, ihm einen halben Acker Land zu verkaufen, das mir gehört und zwischen seinen Feldern liegt. Er war ärgerlich, als du kamst, aber auf der Stelle erinnerte er sich an den Gewinn, den er beim letzten Familientag der Bachs herausschlug, und nutzte die Gelegenheit, eine Einladung anzubringen.«
»Ist er, wie mir zu Ohren kam, wahrhaftig der reichste Mann in der Stadt?«
»Das ist er weiß Gott. An über fünfzig Stellen in der Flur hat er seine Äcker. Dazu noch Krautland und Weinwachs. Man merkt es ihm nicht an. Sieht immer aus wie der Lump am Stock, aber er wittert ein Geschäft wie der Hund den Hasen.«
»Habt Ihr ihm den halben Acker versprochen?«
»Wo denkst du hin! Er liegt im Holzhäuser Feld und ist guter Boden. Der Wagner kann schwatzen, bis ihm die Zunge im Maul taub wird, keine Krume geb' ich weg.«
Sie standen mit dem Rücken zum Haus und sahen an den Fassaden der Häuser vorüber bis zum Brunnen auf dem

Holzmarkt. Die drei Linden dort wuchsen breit und mächtig empor und nahmen dem Brunnen und dem Markt das letzte Licht. Hinter kleinen Fenstern schimmerten Kerzen, und an der Ecke gegenüber der »Goldenen Krone« wurden die Läden geschlossen.

»Der Herr Benjamin Magen, Gewandschneider seines Zeichens, schließt jeden Abend seine Läden höchstpersönlich. Er hängt sie nicht nur an, sondern schraubt sie vielmehr auch noch zu wegen der Diebsbande im letzten Jahr.«

»Was war das für ein Diebstahl?«

»Da kam der Lips Tullian mit seiner Diebsbande des Nachts in die Stadt, ihre Wagen hatten sie im Hain hinter der Käfernburg stehen lassen. Sie stiegen beim Längwitzer Tor über die Mauer, nahmen ein Zinselfeld dort drüben aus der Wand und stahlen dem Magen sein ganzes Schnittwarenlager.«

»Und hat niemand etwas gehört?«

»Die Nacht war voller Sturm und Regen. Alles hatte sich verkrochen, Torwächter wie Nachtwächter. Als ich am folgenden Morgen aus dem Fenster sah, gewahrte ich nur noch das Loch in der Wand und den Lehmhaufen samt Holz und Stroh. Der Herr Magen stand mit dem Rücken davor und lamentierte zu mir hoch. Was sollte ich machen? Der Stadtleutnant Vetter fand alle Spuren, aber die Diebsbande war weg, als hätte sie die Erde verschluckt. Nur das Zeichen des Lips Tullian ließen die Hohlwegslaurer zurück.«

»Aber im Fall des Fuhrmanns Weller wird er doch wohl die Übeltäter finden?«

Feldhaus lachte. »Wenn das Protokoll, das der Schulze von Dornheim aufnahm, der Wahrheit entspricht, dann gibt es keine Möglichkeit, die Spitzbuben zu finden und dem Weller die fünf Taler zurückzugeben. Wie die Waldbauern gekleidet! Was soll der Stadtleutnant damit anfangen? Da sieht doch einer so zerlumpt aus wie der andere. Als kämen sie alle aus einem Stall.«

Bach sah in die Dunkelheit unter den Linden. Aus dem Gasthaus »Zum Schwan« traten zwei Gestalten, eine, die voranging mit einem Windlicht, eine andere, die hinterhertaumelte, schwankte und schrie: »Du Schlingel von einem Knecht gehst vorneweg und läßt mich im Dunkeln. Nichtsnutz! Kannst weder den Huf halten, noch ein Eisen aufsetzen. Willst du wohl an meiner Seite gehen!«

Das Windlicht verhielt, wanderte ein paar Schritte zurück, und Bach schien es, als hielte der Knecht nun seinen Herrn am Arm. Sodann bewegten sich beide wieder voran, eine dunkle, formlose Masse, von dem schwankenden Windlicht schwach erhellt und einen riesigen Schatten werfend, der gespenstisch an der Wand des Gasthauses auf und nieder fuhr und sich langsam fortbewegte. Wieder schrie die Stimme: »Du bist, ich will dir sagen, was du bist, ein geringes und nicht gehorsames Pferd bist du, so wie der Gaul von Elxleben, den ich kaufte vor einem Jahr.« Beider Schatten verharrten an der Hauswand. Sie schwankten leicht.

»Den erbsengelben Gaul mein' ich, der so schad und mangelhaftig war. Der Schinder hat es endlich totgeschlagen. So wird's dir auch gehen eines Tages. Da wirst du«, einer der Schatten reckte die Faust, »da wirst du auf den Reisighaufen steigen, so wahr mir Gott helfe.« Ein Rülpsen erklang nun, andauernd und laut, und vom Holzmarkt her kam das Echo zurück, als wäre dort ein ebenso Trunkener aus der »Tanne« getreten und hätte gleichfalls heftig aufgestoßen.

»Wer ist dieser Saufbruder?« fragte Bach.

»Der Hufschmied Nikol Brömel. Er wohnt im Haus ›Zum Halben Mond‹ auf dem Riedplatz.«

»Er behandelt seinen Knecht, als wäre der ein Stück Vieh!«

»Ja, sie laufen ihm deshalb auch immer wieder aus dem Dienst. Er ist dem Bier zugetan wie der Bär dem Honig. Vor zwei Wochen hat ihn der Knecht auf der Schiebekarre holen und bis vors Haus fahren müssen. Dort hat er ihn abgekippt, so daß er im Straßenkot lag und beinahe verendet wäre. Der Doktor Sommer hat ihn wieder ins Leben zurückgeholt und ermahnt, er solle sich nicht zugrunde richten. Aber es geht, wie es scheint, weiter wie zuvor.«
»Zum Teufel«, hörten sie jetzt den Knecht sagen, »auf den Reisighaufen. Bin ich eine Hexe?« Und gleich hernach schrie er: »Wenn ich ein schlechtes Pferd bin, so seid Ihr, Meister Brömel, ein trunkenes Schwein, das ich Abend für Abend in den Koben treiben muß.«
Eine Weile war Stille, dann rülpste es erneut, ein Murmeln war zu hören, und beider Schatten schleppten sich weiter, zwischen dem Gasthof »Zur Gans« und »Zum Schwan« in die Straße »Hinter der Gans« hinein, wo sie endgültig verschwanden. Nur Flüche und Schelten waren noch zu hören, immer leiser und endlich ganz verstummend.
Was er gehört und gesehen hatte, erfüllte Bach mit Mutlosigkeit und Trauer. Ein ketzerischer Gedanke war ihm gekommen. Er dachte, daß alles sinnlos und der Mensch ein Wurm im Staub war, elend und aller Flüche fähig, die es gab. Nichtswürdig, Gnade und Verzeihung zu erlangen vom Herrn. Dieser Hufschmied sprach sicher weder Abend- noch Morgengebet. Bei dem gab es weder Zerknirschung noch Gewissen. Was war dann das Orgelspiel, das er, Bach, dreimal in der Woche hören ließ?
Er sah an dem Kopf des Bürgermeisters vorüber, der vom Kofentviertel schwatzte, wo es noch schlimmer wäre unter den Brauknechten dort, er hörte nicht einmal einzelne Worte und Sätze, sondern starrte wie gebannt und als sei dort ein Hoffnungsschimmer auf einen ersten flimmernden Stern

überm Dach der »Gans«. Und wie er das Pulsieren des gleißenden Lichtpunktes gewahrte, erfaßte ihn wieder jene tiefe Sehnsucht nach Ruhe und Stille und Gleichmaß, wie sie dort herrschen mochte, wo es nur graue Schwärze und jenes verheißungsvolle und ferne Glitzern gab, das ihm vorkam wie die Musik, die er suchte und sich vorstellte. Es war, als zöge ihn etwas dorthin, weg von allem Profanen und Niedrigen, und wie so oft dachte er an das Sterben, gleich, ob es allmählich oder plötzlich kam, wenn es nur vollkommene Seligkeit verhieß.
Die Worte des Bürgermeisters waren verstummt. Seine Augen folgten dem Blick Bachs, er hielt ebenso den Kopf nach oben gerichtet. Für einen Augenblick dachte Bach, sein Verwandter denke wie er, denn wie gebannt starrte Feldhaus auf das Glitzern über dem Dach der »Gans«. Er hoffte sogar, daß Feldhaus ebenso dachte. Er, Bach, wäre dann nicht so allein, aber kaum war dieser Gedanke in ihm, sprach der Bürgermeister weiter, und alles verschwand ebenso schnell, wie es gekommen war.
»Träumst du etwa?« fragte er. »Sieh lieber auf die Erde, statt in den Himmel!«
»Ich träume nicht. Ich denke an die Bosheit der Menschen. So still und friedlich ist das Firmament, und unter ihm ist nichts als Lüge und Betrug und Bosheit und Eitelkeit. Raffgier auch. Einer ist des anderen Wolf. Wie kann ich da immer nur auf die Erde sehen? Man würde ja selbst zum Wolf!«
Feldhaus schwieg eine Weile, und Bach spürte, daß er ihn von der Seite her anblickte. »Das sind große Worte«, hörte er ihn sagen, »fast glaube ich, daß du ebenso sprichst, wie du spielst, wenn du an der Orgel sitzt. Noch lebst du nicht im Himmel. Wer weiß, ob dich dort jemand hört. Hier auf der Erde hören dich alle, und daran mußt du denken.«

Wieder, wie vor Tagen im Ratskeller, war Bach von einer plötzlichen Bitterkeit erfüllt, die ihm die Brust zuschnürte. Und mit heftiger Stimme sagte er: »Niemand hört mich, weder der Hufschmied noch Ihr, Herr Bürgermeister. Sonst hättet Ihr am Montagabend den Rudisleber Bauer nicht mit Gewalt in die Demnitz stecken lassen.« Er hielt inne, erschrocken wegen seiner Kühnheit, fuhr aber, ohne daß er's wollte, ebenso heftig und erregt fort, als wären Gedanken und Sprache außerhalb seiner selbst. »Außerdem seid Ihr, wie ich glaube und weiß, verstrickt in den Überfall auf Weller, was mich sehr schmerzt und bitter weh tut, weil ich Euch dankbar sein müßte und Ihr mein Verwandter seid.« Er schwieg abrupt, entsetzt wegen dem, was der andere in ihm gesagt hatte. Ihm war, als müßte er sich auf der Stelle entschuldigen, wollte es auch, war aber nicht fähig dazu und stand da, stumm und verloren in der hereinbrechenden Dunkelheit, verzweifelt auch und dennoch mit einem Gran Hoffnung und Stolz im Kopf, ein Gefühl, das aufflackerte und erlosch wie jener Stern über dem Dach der »Gans«. Feldhaus schien erstarrt und stumm wie eine Salzsäule. Dann hörte Bach ein Räuspern, verhalten und ratlos, wie ihm schien, und ein Atemschöpfen, als hätte es dem Bürgermeister die Sprache verschlagen. Wieder Schweigen und dann leise, fast mutlose Worte. »Du bist noch jung und hast nur eine Aufgabe: die Orgel zu schlagen. Das ist etwas, was du sehr gut verstehst. Dabei sollte es auch bleiben. Ich aber habe die Verantwortung für die ganze Stadt und muß mich dem beugen, was sie von mir will. Dazu kommt, daß der Herr Graf fortwährend in die Angelegenheiten der Stadt hineinredet. Und was weißt du davon, wie die Viermänner mich fortwährend bedrängen, in der Rudisleber Sache endlich zu einem Schlußpunkt zu kommen.«

»Von denen sagen die Leute, es seien die vier Nickmänner

der Stadt, die nur das tun, was die Reichen der vier Stadtviertel von ihnen verlangen.«

»Ich weiß, daß sie so genannt werden. Aber du weißt nicht, wie ich mich winden muß, alles unter einen Hut zu bringen. Da schlägt manches nicht so aus, daß man davon sagen kann, es wäre recht und billig. Dennoch bleibt mein Gewissen ruhig, da alles zum Nutzen und Frommen der Stadt gedacht ist.«

»Es war unrecht, den Bauer festzusetzen!«

»Ich habe ihn am anderen Morgen aus der Haft gelassen!«

»Wenn einer die Wahrheit geigt, dem schlägt man den Fiedelbogen ums Maul, und wer heucheln und schmeicheln kann, der ist eine gemachte Person, so scheint es mir in Eurer Stadt.«

Jetzt wurde Feldhaus wütend. »Was kratzt dich das? Was hast du damit zu tun? Wie kannst du nach wenigen Tagen zu einem solchen Schluß kommen?«

»Es betrifft mich ja selbst. Der Weller hat mich und meine Habe hierher gebracht, und der Fuhrlohn wurde ihm geraubt. Er hat für nichts und wieder nichts, nur weil er Briefe bei sich trug, den Verdienst von zwei Tagen verloren. Es ging doch um die Briefe, oder?«

»Sei nicht so laut! Es kann dich ja jeder hören, wenn du so schreist. Der Küchenschreiber hat mir schon gesagt, daß du ihm eine Vorhaltung gemacht hast. Hör zu und versprich mir, still zu sein. Es kommt vom Hof her. Auf seinen Antrieb ist es zurückzuführen. Es geht um Hönike, der alles ausspioniert und es nach Weimar berichtet. Wir müssen ihn uns vom Halse schaffen, mit welchen Mitteln auch immer. Ich verspreche dir, ein Wort für den Weller einzulegen, damit er sein Geld bekommt. Aber du mußt still sein und darfst nichts mehr tun.«

Endlich ist es heraus, dachte Bach. Du hast recht behalten. Und es war richtig gewesen, daß du gebohrt hast wie ein hartnäckiger Holzwurm.
Er sah einen dunklen, verängstigten Schatten über den Platz huschen, eine Katze vielleicht oder einen Marder. Das Tier verlor sich in der Dunkelheit, unwirklich und schemenhaft wie ein Gedanke, der kam und ging.
»Ich will alles vergessen, wenn der Weller nur sein Geld wiederbekommt.«
»Gut, du hast mein Versprechen, und nun schweigen wir davon. Es ist ein unerquickliches Thema. Ich hörte, du seiest in Gehren gewesen?«
»Ja, ich war dort und soll Euch und der Tante Wedemann von Eurem Patenkind Maria Barbara einen Gruß überbringen. Sie hat mich darum gebeten.«
»Es freut mich, daß sie mich nicht vergißt. Ist das nicht eine stattliche Jungfer. Sie sticht alle ihre Schwestern aus. Den Burschen, der sie bekommt, kann kein besseres Los treffen. Meinst du nicht auch?«
Bach spürte, daß er rot wurde. Wieder dachte er an den bronzenen Doppelknopf des Goldschmieds und sah das Gesicht Maria Barbaras vor sich. »Das mag wohl sein«, murmelte er und fuhr fort, »der Tante geht es so gut nicht. Sie sitzt neben dem Ofen, hat alles im Auge und scheucht die Jungfern hin und her, aber sie hat, wie mir scheint, die meiste Zeit hinter sich gebracht. Kurz, mit der Gesundheit geht's bergab. Über Jahr und Tag stehen die Jungfern vielleicht allein da. Was ist dann?«
»Nun, was soll schon sein? Die eine oder die andere wird einen Freier finden. Für den Rest müssen wir sorgen, so gut es geht. Es ist ja unsere Verwandtschaft.«
»Ich wollte Euch noch etwas fragen.« Er stockte und dachte daran, daß er sich eigentlich wie ein Bittsteller vorkam.

»Oder vielmehr um etwas bitten.« Wieder schwieg er und sah zum Brunnen vor der »Tanne«, an dem ein Windlicht vorüberglitt und in der Schloßgasse verschwand.
»Frag nur. Ich freu' mich, wenn ich dir helfen kann.«
»Es geht diesmal nicht um mich, sondern um die Tante in der Kohlgasse. Sie hat vor einiger Zeit schon vor dem Haus mit dem Herrn Stadtschreiber gesprochen. Es hat sich aber nichts getan. Sie geht ungern aufs Rathaus.«
»Worum handelt es sich?«
»Nun, was der Nachbar ist, der Hans Matthes Hildesheim, der hat seine Kloake und auch den Schweinekoben grad an die Wand von der Tante gemacht, dergestalt, daß die Schwellen verfaulen und man sich vor Gestank dort nicht aufhalten kann. Er kann doch, meint die Tante, den unflätigen Ort woanders hinbringen. Es ist wahr, ich hab' es selbst gesehen, daß die Sotte durch die Wand tritt.«
»Hat sie mit dem Hildesheim gesprochen?«
»Sie hat es versucht, aber er hat alles negiert und sie noch dazu beschimpft.«
»Gut, der Rat wird es besichtigen und eine Anordnung treffen, so schnell es geht. Ich versprech' es dir. Und sag der Tante, daß sie zu jeder Zeit mich hätte besuchen und ihr Anliegen vorbringen können.«
Feldhaus reichte ihm die Hand, und Bach verabschiedete sich. Er ging hoch zum Marktplatz. An der Neuen Kirch zirpten Grillen. Der Abend war lau und warm. Als er an der Galerie vorüberlief, war es ihm, als flüsterten Stimmen hinter den Pfeilern, leise und zärtlich, als stünden dort Liebesleute im Schutz der Dunkelheit. Zwischen Rathaus und Langem Stein, während er lief und nach links sah, erblickte er mehrere Gestalten auf dem Stein, die die Köpfe zusammensteckten und miteinander flüsterten, plötzlich aber verstummten, als er in ihre Nähe kam. Er hatte den Eindruck,

daß die Schüler von der Kapellprobe darunter waren. Sie erhoben sich einer nach dem anderen, während er vorüberlief, als seien sie entschlossen, ihm zu folgen, aber da tauchten vor ihm die zwei Stadtknechte auf, er erkannte sie an den Spießen, die sie auf die Erde stampften, und an den Windlichtern, die sie trugen. Er wandte den Kopf, blickte zurück und sah, wie sich die Burschen unentschlossen wieder niederließen auf dem Stein, schwarz und unförmig, und wie sie zu der gleichen dunklen und flüsternden Masse verschmolzen, die sie vorher waren.

Er atmete auf, ging an den Stadtknechten vorüber, sah für einen kurzen Augenblick ihre Gesichter in dem flackernden Schein der Lichter und grüßte artig. Sie grüßten zurück. Das ist noch einmal gut gegangen, dachte er. Nicht, daß ihm bange war, aber die Rohheit und das unziemliche Benehmen der Schüler waren stadtbekannt, und einer Übermacht wollte er sich nicht aussetzen. Jetzt stand ihm der schöne Degen in der Auslage des Goldschmieds vor Augen und gleich darauf wieder der Doppelknopf.

Später, als Bach schon im Bett lag, nachdem er das Nachtgebet gesprochen hatte und hinter dem Fensterkreuz den fahlen Nachthimmel sah, dachte er, daß ihn Feldhaus an die Leine gelegt hatte. Das Maul war ihm zugebunden worden, einzig um den Preis, daß Weller seine Taler wiederbekam, von wem und woher auch immer. Er mußte still halten, und alles wurde mit dem Mantel des Schweigens bedeckt. Und indem ihm Feldhaus etwas erzählte, indem er einen Zipfel des Mantels hob und ihn etwas sehen ließ, zog er ihn ins Vertrauen, machte ihn zum Mitwisser und zum Kumpan. Er war stiller Teilhaber eines Geheimnisses geworden, und er war so dumm, sich deshalb geehrt zu fühlen.

Er schlug die Hände vors Gesicht, der bleiche Himmel hinter dem Fensterkreuz verschwand, und verzweifelt dachte er

an die Beichte. Er mußte dem Superintendenten alles sagen. Was er getan hatte, war sündhaft und nicht gottgefällig. Bach nahm die Hände weg, wandte sich zur weißgekalkten Wand, die matt schimmerte im Widerschein des Fensters, und starrte sie an. Es war ihm, als wäre er klein und winzig unter dem Himmel und in dieser Nacht. Er hatte etwas erreicht, aber um welchen Preis?
Und wieder dachte er an Maria Barbara. Wenn er mit ihr sprechen könnte. Jetzt. Es war ein Gefühl in ihm entstanden, das er nicht deuten konnte. Er spürte, daß er ihr alles erzählen würde, ohne Bedenken und ganz vertrauensvoll. Liebte er sie? Sehnsucht hatte er nach ihr, das war gewiß. Und wenn er selbst hochlief und das Instrument holte? Dann sähe er sie wieder. Er würde den Knopf kaufen und ihr zum Geschenk machen. Dann waren sie einander versprochen, und er hatte etwas, woran er sich halten konnte. Er konnte, wenn er wollte, Hoffnung schenken und Hoffnung erhalten. Und wieder wandte er sich um, sah zum Fenster und gewahrte den Mond, der am Rande der oberen Scheibe erschien, glänzend und rund und überaus still, als wolle er zu allem schweigen.

Der Lustgarten

Börners Schwägerin Maria Viktoria, die zweite Tochter des Küchenschreibers und Frau des Lustgärtners Heydekampf auf der Augustenburg, hatte Bach gebeten, am Tag der Einweihung etwas früher zu kommen und sie zu besuchen. Ihr Mann, so sagte sie, wolle den Garten vorweisen. Und sie hatte hinzugefügt, daß er so stolz auf sein Werk sei, daß er es partout nicht vermeiden könne, derartiges zu tun.

So lief Bach nach dem Mittag schon durch die Stadt und zum Längwitzer Tor hinaus, die Geige unter dem Arm und recht fein gekleidet, damit er am späten Nachmittag und am Abend in der Hofkapelle eine gute Figur abgeben konnte. Als er lief, dachte er, daß er an diesem Tag wieder zu einem beliebigen Lakaien herabsank, dem nur die Unterhaltung der Herrschaft oblag. Das wurmte ihn. Andererseits war er neugierig auf diese Herrschaft und auf den Wolfenbüttler Herzog auch, der so schöne Gedichte machte und so dickleibige Bücher schrieb.

Die Herrschaften waren mit großem Gepränge am Vortag in die Stadt eingezogen. Sogar eine Ehrenpforte war aufgestellt worden. Die Bürgermiliz hatte ihre Musketen abgefeuert. Er war nicht dabeigewesen. Christoffer hatte es ihm erzählt. Der Herzog habe huldvoll aus der Kalesche gewinkt, und sein Gesicht sei voller Runzeln und Staub gewesen. An den Tagen zuvor war mit großem Aufwand aller Unflat von den Straßen geschafft worden, aber nur in jenen, wo der Herzog durchgefahren war, demnach in der Erfurter Straße und in der Rittergasse. Und am Sankt-Georgs-Stift, wo der Herzog vorüberfuhr, wußten die alten Leute gar nicht, wie ihnen geschah. Dort wurde mit einem Mal der Sankt Georg neu auf die Hauswand gemalt, weil die Farben schon triste und nicht mehr leuchtend waren. Ebenso geschah es mit den Fenstern, aber Christoffer erzählte, daß der Herzog weder auf den Sankt Georg noch auf die Fenster gesehen hatte. Und die alten, elenden, gebrechlichen und bedürftigen Leute vom Spittel sollten hinter den Fenstern in ihren Stuben bleiben, auch nicht auf die Straße gehen, wo der Herzog sie vielleicht hätte sehen können. Christoffer hatte ihn gefragt, warum das wohl nötig gewesen sei. Und er, Bach, hatte darauf lange keine Antwort gegeben. Endlich aber, da er den Blicken der großen, fragenden Augen nicht ausweichen konnte und da es ihm vorkam, als könne er sie nicht mehr ertragen, hatte er gemeint, daß man vielleicht dem Herzog jede Aufregung ersparen wollte, da er selbst auch schon alt sei und weil die Einweihung der Augustenburg ein freudiges Ereignis werden und bleiben sollte. Bach lief ebenso wie an jenem Tag, an dem er nach Gehren gegangen war, zum Berg hoch bis zum Rabenholz, so daß er das Gefühl hatte, er ginge wieder dorthin und könne Maria Barbara treffen, ein Gefühl, das ihn eine ganze Weile lang emporhob und zugleich traurig machte, denn er sah schon linker Hand die Augustenburg und mußte, ob er wollte oder nicht, von der Straße abweichen. Das tat er schließlich, indem er über abgeerntete Felder lief, die sich leicht senkten und dann sachte wieder emporstiegen bis zu dem Weg, der quer am Schloß vorüberführte.

Die beiden Wachen hinter dem schmiedeeisernen Tor, offensichtlich Bauern aus Oberndorf, die mürrisch ihren Dienst verrichteten, bedeuteten ihm, daß er sich wegscheren möge und daß er, wenn er zum Herrn Lustgärtner wolle, seitab zwischen Taubenhaus und Zachariasgarten hindurchgehen müsse, wo beim Weinberg das Gärtnerhaus stehe.

So lief er nach links, immer die halbhohe Mauer mit dem aufgesetzten Gitter vor Augen, bis er den Domestikeneingang fand und hindurchging. Da waren rechts Viehställe, die einen Hof umgaben, in dessen Mitte das große Taubenhaus errichtet war. Er hörte gurrende Tauben und gackernde Hühner, und Schweinegrunzen vernahm er auch. Dahinter lag ein Küchengarten, offenbar nur mit Kräutern bepflanzt, und links ein großer Gemüsegarten, den man nach dem heiligen Zacharias benannt hatte. Er ging zwischen beiden hindurch, verharrte aber plötzlich, da er mehrere Frauen erblickte, die im Gemüsegarten tätig waren, und von denen ihm eine bekannt vorkam. Er ging etwas näher, blieb stehen und wartete, bis sie sich aufrichtete und ihn ansah. Sie war es, jene Frau, die vergeblich versucht hatte, in die Stadt zu kommen, die Bettlerin, die auf Wellers Wagen gestiegen war. Er sah sie erstaunt an, und sie blickte ebenso zurück. Der Sonnenschein lag auf ihrem Gesicht und machte die braune Haut hell und die dunklen Augen glänzend. So sahen sie sich an, beide überrascht und erstarrt, bis sie sich wieder bückte und in ihrer Arbeit fortfuhr, als sei ihr dieser junge Mann so gleichgültig wie jeder andere und als kenne sie ihn nicht. Ärger stieg in ihm hoch. Sie hatte ihm nicht einmal zugenickt, und er erinnerte sich wieder an ihren Blick, als sie vor dem Längwitzer Tor stand, verlassen und hilflos, mit Entsagung im Gesicht und nur mit den sprechenden Augen, in denen jener Funke glomm, der ihm so bekannt vorkam. Er sah den gebückten, gleichgültigen Rükken der Frau und fühlte sich ebenso wie an jenem Abend im Bett, nachdem er mit dem Bürgermeister gesprochen hatte, ebenso allein gelassen und einsam und unverstanden und klein. Es war, als drücke ihm jemand die Brust zusammen, unsichtbar und ohne Mitleid. Und als träume er, trat er einen Schritt in die Richtung des gebückten Rückens, verharrte aber erneut, sah auf die Füße der Frau, die noch immer nackt und bloß waren wie damals schon, wandte sich um, erblickte das Gärtnerhaus ganz nahe bei der Oberndorfer Kirche und setzte sich in Bewegung.

Das Gelände des Gartens stieg immer mehr an, und da er schnell lief, kam er ganz außer Atem bis vor das Gärtnerhaus, wo er sich umwandte und den riesigen Garten unter sich sah, mit den acht Quartieren in der Mitte und mit dem Rondell dazwischen, wo eine Fontäne emporschoß und in vielfältige Farben zerfiel, da die Sonne hindurchschien und das steigende und fallende Wasser glitzern ließ. Dahinter lag die Gartenfront des Schlosses, breit und dennoch verhalten sich ausstreckend, als gehöre sie zur Erde unter ihr oder als wäre sie aus ihr herausgewachsen zu mäßiger Höhe. Auf der Terrasse vor der weißen Mauer mit den großen Fenstern und Türen sah er Personen beiderlei Geschlechts, die auf und ab schritten, bunt und gravitätisch, und bisweilen, wenn sie an den Fenstern vorüberliefen, sah er sie gemeinsam mit ihren Spiegelbildern. Es war ihm, als wären diese die Schatten ihrer selbst, grotesk und gespenstisch, als wären diese Abbilder unablässige Wiederholungen der immer gleichen Gesten und Schritte oder als setzten sich diese nach innen fort, auf den schönen venezianischen Spiegeln und marmornen Säulen, wo sie sich vervielfachten und wo sie sich endlich, auf Gobelins vielleicht oder auf seidenen Tapeten, im ungewissen verloren. Andererseits konnte es sein, daß sie wieder erwachten, auf den schönen Gemälden, die sicher gegenüber der Fensterfront hingen, auf Konterfeis, die mit absoluter Genauigkeit jene Gesten wiedergaben, die auf der Terrasse soeben produziert wurden. Und Bach, fasziniert von dieser Vorstellung, dachte, daß dies eine große Bühne war, auf der eine Komödie ablief, eine dreifache sogar. Die auf der steinernen Terrasse, die in den spiegelnden Fenstern und schließlich jene in den Köpfen aller Beteiligten, wo jeder einzelne seine eigene Komödie spielte und seinen Teil zum Ganzen beitrug. Er selbst, Bach, schloß sich davon nicht aus. Dann dachte er, daß er eigentlich nur Beobachter war, unbeteiligter Zuschauer, und daß ihm vielleicht doch andere, abartige Gedanken durch den Kopf schossen. Es fiel ihm auf, daß es einen großen Widerspruch gab zwischen der Natur des weiten Landes vor ihm, die ganz natürlich gewachsen schien, unbekümmert um das vom Menschen Geschaffene, absichtslos und zufällig sogar, als hätte der liebe Gott einen Wurf nebenbei getan und sei damit zufrieden gewesen, und jenem kleinen Stück Erde, das die Gräfin mit einer Mauer umzogen und herausgehoben hatte aus der gottgeschaffenen Natur. Es war ihm, als wäre diesem Stück Erde ein Zaum angelegt worden, als wäre es abgezirkelt und mit Schnur und Lot eingeteilt worden, ganz nach dem Willen der Gräfin, und als wäre dies ein Vergehen gegen alles Gewachsene, gegen alle Natur, als würde hier der Wille des Menschen jenem des Herrn gegenübergestellt, anmaßend und prahlerisch und mit gottloser Gebärde. Und jenes Abgezirkelte zwischen der Mauer wiederholte sich auf der Terrasse, die Bewegungen dort waren ebenso steif und eckig und gedankenlos und prahlerisch. Hier die Quartiere, acht an der Zahl, wo die kleinen Bäume und Sträucher aufgereiht wie Musketiere wirkten, wenn sie ins Feld zogen oder vor ihrem Kapitän standen, in Karrees gepreßt und so gleichmäßig wie ein unablässig geschlagener Ton auf der Orgel, dazwischen, in der Mitte, die Fontäne, die mit immer gleicher Kraft sich lärmend erhob und müde herabfiel, so regenbogenfarbig und beweglich wie jene Kavaliere und Damen auf der Terrasse, als wetteifere sie mit ihnen oder als seien jene ihre eigene Fortsetzung zur Terrasse und zum Schloß hin.

Nur eines war anders und fiel heraus aus allem, was er sah. An den Rand gedrängt, im Zachariasgarten links und in der Lindenallee rechts, die im Entstehen war, arbeiteten ein halbes hundert Menschen, die Frauen links und die Männer rechts, aber alle mit gebücktem Rücken und über ihre Schatten gebeugt, als wollten sie sich in die Erde bohren. Auch hier waren Gesten und Handlungen bekannt, wie von altersher übernommen und unvergessen, als gäbe eine Generation der anderen die Hand. Was anders war, war dies: Die gebeugten Rücken schienen eine Absicht zu verfolgen, und am Ende hinterließen sie etwas. Es blieb etwas zurück, was sie sehen oder mit den Händen fassen konnten. Die Fontäne dagegen, sie war nur um ihrer selbst willen da, ohne Sinn eigentlich, da sich immer das gleiche unverdrossen und ohne Wirkung vollzog. Ebenso war es auf der Terrasse, wo alles um seiner selbst willen immer von neuem ablief ohne Nutzen und mit keinerlei Ergebnis.
Ohne Zweifel, der Garten stieg vom Schloß aus in die Höhe, verengte sich nach oben, wo er, Bach, stand und wo ganz am Ende die Weinreben wuchsen, aber in Wahrheit schien es ihm ganz anders zu sein. Er stellte sich vor, daß das Schloß ganz oben stehen müßte mit seiner Terrasse und mit den Standespersonen darauf. Und unter Schloß und Terrasse müßten sich die Arbeiter befinden, immer winziger und in immer gebeugterer Haltung. So wäre es richtig und in der festgefügten und ewigen Ordnung. Der Garten, kegelförmig und mit abgerundeter Spitze, stünde dann auf dem Kopf, jederzeit bereit und in der Gefahr umzustürzen, um alles unter sich zu begraben. Er lachte bei diesem absurden Bild und erinnerte sich im selben Augenblick an ein Flugblatt, das er im Frühjahr in Eisenach gesehen hatte. Es befand sich, zusammen mit anderen Schriften und Notenblättern, in der Hinterlassenschaft seines verstorbenen Großoheims

Johann Christoph. Es war ein Ständebaum abgebildet, der umgestürzt war und auf der Spitze stand, so daß die Bauern obenauf saßen wie vorher Kaiser und König. Unter ihnen aber keuchte nun der Adel unter ihrer Last. Die bärtigen Bauern, lachend und schreiend, hielten ein flatterndes Band in den Händen mit der Aufschrift: *Verkehrte Welt.* Und zur selben Zeit wußte er, daß ihm dieses Flugblatt den verrückten Gedanken von dem umgestülpten Garten eingegeben hatte. Es war keine Vorstellung seines Kopfes, sondern desjenigen Aufrührers, der in Jena vor zwanzig oder dreißig Jahren die absurdesten Gedanken zu Papier gebracht hatte, eines Träumers und Aufrührers, der alle Welt in Schrecken und Aufregung versetzte und seinen Großoheim zu dem Ruf veranlaßte: »Das war mal einer, der lief tatsächlich mit einem eigenen Kopf umher und mit geradem Rücken, nicht wie die anderen, die ihre Köpfe auch noch hinhielten, den Buckel gebeugt, damit sie nur recht viel Schläge abbekommen konnten.«

Wieder lachte er und blinzelte dabei in die Sonne, die hoch am Himmel stand, ungerührt von allem mit gleißendem Licht in den Garten und in die Fontäne sah und gleichermaßen alles hell machte und offenbarte.

»Da, sieh an, unser Musikus ist da«, sagte hinter ihm eine Stimme, und Bach wandte sich um. Heydekampf stand in der Tür des Gärtnerhauses und blinzelte ebenso wie er, wobei weißgraue Wölkchen seiner Meerschaumpfeife entstiegen und sich über dem Kopf verloren.

»Ist dies nicht ein schöner Tag«, sagte Heydekampf, wobei er ihm die Hand gab. »Der Sonnenschein paßt so recht zur Einweihung des Schlosses und macht allen ein heiteres Gemüt.« Er steckte die Pfeife in den Mund und paffte ein paar mächtige Wolken, so daß sein volles, rundes Gesicht wie hinter einem Nebel erschien. Heydekampf war untersetzt und stämmig, hatte blaue Augen, die ein wenig hervorstanden und unter breiten, weißlichen Augenbrauen vergnügt und zufrieden über Garten und Schloß blickten. »Hab' ich nicht etwas Außerordentliches aus diesem elenden Hang gemacht! Es sah aus wie Kraut und Rüben, als ich anfing vor drei Jahren.«

»Ihr redet, als hättet Ihr alles allein getan.« Bach sah auf die strohgelben Haare des Lustgärtners und über sie hinweg auf den gedrungenen Turm der Oberndorfer Kirche, der aussah, als säße er auf Heydekampfs Kopf.

»Nun, Herr Vetter, der Garten ist zuerst in meinem Kopf entstanden, und ich habe ihn vor drei Jahren schon so gesehen, wie er jetzt erscheint. Freilich konnte ich nicht jeden Baum selber setzen.«

»Hat die Frau Gräfin nicht auch etwas dazugetan?«

»Doch, sie hat, ich muß es zugeben, mich auf den Gedanken gebracht, rechts und links von dem Weg, der zu dem kleinen Lusthäuschen am Ende des Gartens führt, je ein Traillehaus zu setzen, mit schönem Gitterwerk versehen, das bewachsen ist und so den Abschluß dieser beiden Mauern hier unten bildet.«

Während sie nun zu dem Lusthäuschen liefen, das unterhalb der Weinrebenspaliere stand, begann Heydekampf die Anlage des Gartens im einzelnen zu erklären und wurde nicht müde, seine Schönheit hervorzuheben. Das Lusthaus war in der Form eines Oktogons errichtet, der Unterteil aus hellgrauen Steinen von der abgerissenen Käfernburg, der Oberteil aus Holz, mit Durchblicken in die weite Landschaft und bis zu den Bergen nach Gotha zu. Bach sah geradenwegs durch die Fontäne auf das Mittelfeld der Gartenfront vom Schloß, wo auf der Terrasse davor noch immer die Kavaliere und Damen lustwandelten, hinter einem Schleier aus glitzerndem Wasserstaub.

»Und wie kommt dieser Springbrunnen zustande?«
Heydekampf nahm die Pfeife aus dem Mund und kratzte sich hinterm Ohr. »Das ist noch immer ein Provisorium. Ich habe eine Zisterne anlegen lassen, noch weiter oben, über dem Garten.« Er wies in die Richtung der Käfernburg. »Da es noch kein Pumpwerk gibt, muß sie mit Fässern unentwegt gefüllt werden, wenn die Fontäne sich erheben soll. Es geht vorerst nicht anders, weil die Taler im Schwinden sind bei der Gräfin. Der Transport in Fässern ist immer noch billiger als ein Pumpwerk und die Verlegung der Holzröhren vom Steingraben her.«
Tatsächlich sah Bach linker Hand und außerhalb der Mauer, wie zwei Bauern ihre Ochsen antrieben und, in aufrecht auf Wagen gestellte Fässer, Wasser zum Berg hoch brachten. Er sah, wie es überschwabbte und eine dunkle Spur auf der Erde hinterließ.
»Es ist immer wieder dasselbe Wasser?« fragte er erstaunt.
»Ja, es ist immer dasselbe. Oben wird es in die Zisterne geschüttet, und von der Fontäne aus läuft es in die Fässer, die wieder nach oben gebracht werden. Zwischendurch, weil allzuviel verlorengeht, bringt einer zusätzlich noch eine Fuhre vom Steingraben her.«
»Das ist eine erstaunliche Einrichtung, sie erinnert mich an Sisyphos und an seinen Felsblock, den er hochwälzte und der immer wieder herunterrollte. Man könnte sagen, was Ihr hier betreibt, ist Sisyphismus.«
»Es gibt einen Unterschied, Herr Vetter.«
»Und der wäre?«
»Für Sisyphos war es eine Strafe, da er in die Unterwelt verstoßen war wegen seiner Bosheit, die Bauern hingegen können ihre Dienste abarbeiten. Manchmal sogar gibt es ein paar Groschen. An einem solchen Festtag zum Beispiel.«

»Aber wenn die gnädige Herrschaft wieder zurückfährt in die Stadt, dann gibt es keine Fontäne mehr. Oder doch?«
»Dann geh' ich hoch zur Zisterne und stopf' das Loch zu. So versiegt sie.«
»Das ist eine wirklich sinnreiche Erfindung. Doch was ich Euch noch fragen wollte: Jene Frau dort im Zachariasgarten, sie steht ganz links und bückt sich gerade, die kommt mir bekannt vor. Ich meine jene mit dem schwarzen Rock und dem braunen Kopftuch und dem sonnenverbrannten Gesicht. Kennt Ihr sie?«
Heydekampf sah erstaunt hinunter zum Zachariasgarten und gleich danach mit einem forschenden Blick in Bachs Gesicht. »Die nahm ich an zur Gartenarbeit. Sie macht es für das bißchen Nahrung und für die Unterkunft. Es ist eine Vertriebene aus dem Vogtländischen, wahrscheinlich eine Ehebrecherin. Sie sagt nichts. Nur, daß sie vertrieben wurde. Woher kennt Ihr sie?«
»Ich sah sie am Tag meiner Ankunft vor dem Tor. Man ließ sie nicht hindurch.«
»Ich habe einige von denen. Männer wie Weiber. Es streicht ja genug umher von dem Gesindel.«
»Das ist wahr. Sie wissen nicht, wie sie sich durchbringen sollen. Aber wo ist denn Eure Frau, die Tochter des Küchenschreibers?«
»Sie ist in der Schloßküche und hilft dort aus. Es gibt heute viel zu tun, da die Frau Gräfin ein gewaltiges Essen geben will, wie es seinesgleichen noch nicht gesehen wurde.«
»Aber wie kann sie das? Ihr sagtet, die Taler wären im Schwinden begriffen.«
Jetzt machte Heydekampf ein ärgerliches Gesicht. »Es ist wahr. Ich warte schon drei Monate auf mein fälliges Salär, aber für die Tafel ist immer noch etwas da. Es geht eben alles auf Pump. Sie borgt sich überall etwas aus und hofft

wahrscheinlich, von ihrem Herrn Vater eine Zuwendung zu bekommen, wenn sie ein recht üppiges Fest gibt.«

»So, hat sie sich übernommen mit diesem Schloß?«

Heydekampf antwortete mit gesenkter und halblauter Stimme, doch erst, nachdem er einen Blick in das Lusthäuschen geworfen hatte. »Um es geradeheraus zu sagen: Sie steckt in Schulden bis über beide Ohren und knausert nun mit jedem Groschen wie eine Haushälterin, die zu Markte geht. Da wollte ich Pflanzen und Sämereien von Erfurt kommen lassen. Sie ließ es nicht zu. Es soll alles aus dem Schloßgarten in der Stadt genommen werden. Der Kräutergarten durfte gar nichts kosten. Was dort wächst, hab' ich der umliegenden Natur entnommen oder mir vom Thüringerwaldgebirge bringen lassen. Sie will, daß es am Ende sogar etwas abwirft. Es soll soweit kommen, daß sich das Lustschloß selbst versorgen kann. Auch trägt sie sich mit dem Gedanken, am Ende jenes Tals dort«, Heydekampf wies nach links, wo der Weg nach Gehren in den Wald führte, »eine Manufaktur zu errichten, in der Töpferwaren hergestellt werden. Die gedenkt sie dann mit gutem Gewinn zu verkaufen. Ob ein solches Vorhaben etwas abwirft, steht freilich noch dahin. Der hochfliegenden Pläne gibt es viele, aber ob sie eines Tages Wirklichkeit werden, weiß Gott allein.«

»Ich überlege mir«, meinte Bach und sah dabei an der Oberndorfer Kirche vorüber auf den Weg, der von Angelhausen und von der Stadt her nach Oberndorf und zum Schloß führte, »was hinter all diesem Treiben steckt. Ein solcher Aufwand, wo es doch, wie ich inzwischen erfahren habe, einhundertdreizehn Zimmer im Neideckschloß gibt, ist wahrhaft erstaunlich. Warum stürzt sich die Frau Gräfin in derartige Schulden, wenn sie still und bescheiden im Stadtschloß sitzen oder dort von einem Zimmer ins andere gehen kann?«

Der Lustgärtner schwieg eine Weile und sah ebenso wie Bach auf den Weg bei Angelhausen, wo Staubwolken in die Höhe stiegen und von einem schwachen Wind über abgeerntete Felder getrieben wurden. »Jetzt scheint die Kavalkade zu kommen«, meinte er. »Wenn ich's wüßte«, fuhr er fort, »würde ich Euch sagen, was dahintersteckt. Ich kann es mir nur so erklären, daß die Frau Gräfin, als sie noch ein Kind war, in einem ebensolchen Schloß inmitten der Natur gelebt hat. Es hat wohl sogar ähnlich ausgesehen. Ich hörte nur, daß sie immerfort während des Baues von Salzdahlum gesprochen hat, wo sie aufgewachsen ist und wo es sehr schön sein soll.«

»Dann kehrt sie vielleicht auf diese Art in ihre Kindheit zurück!«

»In ihre Kindheit zurück? Es wäre wohl übertrieben, wenn man das sagt, und närrisch dazu. Sie geht ja schon stark auf die Vierzig. Mit siebenunddreißig Jahren denkt man an keine Kindheit mehr. Aber die hohen Herrschaften kommen tatsächlich. Seht Ihr!« Er wies auf den Weg, wo vor der Staubwolke eine Kalesche auftauchte, die mit sechs Pferden bespannt war. Dahinter schienen noch weitere Wagen zu rollen, da immer neuer Staub aufgewirbelt wurde. Bach hörte die Signale der gräflichen Trompeter, von denen jeweils einer auf den vorderen Gespannen saß. Er reichte dem Lustgärtner die Hand. »Da muß ich wohl, ob ich will oder nicht, hinab in den Festsaal.«

»Ja, Ihr geht durch den Eingang zum Nordflügel und von dort auf die Galerie, da hat die Kapelle ihren Platz. Ihr könnt von da aus geradenwegs auf die Festtafel blicken während des Spiels. Auf die Art nehmt Ihr auch an der Tafel teil.«

»Was nützt mir das? Ich muß bis in die Nacht hinein fiedeln, daß mir die Hände schmerzen mit der Zeit.«

Heydekampf lachte. »Ihr werdet schon eine halbe Stunde Zeit finden, Euch den Bauch vollzuschlagen. Außerhalb des Schloßhofes, an der Südseite neben der Küche, gibt es eine Tafel für die Bedienten mit genügend Bier und mit einem halben Ochsen, soviel ich weiß.«
»Einen Gruß, Herr Vetter, an Maria Viktoria, falls ich sie nicht zu Gesicht bekomme.«
»Ihr werdet sie sehen, wenn auch nur von oben. Sie trägt ja mit auf bei der Tafel, während ich mich um das Feuerwerk kümmern muß.«
»Ein Feuerwerk gibt es auch?«
»Und was für eins, es soll eine Überraschung werden für den Herrn Vater aus Wolfenbüttel.«
»Man könnte sagen, die Frau Gräfin tut so, als säße sie in der Wolle, aber in Wahrheit ist es nur viel Geschrei und wenig Ei.«
Wieder lachte Heydekampf. »Es ist so wie mit unserem Wein. Die Trauben schauen prächtig aus, aber was am Ende herauskommt, läßt einem die Gedärme zusammenschrumpfen.«
Staubwolken und Kaleschen kamen näher. Bach sah, wie die Wachen das schmiedeeiserne Tor zum Schloßhof aufrissen und sich postierten. Er nahm hastig Abschied von dem Lustgärtner und lief denselben Weg zurück bis zum Eingang des Nordflügels. Dort blieb er stehen und sah auf die Kaleschen, die lärmend vorüberrollten, unterdes die Trompeter bliesen, was das Zeug hielt. Sie saßen staubbedeckt und verschwitzt auf ihren Gäulen und reckten die Instrumente gen Himmel und stracks in die Sonne, als wollten sie mit beiden konkurrieren. Im ersten Wagen saß der Herzog, hageren und faltigen Gesichts saß er neben einem Frauenzimmer mit aufgetürmter Frisur. Das war offenbar seine Tochter, die Gräfin. Sie wies mit der Hand zum Schloß hin, während der Wagen

vorüberglitt und der Herzog ihr zunickte mit einem müden Lächeln im Gesicht. Darauf folgte Wagen auf Wagen, und alle rollten sie in den Schloßhof und um die beiden Quartiere, die sich auf ihm befanden. Eine Kalesche jedoch, sehr viel geringer als die anderen, hielt unmittelbar vor Bach. Heraus stiegen hastig der Kapellmeister Gleitsmann und der Küchenschreiber Herthum.

Einweihung der Augustenburg

Sie gingen gemeinsam durch den Eingang und entlang der Schloßhofmauer, sodann über eine Treppe zur Galerie über den Festsaal, wo bereits die anderen Musiker samt den Schülern sich versammelt hatten. In der Mitte der Galerie befand sich eine Auswölbung. Das war der Platz für die Kapelle. Er wurde erhellt durch ein breites, niedriges Fenster zur Sonnenseite hin. Ein Strom gleißenden Lichts fiel hindurch, lag auf den Notenpulten und Instrumenten und verlor sich in den hohen Fenstern und Türen des Festsaals gegenüber auf der Gartenseite. Bach sah staunend auf den silbernen Saal, sein Kopf befand sich wenige Fuß unter der Decke, und er sah sie als einen schwebenden Himmel aus silbrigem Weiß, unter der drei riesige Leuchter schwebten, die nur aus glitzernden, geschliffenen Gläsern bestanden. Er trat an die Balustrade und sah hinab. Rechts und links an den Schmalseiten des Saales befanden sich die Kamine, marmorne Ungetüme, von Atlanten mit grimmig trotzigen Grimassen halbwegs in den Raum geschleppt. Jeweils einer der muskelbepackten Männer glotzte dabei auf den ausgelegten Fußboden mit schönen weißen und rotbraunen Hölzern, der andere hingegen starrte wie in wilder Wut wegen seiner ungefügen Last auf die Leuchter, gleichsam in Furcht, von ihnen alsbald erschlagen zu werden.

An der Stirnseite der langen, weißgedeckten Tafel standen drei prächtig ausgezierte, mit Armlehnen und hohen Rükkenlehnen versehene Stühle, von denen jener in der Mitte ein wahres Wunderwerk war. Ein geschnitzter Adler flatterte am Ende der Lehne, als wollte er sich gleich gefräßig auf die Tafel stürzen. Dies war offenbar der Platz für den Herzog Anton Ulrich, während die beiden anderen, geringeren, dem Graf und der Gräfin vorbehalten waren. Im roten Leder der Stühle schienen sich die Leuchter zu spiegeln, und Bach erinnerte sich an Celle und Weimar, wo er ähnlichen Prunk gesehen hatte.

Er bekam seinen Platz zugewiesen, der günstig war, weil er nahe an der Balustrade stand. So hatte er, wenn er am Notenpult vorübersah, geradenwegs die Tafel vor Augen und vor allem die Stirnseite mit den prächtigen Stühlen. Blickte er ein wenig höher, sah er durch Fenster und geöffnete Türen auf die Terrasse und in den Garten bis zu jener Stelle, wo eben noch die Sonne den bizarren Schatten des Schloßdaches auf die ersten vier französischen Quartiere warf.

Saal und Terrasse waren wie leer gefegt. Die Kavaliere und Damen schienen sich allesamt in den vorderen Räumen zu befinden und sich dort ein Stelldichein zu geben. Ein paar Bediente stellten jetzt blitzende Gläser und Kelche auf Konsoltische, verschwanden aber sogleich wieder. Die Musiker stimmten ihre Instrumente, und Bach hörte, wie dem Fagott des Schülers Geiersbach gräßliche Töne entfuhren. Zwei livrierte Türsteher kamen durch den Bedienteneingang neben dem Kamin in den Saal und nahmen an der großen Doppeltür zum Entree hin Aufstellung, wobei der eine, Bach sah es von oben herab, ein letztes Stäubchen, das offenbar von seiner gepuderten Perücke auf den Rock geraten war, sorgsam hinwegblies. Sodann erschienen, ebenfalls durch den Bedienteneingang, vier gräfliche Trompeter, von denen sich jeweils zwei vor die Kamine stellten. Sie hatten inzwischen allen Staub entfernt und standen nun stramm und propper und zu allem bereit vor den Atlanten.

Der Direktor der gräflichen Kapelle gebot Schweigen. Die Instrumente verstummten, und gespannte Stille herrschte im Saal. Wenige Fuß vor Bachs Augen, da, wo die glänzende Kette des einen Leuchters aus der Decke hing, schwankte ein Spinnennetz wie in einem leisen Luftzug mit unablässig gleichen Bewegungen hin und her, als würde es sanft gewiegt. Er sah die Spinne, die reglos und wie träumend am Rande saß und sanft mitschaukelte. Sie wußte nichts von dem, was sich gleich unter ihr ereignen würde, und Bach dachte sich, daß es vielleicht das einzige Wesen in diesem Raume war, welches ohne Abhängigkeit vom Hof und von dem Geschehen rundherum weiterlebte und unbeeinflußt seinen Geschäften nachging.

Und wie er's dachte, rissen die Türsteher die Flügeltüren auf, und herein strömten unter beständigem Sprechen und Kichern und Gemurmel die Hofleute, Kavaliere und Damen, von denen Bach einige schon auf der Terrasse erblickt hatte. Von oben gesehen erschien dieses Hereinströmen als etwas Phantastisches, als flössen Wellen in den Saal, da man zuvörderst die Perücken und aufgetürmten Frisuren sah, die sich stoßweise in den Saal ergossen wie flockiger, weißer Schaum auf quirlendem Wasser.

Und wie beim Wasser hinter einer plötzlich geöffneten Schleuse, ging das zuerst heftig vor sich, als könnten sie nicht schnell genug an den Trog kommen, doch schließlich verlor sich der Strom in dem großen Saal und sammelte sich truppweise in Ecken und an passenden Plätzen, wobei recht viele Ohs und Achs zu hören waren wegen der Schönheit des Raumes und wegen der hohen Spiegel, in denen sich die Gäste vervielfacht sahen und wo sie sich mit aller gebotenen Eitelkeit bewunderten. Die Musiker hatten das Vergnügen, eine schon etwas gealterte Hofdame mit ihrem geradezu eulenhaft hageren Gesicht zu bewundern, die es so weit trieb, sich vor ihrem eigenen Spiegelbild zu verbeugen, was aber wohl daran lag, daß sie blöden Gesichts war und sich nicht recht erkennen konnte oder vielmehr verwundert zu sein schien wegen der Person, die da wie ein Schreckgespenst vor ihr auftauchte.

Hinter Bach begannen die Schüler zu lachen. Dies wußte jedoch der Herr Stadtkantor sofort zu unterbinden. Er fuhr sie an wie ein Magister, der in Wut geraten war wegen des Unvermögens der Zuhörer, seine Philosophie zu begreifen. So schwiegen die Schüler auf der Stelle still, zumal in diesem Augenblick ein lautes Poltern unter ihnen erscholl, womit der Oberhofmeister von Rosenhof, ein Kavalier von Gravität und Würde, kundtat, daß jetzt die hohen und höchsten Herrschaften den Saal betreten würden. Flugs eilten die Höflinge von Spiegeln und Gesprächen hinweg zum Eingang, Knistern und Rauschen erhoben sich, wie durch Zauberhand entstand ein Spalier, die Damen auf der einen, die Kavaliere auf der anderen Seite. Rosenhofs Stimme ertönte laut und herrisch und flog über die Tafel und bis hinaus auf die Terrasse. »Es erscheint der Hochgeborene und Ehrwürdige Fürst, Seine Durchlaucht Herr Herzog Anton Ulrich der Zweite von Braunschweig-Wolfenbüttel.« Wieder erscholl das Poltern des Zeremonienstabes. »Sowie unsere liebwerte und hochgeborene fürstlich-gräfliche Herrschaft, Herr Graf Anton Günther der Zweite von Schwarzburg-Arnstadt.« Erneutes Aufstampfen des Stabes. »Sowie die hochverehrte Gastgeberin Fürstin und Gräfin Augusta Dorothea von Schwarzburg-Arnstadt.«

Schweigen im Saal. Ferne, immer näherkommende Schritte mehrerer Personen, dem Spalier stockte der Atem, während die Trompeter die Luft einsogen und mit vollen Backen und erhobenen Instrumenten vor den Kaminen standen. Die Spinne schaukelte sachte und noch immer wie im Traum oder Schlaf. Der Herzog, einen Schritt vor Graf und Gräfin, trat in den Saal. Einer der Trompeter, die linke Hand erho-

ben, warf sie heftig nach unten, als wollte er sie auf den getäfelten Fußboden schmeißen, und alle vier bliesen zur selben Zeit ein majestätisches Signal, so laut und so durchdringend, daß die Spinne jäh zusammenfuhr und aufschreckte, irritiert in die Runde sah und, wie es schien, nach allen Seiten zugleich davonzulaufen versuchte, endlich aber, wie in zitternder Angst, immer kleiner wurde und zu einer winzigen Kugel verkümmerte. Unter ihr indes rauschte und knisterte Seide und Damast, die Hofdamen sanken zu Boden, und die Kavaliere scharrten nach hinten aus wie die Hofhunde mitunter, wenn sie etwas Unangenehmes zudecken wollen. Der Herzog aber samt Graf und Gräfin schritten stolz und würdevoll durchs Spalier, und ihre Köpfe neigten sich huldvoll mal nach der einen und mal nach der anderen Seite, während die Trompeter noch immer standen wie posaunenblasende Engel und mit roten Gesichtern die Instrumente traktierten, als ginge es um ihr Leben.
Wie Bach gedacht hatte, setzte sich der Herzog auf den mittleren Stuhl. Der Adler auf der Lehne sah aus, als wolle er nunmehr auf des Herzogs mächtige Perücke flattern. Mein Gott, fuhr es Bach durch den Sinn, die Gräfin hat ja ein Doppelkinn, daß man sich fürchten möchte. Es war von oben recht majestätisch anzuschaun.
Während nun die Gäste sich plazierten, sobald die hohen und allerhöchsten Herrschaften sich niedergelassen hatten, erhob sich die Gräfin, die Dienerschaft tappte sachte im Saal umher, mit gefüllten Gläsern auf Tabletts, wartete schweigend, die Gräfin sprach und begrüßte ihren Herrn Vater, sodann die Gäste und wünschte dem Haus allezeit Glück und Bestand. Flink bot die Dienerschaft den Wein dar, alles erhob sich, sogar der hochverehrte Herzog stemmte sich mühselig empor, hielt seinen besonders schönen, mächtigen Willkomm, einen geschliffenen und geätzten

Kelch, in die Höhe, und alles trank sich zu, während die Trompeter ein erneutes Signal, jedoch lustiger als vorher, hinauf zur Saaldecke bliesen.
Fast übersah Bach das Zeichen des Herrn Gleitsmann. Der schwang seine Notenrolle und bat, sich bereitzuhalten. Wieder lief die Dienerschaft und sammelte die Gläser ein. Die Trompeter schwiegen. Herr von Rosenhof stand jetzt neben dem Ausgang, der zur Küche führte, blickte durch die geöffnete Tür, wandte sich um und schrieb über die Tafel: »Podage de petit pigeon!« Da gab der Herr Gleitsmann das Kommando, und sie spielten wie besprochen, verhalten, mäßig laut, damit die Damen und Herren der Konversation nicht zu entbehren brauchten. Bach fiedelte und sah am Notenständer vorüber auf die Tafel. Da liefen sie zu beiden Seiten mit silbernen Wasserbecken, in die Kavaliere und Damen die Hände tauchten, eigentlich aber nur die Fingerspitzen, um sie vor dem Mahl zu säubern. Hintennach kam die Taubensuppe, zuerst dem Herzog, dem Graf und der Gräfin präsentiert. Gott, wie zappelten da die Zungen, als Augen und Nasen die Suppe sahen und rochen. Selbst ihm, Bach, lief das Wasser im Mund zusammen, und er dankte Gott, daß er in diesem Augenblick nicht Trompete blies, sondern die Geige strich. Und er hatte den Eindruck, daß sogar die Spinne in ihrem Netz, das heftiger schwankte als zuvor, ihre Angst überwunden und sich wieder zu ihrer natürlichen Größe entfaltet hatte, hinabglotzte auf die Tafel und in die Suppenschüsseln, aus denen ein lieblicher Duft in die Höhe und bis zur Decke stieg.
Der Herzog war, wie Bach sah, leider Gottes ein schneller Esser. Sowie er den Löffel auf den Teller schmiß und sich zurücklehnte, taten es ihm alle andern nach, gleich, ob sie ihre Portion geschafft hatten oder nicht. Es blieb ihnen nichts anderes übrig.

Erneut wurde Wein gereicht, ein rheinischer offenbar, nach der vergnügten Miene zu urteilen, die der Herzog machte. Flugs hob er das Glas in die Höhe, wartete artig, bis alles seinen Teil bekommen hatte, und trank auf das Wohl seiner Tochter, seines Schwiegersohns und darauf, daß dieses schöne Haus einen langen Bestand haben möge und allen zur Freude gereiche. Er soff das Glas aus im Augenblick eines Bogenstrichs, und Bach sah verwundert, wie er's kopfüber auf den Tisch stellte und aufmunternd die Damen und Herren inspizierte, ob sie ihm auch recht Bescheid gegeben hatten. Dies war im großen und ganzen der Fall. Es waren offenbar alles starke Trinker am Tisch. Nur die hagere Hofdame, die leider mit dem Rücken zu den Spiegeln hin saß und sich so nicht mehr bewundern konnte, bekam wohl einen Schluck in den falschen Hals, lief unter Prusten und Husten und unter dem Gelächter ihrer Nachbarn blau und rot an und mußte eilends hinausgeschafft werden, wo sie sich aushusten konnte. Aber sie war schnell vergessen, da der Herr von Rosenhof sich wiederum postierte und seine laute Stimme erneut vernehmen ließ: »Saumon à la Arnstadt sauce aux fines herbes!«

Und wieder zappelten alle Zungen den berühmten Lachsen aus dem kristallenen Gerafluß entgegen, die mit einer gewissen geheimnisvollen Arnstädter Kräutertunke zubereitet waren, berühmte, wohlschmeckende Lachse, von denen gerade vor wenigen Tagen ein halbwüchsiger Schlingel einen vier Fuß langen herausgezogen hatte. Er hätte dabei fast sein Leben verloren, weil der Lachs sein Element nicht verlassen wollte. Aber was nützte es ihm. Jetzt wurde er, tot und dennoch auf feine Art zurechtgestutzt und zubereitet, als lebe er noch, auf einer riesigen Platte hereingeschleppt und dem Herzog vorgewiesen. Graublau schimmerte der Rücken, silbrig glänzten die Seiten mit schwarzen Punkten,

und ein wenig war noch zu bemerken von der Kraft und der Herrlichkeit seines schönen, schlanken Körpers, als wäre er noch imstande, mit einer letzten Anstrengung und einem gewaltigen Satz emporzuschnellen und vor der endgültigen Zerstörung davonzufliegen, zurück in sein Element und in den heimatlichen Fluß. Wenn er doch davonflöge, dachte Bach und fiedelte traurig seinen Part an der Dresschen Tafelmusik, wenn er über den Tisch flöge und durch eine der offenen Türen hinaus in den Garten bis hin zur Fontäne, die immer noch emporschoß und träge herabplätscherte.
Aber alle Hoffnung war umsonst. Der schöne Fisch verlor alle Grazie und Kraft und sein prächtiges Farbenkleid dazu. Messer fuhren in sein Fleisch und rissen es auseinander, und mit ihm wanderte nun alles Leben und alle Schönheit in den Bauch des Hofes. Was blieb, war ein Haufen Unrat, der unter Bachs Geigenspiel aus dem Raum geschafft und weggeworfen wurde. Irgendwo in der Stadt aber hockte vielleicht der zwölfjährige Schlingel und war stolz auf seine Tat und auf die paar Groschen, die er vom Küchenschreiber erhalten und seiner Frau Mutter abgeliefert hatte.
Wieder wurde Wein getrunken. Diesmal gab der Herr Reichsgraf das Kommando. Wie er den Kopf hob und das Glas ansetzte, sah Bach die gerade Linie von Stirn und Nasenrücken des Grafen. Es war, als gingen Stirn und Nase nahtlos durch die zusammengewachsenen schwarzen Augenbrauen ineinander über. Unter allem war der Wein im Glas zu sehen, der unter der Nase in den Mund floß, was so aussah, als flösse er in die Nasenlöcher.
Von der Gräfin nun war einiges zu erblicken, von dem Bach sich zugestand, daß es ihn ziemlich verlegen machte. Ihre Brust nämlich war regelrecht erhebend, so daß er den Eindruck hatte, daß er ihr bis zum Nabel sah. Aber ob er auch sein rechtes Auge – das linke schweifte hin und wieder

übers Notenblatt, mußte es aber nicht, da es ihm vorkam, als könne er alles auswendig –, ob er also das rechte Auge auch wegwenden mochte, es fiel auf nichts anderes als auf die entblößten und schamlos hergezeigten Brüste der Hofdamen. Die Kavaliere am Tisch sahen längst nicht so viel wie er, und da es ihm schließlich zuviel und überdrüssig wurde, weil alles Schamlose und Sündige in ihm eine Irritation hervorrief, eine Scham wegen der Schamlosigkeit und Sünden der anderen, deren er sich schämte vor Gott und vor den Geboten, sah er schließlich mit beiden Augen auf das Notenblatt, auf dem die Dressche Musik aufgezeichnet war. Da empfand er, daß sie aufhörte, wie sie anfing. Alles auf einer Leier. Überflog er die ersten zehn Noten, wußte er, wie's weiter ging, es war überall das gleiche, und diese Musik war weiß Gott ein rechter Hintergrund für Saufen und Fressen. Sie schmeichelte dem Ohr, kitzelte es ein wenig aus der Ferne und mit immer den gleichen Wiederholungen und war im Grunde so nutzlos wie die Fontäne im Garten.

Er sah von den Noten weg und hin zur Spinne. Sie war verschwunden. Hatten ihr die Töne der Musik oder das Gemurmel der Stimmen Unbehagen bereitet? Jetzt entdeckte er sie. Die Spinne war im Begriff, sich an einem langen Faden der Tafel zu nähern. Die Sonne schien noch immer durchs Fenster und über die Kapelle und ließ ihn, den Faden, silbrig glänzen, als wäre er selbst ein haarfeiner Sonnenstrahl. An ihm ließ sie sich hinab mit behenden Bewegungen und scheinbar voller Neugier auf das wogende Leben und auf den Lärm unter ihr. Um Gottes willen, dachte er und sah, wie sie mit zunehmender Geschwindigkeit sich der Tafel und den hochaufgetürmten Brüsten einer Hofdame näherte und wie sie, als wolle sie auch ihren Teil abhaben und könne nicht länger warten, in geschäftiger Eile an

den plötzlich aufgerissenen Augen der Dame vorüber in ihren Ausschnitt plumpste oder glitt, um dort vielleicht das ihr eigene Kunstwerk zu weben.
Ein spitzer, hoher Schrei erklang. Die Dame schoß in die Höhe, aller Fisch blieb in den Mündern stecken und lag dort unbewegt, sie beugte sich schreiend vornüber, als wollte sie die Spinne herausschütteln, aber was herausfuhr, waren die wie trunken taumelnden Brüste der Hofdame, die aussahen, als wären es ins Riesenhafte vergrößerte Malteser Pomeranzen. Gott, welche Lache jetzt über den Tisch fuhr und hoch zur Kapelle, die daraufhin einen Bogenstrich lang ins Stocken geriet, dann aber unter dem donnernden, andauernden Gelächter flugs wieder einsetzte und mit unverminderter Kraft ihren Part zu jenem Gelächter beitrug.
Und wie es verebbte mit zunehmender Neugier auf das arme Tier, das vielleicht ein wenig Wärme und Geborgenheit suchte und deshalb noch immer dazwischen und eingeklemmt saß, faßte der nebenan sitzende Kavalier sich ein Herz, erhob sein Glas und goß den Inhalt, da niemand das Tier anfassen mochte, den schönen rheinischen Wein goß er zwischen beide Pomeranzen, um es herauszuschwemmen. Dies gelang ihm auch, denn ebenso trunken wie die taumelnden Brüste fiel das Tier auf den weißgedeckten Tisch, wurde vom Fuß des Glases jenes tapferen Kavaliers zerquetscht und blieb als schwarzer Fleck auf dem Damast zurück, während die entsetzte Dame eilends ihre Brüste hinter das Mieder stopfte und sodann erst in Ohnmacht fiel.
Bach, der viele Minuten lang seine Einsamkeit mit dem Tier geteilt hatte und dem die Spinne fast zur Freundin geworden war, sah, was von ihr übrigblieb, diesen häßlichen, zerquetschten Tierkörper sah er auf der weißen Tafel, und es war viel mehr für ihn als jener Haufen Unrat, der vom Fisch übriggeblieben war. Die Spinne war vielmehr eine Schöp-

fung Gottes, weil er eine Weile mit ihr im Einvernehmen gelebt hatte und jetzt noch einsamer war als vorher.
Wie so oft, erfaßte ihn ein Gefühl der Beklemmung, der Gedanke auch, daß er hier am unrechten Platz saß. Die Musik, die er machen mußte, hatte nichts mit ihm zu tun und die Vorgänge an der Tafel unter ihm ebensowenig.
»Cimier de sanglier au sauce noir«, schrie der Oberhofmeister, und schon glitt der Wildschweinrücken auf seiner silbernen Platte in den Saal mitsamt dem Schweinskopf auch noch, von dem die knöchernen Hauer und die schwarzen Knopfaugen starr sich nach oben richteten wie in Zorn und Wut und letzter Verzweiflung, als befände sich nun das Opfer zwischen seinen Jägern, die es mit Halali begrüßten und auch im Tode noch darauf einstachen und sich mit ihm verlustierten und es verhöhnten. Und Bach schien es, als erlebe nicht nur das Tier seine endgültige Zerstörung, sondern auch die Musik, wie elend die Dresschen Noten auch waren. Der Fagottist, dieser erbärmliche Schüler Geiersbach, blies so falsch, daß es ihn erbarmte, aber mitnichten wurde es bemerkt, und Bach spürte, daß keine einzige Note von denen da unten gehört wurde und daß sie nur eine Art rauschender Hintergrund für eine Orgie des Saufens und des Fressens war, denn mit wachsendem Weingenuß wurden Reden und Zuprosten lauter und unbeherrschter, die Herrschaften fielen sich ins Wort und hörten nicht mehr aufeinander, Schreien und Klirren erfüllten den Saal, immer mehr Gläser zerbrachen, die Dienerschaft lief vergebens um die Tafel mit den Wasserschüsseln, da keine Person sich zwischendurch mehr die Hände wusch, der Oberhofmeister vom Rosenhof nur stand wie ein Fels im Getöse und verkündete unbeirrt die Gänge: »Filets de faisan à la financière, Aloyau de bœuf à la flamande, Jambon roulé à la thuringe, Salsifis frits, Omelette aux confitures, Tortelettes aux noix.«

Was haben diese Menschen für einen Gott, dachte Bach zwischen dem Rollschinken aus Thüringen und den gebackenen Schwarzwurzeln. Es muß ein Gott der Kehle und des Magens sein, kein anderer. Und er spielte seinen Part am Clavicord, die Musik des François Couperin erklang im neugebauten Lustschloß einer gefürsteten Gräfin im Thüringischen, die, wie man sagte, viel Sinn hatte für die Kunst, aber die feine und zarte Stimme des Clavicords verhallte ungehört schon unter der Decke des Saals. Die Gräfin bemühte sich gerade, ihrem ebenso kunstliebenden Herrn Vater, der schon eine gewaltige Schnurre hatte, auseinanderzusetzen, daß sie ein ganzes großes Dockenhaus anfertigen wolle, ähnlich denen, wie sie im Holländischen üblich waren, und eine Manufaktur wolle sie auch ...

Ein paar Stühle weiter deliberierten zwei Herren miteinander, von denen der eine der Hofbaumeister des Herzogs war. Er hieß Hermann Korb, reiste in Begleitung seines Herrn und hatte die Zeichnungen für die Augustenburg geliefert. Und gerade während der Couperinschen Musik, die ihn mitnichten interessierte, erklärte er in entschiedenem Ton jenem anderen Kavalier, daß er entschlossen sei, den schönsten Bibliotheksbau Europas in Wolfenbüttel aufzuführen. Der geniale Monsieur Leibniz hätte ihm gewisse Vorstellungen davon mitgeteilt, sein Herr, der gnädige Herr Herzog Anton Ulrich, wäre, mit Verlaub gesagt, der größten Büchernarren einer, ach, was sage er, er wäre der Büchernarr überhaupt und müsse demnach auch die schönste Bibliothek in ganz Europa haben. Sein Gegenüber leider, ein Kavalier vom Hof in Sondershausen, hörte ihm gar nicht zu, sondern starrte mit abwesendem Blick auf die Hofdame, die vis-à-vis saß. Die fand er deliziös und wälzte Pläne im Kopf umher, wie er sie in den kommenden Nachtstunden ein wenig heimsuchen könnte. Hin und wieder nickte er zu Mon-

sieur Korb hin, mechanisch und wie eine Puppe. Nur ein einziges Mal, nämlich bei der Erwähnung der vielen Bücher des Herzogs, geriet ihm der Gedanke in den Kopf, daß Bücher so etwa das Unnützeste seien, was es auf der Welt gäbe. Den Monsieur indessen focht das alles nicht an, da er nichts davon merkte. Er redete mit Vehemenz und wie ein Wasserfall von den Wunderwerken, die ihm noch vor Augen stünden und der Verwirklichung harrten.
Unterdessen schwatzte noch immer die Frau Gräfin von der Tonwarenmanufaktur, die sie in der Nähe des Lustschlosses errichten lassen wollte, und verstieg sich ihrem Herrn Vater gegenüber zu der Meinung, daß so etwas Gewinn abwürfe. Ihr Ehegemahl hingegen, der rechts neben dem Herzog saß, machte zu den begeisterten Worten und zu dem erhitzten Gesicht seiner Angetrauten eine recht sauertöpfische Miene, da er offenbar an die vielen Taler dachte, die das Lustschloß der Gräfin bereits verschlungen hatte.
So ging es fort und immer weiter. Die Couperinsche Musik verklang ungehört, Bach erhob sich mit zusammengebissenen Zähnen und hörte den Lärm, der von der Tafel hochstieg und unter der Decke des Saales wimmelte, als ob er sich dort um das Mehrfache verstärkte. Die Gräfin hob die Tafel auf und bat zum Kaffee auf die Terrasse. Im allgemeinen Stuhlrücken und in den Aufbruch hinein tat die Kapelle auch weiterhin ihre Pflicht, indem sie die schöne Motette des Johann Crüger zu Gehör brachte. Die Sänger des Lyzeums der Stadt Arnstadt, hungrig wie die Wölfe, nachdem all die Herrlichkeiten unter ihren Augen im Bauch des Hofes verschwunden waren, sangen wütend ihren Groll von der Seele und aus ihren knurrenden Mägen, während die Kavaliere und Damen satt und zufrieden und schnatternd wie ein Schar Gänse, die eine recht nahrhafte Wiese verläßt, sich auf die Terrasse begaben.

Nun aber kam die Stunde der Domestiken. Die Musiker rannten in jene Ecke, wo Küchengebäude und Schloß zusammenstießen, außerhalb des Schloßhofes, wo ein Ochse am Spieß sich drehte und die Fetttropfen im Feuer zischten. Freilich waren die besten Stücke schon im Festsaal verzehrt worden, aber es blieb immer noch genug. Dazu floß das Dünnbier in reichlichem Maße. Die Musiker saßen mitsamt den Lakaien und Gartenarbeitern an zusammengenagelten Tischen und griffen zu, während nebenan, hinter der Gartenmauer, noch immer die keuchenden Ochsen ihre Wagen mit den Wasserfässern zum Berg hinauf zogen, damit die Fontäne fließen konnte. Im Westen, neben den drei Burgen, hockte rot und rund die Sonne direkt auf dem Horizont und sah aus, als glühe sie vor Wut und Scham über all jenes, was sie an diesem Tag gesehen hatte. Bach, unter immerwährendem Kauen, sah, wie sie in die Erde glitt und sich davonmachte. Voller Entsetzen, dachte er, macht sie sich davon. Was haben sie für einen Gott?
Die Bauern hinter der Mauer schlugen auf ihre Ochsen ein, die Schüler schmatzten wie die Schweine und warfen abgenagte Knochen von sich weg, und ein Stück weiter balgten sich zwei Hunde um das Weggeworfene, obwohl es doch genug für alle gab. Das helle Licht am westlichen Himmel, ein letzter Abglanz des Tages, warf den dunklen Schatten des Schlosses bis weit hinauf in den Garten zu den Traillehäusern und bis zum Oktogon des Lusthäuschens. Im Hain oberhalb der Käfernburg schrien bereits Nachtvögel. Dort befanden sich das Hochgericht und der Platz, wo die Hornemannin verbrannt worden und all die anderen Hexen.
Für wenige Minuten erschien der Oberhofmeister und mahnte alle zur Ruhe und Besinnung. Ein Lakai begleitete ihn mit einem Packen Bücher unter dem Arm. »Ihr lieben Leute«, schrie er, »unser hochgestellter Gast, Seine Durch-

laucht der Herr Herzog Anton Ulrich von Braunschweig-Wolfenbüttel, läßt im Namen und auf Anraten seines Herrn Bruders, Seiner Durchlaucht des Herrn regierenden Herzogs von Braunschweig-Wolfenbüttel, Rudolf August, dieses Handbüchlein gratis verteilen. Ihr sollt ebenso wie er nach dero christeifrigen Durchlesung und Betrachtung ein besonderes Bemerken haben auf christlicher Lehre deutliche Verfassung. Dies ist das evangelische Handbüchlein des Balthasar Mentzer, ein kurzer, aus Gottes Wort vorgezeigter Bericht von den Zehn Geboten, den Bildern, vom Brotbrechen, von der Art und Weise behutsamlich zu reden von der Person Jesu Christi, welches Seine Durchlaucht christmilder Güte den gemeinen Besten zu Dienst wieder ans Licht und unter das Volk zu bringen gnädig sich entschlossen hat.«
Der Lakai rannte umher und verteilte seinen Packen, und plötzlich sahen sich alle, wie aus heiterem Himmel heraus, zwischen Ochsenschlegel und Dünnbier, im Besitz eines Buches, und man sah es allen an, daß dies eine unerwartete Zunahme ihres bescheidenen Eigentums war.
Der Oberhofmeister verschwand, wie er gekommen. Alle hatten nach den ersten Worten des Herrn von Rosenhof ein erkleckliches Trinkgeld erwartet, die einen für ihren Schweiß in der Küche und im Garten und an der Tafel und die anderen für ihre Musik. Jetzt hielten sie ein Buch in den fettigen Händen, ein dünnes Kompendium von Fragen und Antworten, wie Bach gleich bemerkte, die Gesichter waren einerseits ratlos; vor allem bei jenen, die nicht lesen konnten, und andererseits voller Wut wegen des entgangenen Trinkgelds. Der Schüler Geiersbach schmiß seine Scharteke, nachdem er mühsam wegen des flackernden Lichtes ein paar Sätze gelesen hatte, heimlich über Hecke und Mauer jenseits des Gartens, wo noch immer die Ochsen keuchten, die freilich derartiges nicht benötigten.

Bach hatte den schnellen und gotteslästerlichen Wurf des Schülers mit Entsetzen bemerkt und sah nun auch mit geschärftem Blick und mit höchstem Erstaunen, daß die Tagelöhner aus Angelhausen und Oberndorf, Männer wie Weiber, erkleckliche Fleischstücke von dem Ochsen, dessen Größe sich mit sonderbarer Geschwindigkeit verringerte, heimlich über die Mauer warfen. Dahinter war ein Gerenne und Gelaufe zu hören, und es schien ihm, daß die halbwüchsigen Schlingel dieser Tagelöhner die höchst willkommene Beute aufsammelten und flugs nach Hause trugen. Er kniff sich in den Arm, um zu sehen, ob er nicht träume, aber es war alles Wirklichkeit. So sah er auf das Buch, schlug es auf und las unter dem flackernden Licht der Pechfackeln und des brennenden Feuers folgende Worte:
»Wie soll sich die Obrigkeit verhalten?
Den Gottesdienst mit Rat gottseliger Diener recht bestellen, Predigern und Lehrern in Kirchen und Schulen ihre Notdurft versorgen, gute Zucht, Ehrbarkeit und Frieden im ganzen Leben erhalten, die Gerechtigkeit handhaben, die Frommen schützen, die Bösen strafen und dem Vaterland in allem fleißig, treulich und wohl vorstehen.
Was ist der Untertanen Amt?
Sie sollen ihren von Gott vorgesetzten Obrigkeiten treu und hold sein, sie lieben und ehren und ihnen allen Gehorsam nach Gottes Gebot erweisen, ihnen williglich geben Geschoß, Zins, Zoll und andere Bürden tragen, die zu des Vaterlands Erhaltung und Aufkommen vonnöten sind, sollen auch Gott für sie bitten, daß sie gottselig, weislich und wohl regieren und Gottes Segen empfinden.«
»Die Herren Musicis auf die Terrasse.« Gleitsmann war herangekommen und drängte zur Eile. Gleich würde das Feuerwerk angezündet, da müßten sie parat stehen und es mit einer kapablen Musik begleiten. Sie holten die Instrumente

von der Galerie und postierten sich seitab von der Terrasse. Dort erging sich die Gesellschaft in der lauen Luft des Abends mit etwas wunderlichen Bewegungen, da die Mehrzahl der Kavaliere und Damen eine beträchtliche Schnurre mit sich herumtrugen. Der Widerspruch aber zwischen Wollen und Können war allen sichtbar. Die Schritte gerieten entweder zu kurz oder zu lang, das mühsam bewahrte Gleichgewicht kam immer ein wenig zu spät, und das tolle war, daß keine einzige Person dies für sich zugeben, sondern immerfort Haltung bewahren und mit der gleichen Gravität wie am Anfang des Festes einherschreiten wollte. So kamen groteske Verrenkungen zustande, die sich seltsam ausnahmen zwischen den brennenden Pechfackeln auf der Terrasse und der ebenso beleuchteten, rauschenden Fontäne.

Wieder nahmen die Trompeter Aufstellung und stießen ein schmetterndes Signal aus ihren Instrumenten. Gleich darauf schoß auf dem Berg, wo die Trümmer der Käfernburg standen, ein wirbelnder Feuerstrahl in die Höhe, man sah bizarre, halbeingestürzte Mauern und hörte ein Fauchen und Zischen, der Feuerstrahl teilte sich und schoß noch höher, und beide sprangen auseinander, der Knall kam ein wenig später und hernach ein heftiges Knistern und ein erneutes Zischen, weil immer von neuem Feuer in den Himmel stieg. Und jedesmal bekundeten vor allem die Damen ihre Furcht und ihr Entzücken in einem lauten und gemeinsamen Aufschrei. »Illustre!« rief eine der Hofdamen und reckte ihre Stupsnase in das bleiche Licht. Und eine andere, als wollte sie die erste übertreffen: »Ravissant, mon cher, ravissant!« Eine dritte gar geriet förmlich in Ekstase: »Raviver, raviver!« schrie sie und sprang dabei, als sei sie entschlossen, alle Contenance zu vergessen, regelrecht wie ein Kind in die Höhe. Und tatsächlich, als Bach genauer hinsah, bemerkte

er, daß sie nicht mehr als fünfzehn oder sechzehn Jahre zählen mochte.
Während all dem Getöse spielte nun die Kapelle ein paar schöne Stücke von einem gewissen Corelli und von einem mit Namen Torelli, beides Italiener. Bach kannte ihre Musik bereits von Celle her. Auch in Weimar war sie aufgeführt worden, und so gab sie ihm jetzt die Gelegenheit, ein vorzügliches Geigensolo hören zu lassen. Er spielte mit einer wahren Wut gegen das Knallen der Feuerwerkskörper an, unbeirrt und beharrlich und ebenso hingerissen von der Musik wie jenes Kind von Hofdame von den glühenden und wirbelnden Lichtern. Und tatsächlich, es gelang ihm, eine gewisse Aufmerksamkeit zu erregen. Zuerst sah der Küchenschreiber verwundert auf Bachs Bogenstrich, dann wurden die Gesichter seiner anderen Berufskollegen immer verzückter, und schließlich, gegen Ende des Solos, näherten sich die drei fürstlichen Personen der Kapelle. Der Herzog kniff die Augen zusammen und starrte offenen Mundes auf die rechte Hand Bachs, und seine Tochter, korpulenten Leibes und etwas watschelnd, trat noch einen Schritt näher, neigte den Kopf und stellte dem Küchenschreiber eine Frage. Der nickte heftig, woraufhin sie zurücktrat und ihrerseits dem Herrn Vater etwas ins Ohr sagte. Bach sah von all dem nichts, weil er, wie immer bei einem solchen Solo, ganz für sich war und weder etwas sah noch etwas anderes hörte als seine Violine.
Er ließ den Bogen sinken, die Kapelle setzte wieder ein, er hob den Kopf, gewahrte die Gräfin wenige Schritte vor sich und sah, wie sie die Hand hob und ihn dabei ansah, als wollte sie, daß er vor ihr erscheine. Da komplimentierte er sich nun zu ihr hin und sah in ein immer noch schönes Gesicht mit ausdrucksvollen Augen. Nur das Doppelkinn störte ein wenig.

»Monsieur Bach?« hörte er und nickte. »Allegretto di moldo. Caressant. Cela me plaît beaucoup. Monsieur père également.«

Bach beugte den Kopf, murmelte seinen Dank und komplimentierte sich ebenso wieder zurück. Die Gräfin hatte sich bereits abgewandt. Ihre Aufmerksamkeit galt einem rasenden Rad aus Feuer und Funken, mit dem das Spektakel seinen Abschluß fand.

Wie nun auch die Musik endete, entstand eine sonderbare Stille, die nur vom einsamen Rauschen der Fontäne erfüllt war. Die ersten Sterne waren hervorgetreten, rein und glitzernd und unberührt, als kümmere sie das Weltgetöse nicht, als sei dies da unten nur ein kurzes, vergebliches Aufbegehren von Licht und Feuer und menschlicher Unvollkommenheit gewesen, im Vergleich mit dem eigenen Licht und Feuer nur ein nutzloses, für Sekunden wirbelndes, leuchtendes Staubkorn, das schon gestorben und vergessen war. Sie, die beständigen Sterne, blieben vom Anfang bis zum Ende. Hinter der Fontäne und zu beiden Seiten der Terrasse hockte schon die Dunkelheit, und so war die Terrasse, beleuchtet von den Fackeln, wie eine Insel, von der aus man nur noch in den Himmel starren oder, wenn man wollte, in den Festsaal flüchten konnte. Bach hatte die Erfahrung gemacht, daß manche Menschen den Anblick des Nachthimmels nicht ertrugen, sie empfanden Furcht vor der Größe und der Allmacht, die sich über ihnen wölbte und auf sie herabsah und das in immerwährendem, unverständlichem Schweigen. So gingen auch jetzt die Damen und Kavaliere schnell in den Festsaal, wo die Dienerschaft die Talgkerzen auf den herabgelassenen Kronleuchtern anzündeten und sie wieder hochzogen.

Die Kapelle begab sich auf die Galerie, denn nun sollte der Tanz beginnen. Auf dem Weg fiel Bach ein, wie schnell er nach dem Lob der Gräfin alles Vorherige vergessen hatte. Es schmeichelte ihm. Aber was waren schon Worte. Entzükkend, es gefällt mir sehr, ebenso meinem Herrn Vater. Solche Worte kosteten sie nichts. Und doch, zum Teufel auch, sie gefielen ihm, weil sie bestätigten, daß er etwas konnte. Daß er mehr konnte als die anderen. Immer nach solchen Worten verlor er alles Mißtrauen und alle Vorsicht und schlug alle Erfahrungen in den Wind. Was für eine Servilität nach solchen Worten. Als sei er nicht mehr er, sondern ein anderer, beliebiger Lakai. Was war er doch für ein wandelbarer Mensch. Wie oft war er von Wut und Zorn und Trauer erfüllt und wie oft von kindlichem Glauben an das Gute im Menschen. Da war er weich wie Wachs und dumm wie ein Ochse, obwohl er doch wußte, daß er sich einzig und allein nur auf seinen Gott verlassen konnte, nicht aber auf schnell dahingesagte Worte, die nur Schall und Rauch waren.

Und so spielte er erneut im Zorn, aber während er vorher voller Wut auf das Feuerwerk den Bogen bewegt hatte, das seinerseits vergeblich gegen das Firmament anzukämpfen versuchte, richteten sich sein Zorn und seine Wut diesmal gegen die eigene Person oder vielmehr gegen dieses Wesen in ihm, das eitel war und hin und wieder devot und katzbucklerisch und gottvergessen rauskroch aus ihm bei derartigen schmachvollen Gelegenheiten. Voller Zorn war er auch, weil er dastand und unverdrossen die Geige strich zu jenen eitlen und dummstolzen Bewegungen und Figuren, die sich vorerst gemessen und gestelzt unter ihm vollzogen. Des Herzogs roter Rock mit den goldenen Tressen schwang steif und starr durch den Saal, seine Röhrenärmel mit den breiten goldverzierten Aufschlägen reckten sich von ihm weg wie bei einem Lump am Stock, der die Vögel zu verscheuchen hatte, und ließen die spitzenbesetzten Ärmel des seidenen Hemdes herausquellen. Über allem schwang die sehr blonde, gewaltige Perücke, die Perücke oben und die roten Absätze der Schuhe unten. All dem gegenüber knackten die eisernen Korsettstangen der Gräfin unter der erheblichen, schwellenden Brust, worauf das Doppelkinn ruhte, dem weiter oben die hochaufgetürmte, verdrahtete Frisur aufgesetzt war. Von der Galerie aus gesehen verkürzte sich dies alles auf seltsame Weise und verschmolz durch die vorgeschriebenen Schlenker und Schleifer und Drehungen zu ruckartig bewegten Farbklecksen auf dem ausgelegten Fußboden, wo die Hölzer rötlich-gelb schillerten und glänzten im Licht der Kerzen. Und der Herzog schleppte nicht nur seine Aufmachung und die Schnurre, die er hatte, sondern auch seine siebzig Jahre tapfer durch den Saal und durch die Couranten und Menuette mit all ihren Parties de Quantité, daß es höchlichst verwunderte, wie er das aushielt. Die Bourrée freilich wurde von ihm ausgelassen, da er zu jener Zeit schon wieder an seinem geschliffenen Glas hing und Rheinwein soff.

Die anderen hingegen, der ganze Hof sozusagen, nutzten die Gelegenheit wie eine Horde entfesselter Teufel. In wahrer Raserei sprangen sie durch den Saal, als liefe da eine Schar Hühner von einer Ecke in die andere. Die Kavaliere waren die Gockel, die krähend vornewegflatterten. Mitunter schien es, als fahre ein Habicht dazwischen und sprenge sie auseinander. So ging es fort bis zum Ende und bis zur Erschöpfung in einer Orgie von Lust und aufgesetzter, lärmender Heiterkeit, bis die vollen Gläser schließlich die Oberhand gewannen und einige Herren und Damen sogar zu einer gewissen Weinerlichkeit gelangten, so daß ihnen der Trübsinn aus den Knopflöchern kroch.

Da sahen die erschöpften Musiker ihren Herrn Kapellmeister an und meinten, es wäre schon nach Mitternacht und an der Zeit aufzuhören. Allen standen die Augen aus dem Kopf wegen des Qualms der Kerzen, der an der Decke des Saales hin und her wogte. Freilich wollten sich einige der Musicis, vor allem die Hoftrompeter, auch noch vollsaufen, was sie wahrscheinlich auch taten. Bach hingegen ging stracks aus dem Schloß, weg von der verstummten Fontäne, er hatte es abgelehnt, mit dem Küchenschreiber in die Stadt zu fahren, und gemeint, er wolle laufen. Und er lief denselben Weg zurück, diesmal unter den stummen, glitzernden Sternen. Diese Welt, dachte er, ist nicht meine Welt. Er sah hoch zum Firmament und sog die reine Luft ein, die ihn umgab.

Die Bestrafung

»Ein Unglück kommt selten allein.« Die Tante stand vor dem gemauerten Küchenherd und rührte in der Suppe. »Vorgestern traf es den August Melchior Schenke und gestern nachmittag die Schröderin aus der Rosengasse.«

Bach, der am Tisch saß, hörte nur mit halbem Ohr hin, da seine Gedanken bei dem Clavicord waren, das am Morgen eingetroffen war. Er hatte es zusammen mit dem Fuhrmann vom Wagen gehoben, auf dem es, in Stroh und Heu verpackt, gelegen hatte. Jetzt stand es oben in seiner Kammer. Bach sah noch immer die aufgehaltene Hand des Fuhrmanns vor sich, als der den Lohn verlangte. Er rechnete alle Kosten zusammen und kam zu dem Ergebnis, daß das Geschäft vorteilhaft gewesen war. »Was ist mit den beiden?«

»Der Schenke ist vorgestern nachmittag im großen Brauhaus an der Weiße in einen Bottich gefallen, in dem kochendes Bier war. Das hatte man eben hineingetan. Sie haben ihn schnell herausgezogen, und er ist noch nach Hause gegangen, aber gestern früh war er tot.«

»Und die Schröderin?«

»Die kam mit einer vollen Butte Kofent aus dem anderen Brauhaus an der Weiße. Eine Deichsel traf sie vor das Herz, warf sie übern Haufen, und das Rad ist über ihren Leib weggegangen. Zwei Stunden hat sie noch gelebt. Jetzt gibt es ganz lamentable Umstände in den Familien.«

»Die Stadt wird helfen!«

»Das wird sie nicht. Warum sollte sie? Die Kinder müssen sich durchbetteln, wie es eben geht.« Sie horchte auf den Flur hinaus. »Jetzt kommt Barbara Catharina mit der Waschlauge.«

Seine Base kam herein, roten Gesichts und ganz außer Atem. »Stellt Euch vor, Frau Mutter, was passiert ist!«

»Hast du die Lauge?«

»Ja, aber der Seifensieder in der Fleischgasse hatte keine. Ich mußte in die Rosengasse, und stellt Euch vor, da sitzt der Holzhäuser Schulze hoch zu Roß vor dem Lampelschen Haus, reitet auf und ab und flucht gotteslästerlich auf Lampels Töchter. Die beiden Jungfern stehen oben am Fenster und bewerfen ihn mit Birnen. Er kann kaum noch aus den Augen gucken. Sein Pferd ebenso. Mit der Zeit läuft die ganze Stadt zusammen. Die Leute wollen sich vor Lachen ausschütten!«

»Was ist denn passiert mit den Jungfern?«

»Der Schulze schreit fortwährend, sie hätten im Holzhäuser Feld zwei Kiepen voll Birnen gestohlen. Der Stadtleutnant mitsamt den Knechten ist auch schon da. Aber dem geht es ebenso wie dem Schulzen. Die Jungfern lassen sie nicht ins Haus. Sie werfen mit den Birnen und lachen zwischendurch, und der Schulze schreit, daß er sich einen Dreck um den Flurzug kümmern will. Er wird übermorgen nicht zum Grenzstein kommen, wenn sie nicht bestraft werden.«

»Das kann ich mir vorstellen. Da wird die Obrigkeit in Pressionen kommen. Dem Feldhaus wird das peinlich sein, ein solches Vergehen zwei Tage vor dem Flurzug.« Wieder horchte sie zum Flur hinaus. »Endlich kommt der Schlingel. Die Schule ist längst zu Ende.«

Christoffer trat ebenso aufgeregt in die Küche wie seine Schwester. »Die Stadtknechte haben die zwei Töchter vom Schreiner Lampel übern Marktplatz in das Rathaus geführt. Der Holzhäuser Schulze klagt sie an wegen Diebstahls und fehlenden Respekts gegenüber einer Amtsperson.«

»Du sollst nicht immer rumgaffen und Maulaffen feilhalten«, herrschte die Tante ihn an, »die Nachbarn denken sonst, es gibt keine Arbeit im Haus. Setz dich an den Tisch und halt den Mund.«

»Die Jungfern haben gebissen und getreten und dabei Rotz und Wasser geheult. Es gab einen Auflauf wie lange nicht mehr. Die Leute spuckten das Pferd von dem Schulzen an, aber bis hoch zu ihm hat sich keiner getraut.«

»Hältst du jetzt den Mund. Das Essen steht auf dem Tisch.«

Bach erhob sich. Sie standen und Barbara Catharina sprach das Gebet.

Nach dem Essen drängte Christoffer darauf, das Clavicord zu hören, und so gingen sie alle vier in Bachs Kammer. Er phantasierte ein wenig auf dem Instrument, nahm dann ein Notenblatt vom Tisch und spielte ein Stück, das ihm besonders gefiel. Es hörte sich an wie ein Zwiegespräch, verhalten und dennoch voller Spannung, die Läufe glitten dahin wie Perlen, und immer wieder tauchte eine bestimmte Melodie auf wie ein fernes Leuchten, bis schließlich, ganz unmerklich, ein fester Untergrund entstand, auf dem eine melodische Tonreihe sich erhob zu einem freudigen Schluß.

Eine ganze Weile war es still in der Kammer, dann fragte Barbara Catharina: »Hast du so etwas Schönes erfunden?«

Er schüttelte den Kopf und lächelte. »Nein, ich habe nur etwas dazugemacht und etwas weggelassen. Ihr solltet es einmal auf der Orgel hören. Es ist ein Vorspiel zum Choral ›Nun freut euch, liebe Christeng'mein‹ von einem gewissen Buxtehude. Er ist Organist bei Sankt Marien in Lübeck. Das ist einer, von dem man etwas lernen kann. Ich hab' die Noten in Lüneburg kopiert. Wollte gern zu ihm hin, bin aber nicht dazu gekommen.«

»Aber ungewohnt ist es doch«, sagte die Tante, »man denkt immer, jetzt beginnt der Choral, doch dann kommt wieder eine Verzierung. Wenn du das spieltest, wüßten die Kirchgänger nicht mehr, woran sie wären.«

»Aber schön ist es doch«, trumpfte die Tochter auf.

»Schön oder nicht schön«, die Tante wurde ärgerlich, »da oben am Meer können sie machen, was sie wollen. Du solltest lieber beim alten bleiben, Sebastian. Wie es die Leute gewohnt sind, ist es am besten.« Und damit ging sie wieder an ihre Arbeit zurück, nicht ohne die Tochter hinter sich herzuziehen.

Christoffer hingegen blieb, setzte sich vor das Clavicord und schlug ein paar Töne an. Bach beobachtete ihn schweigend und trat dann näher. »Wenn du spielen willst, Christoffer, dann mußt du von Anfang an alles richtig machen und auf die kleinsten Dinge achten. So sitzt du weder in der richtigen Höhe noch mitten vor der Tastatur. Hol etwas, was du dir unterlegen kannst.«

Christoffer, mit rotem Gesicht und voller Eifer, lief hinaus, holte ein Kissen und setzte sich erneut.

»So, jetzt ist es besser. Der Vorderteil der Arme muß um ein weniges herunterhängen. Und jetzt hältst du die Finger ganz locker und schlaff. Nicht steif machen und straff. Sie müssen ganz gelenkig sein.«

Bach nahm eine Hand Christoffers und zeigte ihm, wie sie in sich gelenkig sein müsse. Dann zeigte er es an der eigenen rechten Hand, und Christoffer wunderte sich, wie geschmeidig und elastisch er sie bewegen konnte. Sodann ließ er ihn wieder die eigene Hand ausstrecken und fragte, was ihm an den Fingern auffalle. Christoffer sah auf seine ausgestreckte Hand. »Ich weiß nicht. Sie sind kürzer als deine.«

»Ja, das auch. Aber siehst du nicht etwas, was auf alle Finger zutrifft? Sie sind verschieden lang. Das ist es, was für die Applikatur höchst ungünstig ist.«

»Was ist das, Applikatur?«

»Das ist die Fingersetzung, die Art und Weise, wie man Finger und Tasten zusammenbringt. Du mußt, weil sie verschieden lang sind, sie in eine Stellung bringen, daß sie gleich lang sind. Also müssen einige ausgestreckt und andere gekrümmt sein. Versuch es mal.«

Christoffer bemühte sich.

»Den Daumen auch. Der Daumen ist auch ein Finger. Er ist sogar ein Hauptfinger. Aber du spreizt ihn ja ab. Er muß bei den anderen Fingern bleiben und mitspielen.«

»Aber er ist ja zu kurz!«

»Das ist es ja. Du mußt alle Finger in eine Lage bringen, in der sie gleich lang sind. Wenn du den Daumen abspreizt, sind die Nerven steif, und die ganze Hand ist nicht geschmeidig.«

So ging es eine ganze Weile weiter. Schließlich sagte Bach: »Morgen machen wir weiter. Dann zeig' ich dir, wie es mit der eigentlichen Applikatur beschaffen ist und wie man die Finger untereinandersetzt und übereinanderschlägt. Und du mußt, wenn du ernsthaft lernen willst, deine Finger gelenkig machen. Sie sind viel zu steif. Sieh mal, man kann auch ohne Tasten üben, so daß sie gelenkig werden.« Bach bewegte die Finger wie auf einem imaginären Instrument und so schnell, daß man ihren Bewegungen kaum folgen konnte. »So, und nun geh! Bis morgen.«

Christoffer, mit zappelnden Fingern, ging hinaus, und Bach hörte, wie er schon im Treppenhaus seiner Mutter zurief, der Onkel wolle ihm Unterricht geben, jeden Tag eine halbe Stunde oder länger, wie er Zeit habe.

Später, nach einer Stunde etwa, hörte er durch das geöffnete Fenster die Trommel des Ausrufers vom Brunnen her, der ausgangs der Kohlgasse lag. Hernach schrie er etwas von einer verhängten Strafe. Bach ging hinunter vor das Tor, Christoffer stand neben ihm, und sie warteten auf den Mann, der die Kohlgasse heraufkam. In der Mitte etwa blieb er stehen, setzte ein wichtiges Gesicht auf und schlug

die Trommel. Sogleich streckten sich Köpfe durch die Fenster. Hof- und Haustüren öffneten sich. Es war eine ungewohnte Zeit für Neuigkeiten oder Bekanntgaben der Obrigkeit, da der Ausrufer zumeist erst am späten Abend erschien. Er zog, nachdem er sein Trommeln beendet, ein Schriftstück hervor und schrie, daß es von den Häusern widerhallte: »Zum ersten, ein hochedler, wohlweiser und wohlmeinender Rat gibt jedermann kund und zu wissen, daß heute abend, präzise sieben Uhr, am Korbteiche eine Bestrafung von Felddieben erfolgt. Die Bürgerschaft möge sich recht zahlreich einfinden des Exempels und der Warnung wegen. Zum zweiten: Die Nachtwächter Bertold Zimmermann, Hans Heinrich Rödiger und Hans Günther Werner beschweren sich, daß sie, als sie gestern nacht vor dem ›Schwan‹ elf Uhr gerufen, heimtückisch mit Degen angegriffen und verfolgt und mit Steinen beworfen wurden. Sie bitten um Mithilfe der Bürgerschaft, solche vermummten und verlarvten Nachtschwärmer ausfindig zu machen und zu benennen, da ansonsten sie den Dienst niederlegen und man sich andere Nachtwächter nehmen soll.«
»Wozu haben sie ihre Spieße? Sie laufen wie die Hasen!« schrie ein Knecht auf der anderen Straßenseite, der im Hoftor stand und seine Arme in die Seite stemmte. Weiter oben riefen zwei oder drei Leute, daß dies nur die gottlosen Schüler gewesen sein könnten, die den Nachtwächtern einen Streich gespielt hätten.
»Gehst du mit zum Korbteich?« fragte Christoffer.
»Ich? Was sollte ich dort?«
»Zusehen, wie man sie ins Wasser schmeißt. Voriges Jahr wäre ein Knecht aus der Fleischgasse beinahe ersoffen. Der hatte am Arnsberg Getreide gestohlen und zerknirscht und niedergebrochen. Auf dem Acker vom Bürgermeister Feldhaus.«

Bach sah auf den Jungen neben sich, der ihm, anderthalb Köpfe kleiner als er und in seinem Leinenkittel und der Hose, die gerade über die Knie reichten und die schmutzigen Beine und die nackten Füße sehen ließen, wie die kleine Erscheinung eines Erwachsenen vorkam. »Es macht dir wohl Vergnügen zuzusehen, wie jemand bestraft wird.«

Des Jungen Gesicht wurde ein wenig rot und verlegen. Er schwieg eine Weile und sagte dann trotzig: »Es macht allen Vergnügen, wenn ein Marktdieb ins Drillhäuschen vor dem Rathaus gesteckt und herumgewirbelt wird. Da gibt es auch jedesmal ein Gelächter.«

»Was kümmern dich die andern. Sie lachen aus Schadenfreude und weil es sie nicht getroffen hat. Sie weiden sich an dem Unglück der anderen. Hast du nicht eine eigene Empfindung, ganz von denen getrennt?«

Christoffer schwieg und sah auf einen alten Mann, der mit einer Kiepe auf dem Rücken die Kohlgasse hochkam und an ihnen vorüberlief. Die Leute in der Gasse grüßten ihn ehrerbietig, und er dankte freundlich nach rechts und nach links.

»Das ist der Doktor Axt!« sagte Christoffer, als er vorüber war und sich zum Neuen Tor hin entfernte. »Er läuft auf den Berg hoch und sammelt Kräuter. Die Frau Mutter sagt, er hätte ein Botanikbuch geschrieben. ›Florula Arnstadtiensis‹ soll es heißen.« Christoffers Stimme sank zu einem Flüstern herab. »Er kann hexen, gesund und krank machen. Er tut freundlich, ist aber einer, der die Menschen haßt. Nur die Pflanzen, sagt man, liebt er.«

Bach blickte hinter ihm her und sah, wie der Alte tapfer und unverdrossen durch den Torweg schritt mit seiner schaukelnden Kiepe und schließlich verschwand. »Dummes Zeug!« sagte er laut, »warum glaubst du solchen Unsinn, den andere erzählen? Du hast doch einen eigenen Kopf.

Oder trägst du ihn nur aus Zeitvertreib mit dir herum. Es hat dich nicht zu kümmern, was andere dir ins Ohr blasen. Selber sehen und selber denken, das mußt du tun.«

Jetzt wirkte Christoffer bedrückt und kleinlaut. Sie gingen zurück in den Hof, wo offenbar der Trotz wieder den Jungen übermannte. »Aber ich hab' doch eine eigene Empfindung, wenn sie bestraft werden!« rief er laut und blieb stehen.

»Gut«, sagte Bach, »wenn du eine eigene Empfindung hast bei dergleichen Sachen, will ich mitgehen zum Korbteich und mich mit dir über deine Empfindungen unterhalten.«

Er ging hoch in seine Kammer, und da der Fuhrmann aus Gehren anderntags wieder zurückfahren wollte – er sollte Pflanzen aus dem Arnstädter Schloßgarten in jenen nach Gehren transportieren –, setzte er sich an den Tisch und schrieb der Tante einen Brief. Zuerst saß er eine Weile mit erhobenem Federkiel vor dem leeren Blatt und dem Tintenfaß, sah aus dem geöffneten Fenster und hörte, wie Tante und Base im Hof die Wäsche wuschen und hin und wieder dabei schwatzten. Über den Dächern zitterte der kaum sichtbare Dunst dieses Tages, dünne Wolken feinen Staubes stiegen hoch, wo auf Höfen und in Scheunen Erntewagen abgeladen wurden. Die Geräusche der Arbeit kamen durch das Fenster samt dem Lachen und Weinen der Kinder. Von der Weiße her hörte er das dumpfe Poltern der Bierfässer, die Schläge von Pferdehufen und das Rollen der Wagenräder.

Er sah auf das leere Papier und begann zu schreiben:

Hochzuverehrende Frau Tante!

Zuvor meinen freundlichen Gruß und meinen Wunsch, Sie möge sich guter Gesundheit erfreuen. Hoffe sehr, Sie habe die Sendung der fünf Taler richtig erhalten und ausgefolgt bekommen. Was das Clavicord betrifft, so ist es heute wohlbehalten und in gutem Zustand eingetroffen und sogleich probiert worden. Das Instrument stehet halb vor dem Fenster. So kann ich es traktieren mit dem Blick auf Gottes schöne Natur. Das Holzhäuser Schloß erhebt sich in der Ferne, und die Berge stehen angenehm fürs Auge rechter und linker Hand. So kann ich jeden Tag gehörig arbeiten und vorankommen. Letztens, zur Einweihung des Lustschlosses der Frau Gräfin bei Oberndorf, hatte ich die Ehre, in die Hofkapelle aufgenommen zu werden und bei dieser Gelegenheit zu spielen. Die Frau Gräfin scheint der Frau Musika geneigt und hatte ein freundliches Wort für mich. Dennoch erfüllt mich eine gewisse Verstimmung, und ich kann nicht leugnen, daß des übrigen Hofes Verstand, was die Musen betrifft, nicht weit her ist. Was die Musik im besonderen angeht, habe ich freilich eine andere Meinung von deren Zweck und Bestimmung. Der Hof, hochzuverehrende Tante, wenn er auch anziehend und prächtig ist, scheint mit so viel Fallen und Schlingen versehen, daß ein christliches Leben ganz in Frage gestellt wäre. Ich will mich daher hüten und davor in acht nehmen.

Was nun das beiliegende Paketlein angeht, hochzuverehrende Frau Tante, so sind in ihm die restlichen vier Taler enthalten und ein schöner bronzener Doppelknopf, den Ihr bitte mit den freundlichsten Grüßen und Wünschen von mir der Jungfer Maria Barbara aushändigen wollt. Seid bitte weder erstaunt noch widerwillig meinem Wollen gegenüber und sagt der Jungfer, daß ich immer mit den schönsten Gefühlen an sie und das Gespräch denke, das wir im Walde beim Beerensuchen hatten. Freilich liegt es ganz in Eurer Hand, den Doppelknopf der Jungfer zu überreichen, doch ich vertraue Eurer Geneigtheit und verbleibe in beständiger Ehrfurcht und gehorsamsten Respekt.

Euer Johann Sebastian Bach

PS: Ich darf nicht säumen, Ihnen den herzlichen Gruß der hiesigen Tante, den sie mir recht innig ans Herz gelegt hat, bei dieser Gelegenheit zu übermitteln. Mein Ohr hört gerade, wie sie zusammen mit der Base Barbara Catharina im Hof die Wäsche rumpelt. Der vierzehnjährige Christoffer schleppt das aufgefangene Regenwasser herbei. Überhaupt ist dies eine geschäftige und überaus fleißige Familie, die einen wohl selbst zu kontinuierlichem Tun auf das heftigste veranlaßt.
Dann bitt' ich Sie noch, liebste Frau Tante, der Jungfer Maria Barbara auszurichten, daß ich den Gruß an ihren Paten, Herrn Martin Feldhaus, richtig und mit allem Respekt überbracht habe und daß er freudig und mit Dank von dem vielbeschäftigten Manne vernommen wurde. Freilich hat er Sorgen, sein Geist weilt mitunter sonstwo, gezwungenermaßen wohl zuvörderst bei unangenehmen Dingen. Die Stadt befindet sich in einem kontinuierlichen Streit mit den Bauern in Rudisleben, und es scheint, daß der Krieg einem Höhepunkt zutreibt. Übermorgen soll ein Flurzug stattfinden, mit großem Gepränge selbstverständlich, wobei die Dorfschaften zusagten, an den Grenzsteinen parat zu stehen und Freundschaft und gute Nachbarschaft zu erneuern. Nur die Rudisleber verweigern sich und haben in einem heftigen Reskript etwas so Unangenehmes und Böses geschrieben, daß ich es hier mit bestem Willen nicht wiedergeben kann. Die ganze Stadt ist erfüllt davon und voller Zorn und Aufregung. Schon werden Musketen geputzt und Degen geschliffen. Ich habe mir auch einen gekauft. Aber nur wegen der hiesigen Nachtschwärmer, die in der Dunkelheit von sich reden machen und brave Bürger grundlos und aus Schabernack überfallen. Ich will mich schon meiner Haut wehren, wenn mir derartiges zustößt.
Verzeiht mir, liebe Frau Tante, wenn ich Euch gegenüber

ins Schwatzen gekommen bin. Will mich nun wieder über meine Noten und übers Clavicord machen, für das ich Euch großen Dank schuldig bin.

Stets Euer Johann Sebastian Bach.

Er legte den Federkiel beiseite und überlas das Geschriebene. Da schien es ihm, als sei er weiß Gott sehr geschwätzig gewesen. Auch eine gewisse eitle Selbstdarstellung war vorhanden und machte ihn unruhig. Er forschte bei sich, und es kam ihm in den Sinn, daß der Brief weniger der Tante, als vielmehr der Base galt. Da er der Base nicht schreiben konnte; es wäre unziemlich und beleidigend für die Tante, wenn sie übergangen worden wäre, schrieb er der Mutter; ein kleiner Umweg, den er in Kauf nahm.

Dann dachte er, daß er sich unverstellt und natürlich zeigen müsse, kurz, so wie er war und nicht anders. Er faltete den Brief und siegelte ihn, nahm das kleine Paket, rief Christoffer, übergab ihm beides und schickte ihn zur »Tanne«, wo der Fuhrmann seine Herberge genommen hatte.

Stunden später waren beide, er und Christoffer, auf dem Weg zum Korbteich. Das Abendläuten war vorüber, die letzten Fuhrwerke rollten in die Höfe, geöffnete Tore gaben den Blick frei auf Dunghaufen, flatterndes Federvieh und wühlende Hausschweine. Bach sah durch die Rosengasse bis zu der gähnenden Öffnung des Wachsenburger Tores. Die Giebel und Fronten der Fachwerkhäuser waren vielfach gebrochen, Erker traten hervor und bunte, geschnitzte Balkenköpfe. In den Fenstern standen zumeist Holzkästen, in denen Blumen blühten. Die Rosenstöcke an den Hauswänden, von denen die Straße ihren Namen hatte, standen in vollem Flor, und die rechte Seite der Gasse, in halber Höhe von der Sonne beschienen, warf ihren Widerschein auf die linke Seite und erzeugte ein weiches, graues Licht und fließende Schatten, und alles war erfüllt vom Blumenduft und den Ge-

rüchen der Sotte, die in Rinnsalen aus den Höfen auf die Gasse lief.
Christoffer zeigte ihm das Lampelsche Haus, und tatsächlich lagen auf der Gasse zertretene und zerquetschte Birnen, die von der mittäglichen Auseinandersetzung zwischen den Jungfern und dem Holzhäuser Schulzen zeugten.
Als sie nun fortliefen und dem Wachsenburger Tor immer näher kamen, gewahrte Bach, daß viele Leute, sowohl Bürger als auch Knechte und Mägde, vor allem aber ihre halbwüchsigen Jungen, dasselbe Ziel hatten. Alle strebten dem Tor zu und wetzten unterwegs ihre Zungen, als zögen sie einem Freudenfest entgegen. Eine humpelnde Alte, die ihren Klumpfuß mühsam hinter sich herzog, plapperte mit ihrer Nachbarin, die freilich besser zu Fuß war, und wußte ihr mitzuteilen, daß der Schreiner Lampel fünf Taler geboten hätte, um seine Zwillingstöchter auszulösen und sie somit der beschämenden Strafe zu entziehen. Es sei aber alles umsonst gewesen. Der erboste Rat wolle ein Exempel statuieren wegen des Flurzugs. Man hätte den Schreiner beinahe wegen Bestechung in die Demnitz geworfen. Dabei sei der Holzhäuser Schulze willig gewesen, wegen der fünf Taler die Klage zurückzuziehen. »Alles umsonst!« schrie die Alte. »Und mit Recht! Wo kämen wir hin, wenn sie alle stehlen wie die Raben!« rief sie und stoppte erschöpft ihren Lauf, indem sie sich an die Nachbarin klammerte und sich auf den Stock stützte, den sie bei sich führte.
Alle quetschten sich durchs Tor, und nun sah Bach, der sich zum ersten Mal an dieser Stelle vor der Stadt befand, das weite Tal zwischen den Bergen, an dessen Ende, in zwei oder drei Meilen Entfernung, sich das Holzhäuser Schloß erhob. Die Kette der Berge zu beiden Seiten lag unbewegt und still, jene rechts mit Weinreben bepflanzt und jene links von Wald bedeckt. Die Sonne stand neben der Burg,

senkte sich dem Horizont entgegen und warf ihr müdes Licht auf die grünen Hänge und in die weite, flache Senke. Zwischen Weinberg und Eulenberg sah er die Bürgerwiese wie eine tiefgrüne Oase, mit einzelnen Bäumen bewachsen. Dort war der Diebstahl geschehen, an der Flurgrenze hinter dem Rosengarten. So hatten die Delinquenten den Ort ihres Vergehens vor Augen.

Wenige Minuten hinter dem Wachsenburger Tor, wo die Holzbrücke über die Wilde Weiße führte und der Weg sich gabelte zu dem einen nach Haarhausen und dem anderen nach Holzhausen, lag links vor der Brücke der Korbteich, mit den Weiden ringsum und einem Zugang mit flachem Ufer, wo die Pferde hineingetrieben wurden. Auch war es eine Tränke für die Tiere aus dem nahen Schafhof, der sich vor der Mauer befand. Der Teich war dicht umlagert von wartenden und schwatzenden Menschen, die neugierig zum Wachsenburger Tor starrten, wo der Wagen mit den Missetätern erscheinen mußte. Kinder liefen laut schreiend immer rund um den Teich und spielten miteinander.

Über dem Teich hing der große Weidenkorb an einem sinnreich konstruierten riesigen, hölzernen Hebelarm, der zum Ufer herangeschwenkt und abgesetzt werden konnte. Noch dazu konnte man den Korb, ebenso wie das Drillhäuschen vor dem Rathaus, vom Ufer aus in eine drehende Bewegung versetzen.

Die Kinder kletterten auf die Weidenbäume, und Christoffer entfernte sich, um einen guten Platz auf einer der Weiden zu erlangen. Bach sah, daß er behende wie ein Eichkater sich an einem herabhängenden Ast hochschwang und sich gleich den anderen einen bequemen Sitz suchte. In der Nähe hörte er wieder die krächzende Alte mit dem Klumpfuß, die ihrer Nachbarin mitteilte, daß sie noch nie eine derartige Strafe versäumt habe, einmal sei sie sogar vom Krankenlager aufgestanden, aber da gerade sei der Hebelarm gebrochen, und das Vergnügen sei nur ein halbes gewesen.

In diesem Augenblick klopfte ihm jemand auf die Schulter. Wie er sich umwandte, stand Andreas Börner vor ihm und streckte die Hand aus. Sie begrüßten sich, Börner sagte, nach einem Blick auf den Weidenkorb: »Mich wundert, daß es dich gelüstet, ein solches Schauspiel zu sehen.«

»Ein gleiches könnte ich dich fragen.«

»Um es offen zu sagen, lieber Vetter, es handelt sich um die Lust und die Neugierde auf die Qual des anderen. Ist es nicht hübsch, wenn man dabei stehen und gaffen und sich weiden kann am Unglück seines Nebenmenschen und selber nichts auszustehen hat dabei?«

Wie Börner diese Frage stellte, sah Bach, daß ihm der Spott im Auge saß. Er wollte etwas sagen, aber Börner fuhr fort: »Wenn die Maus im Pech sitzt, freut sich der Kater. Du siehst, lieber Vetter, nichts als Schwäche an mir, und so kann ich mit Fug und Recht sagen: Gott bewahre mich vor mir selbst. Entsteht eine Lust in mir, so muß ich sie befriedigen und bin unglücklich, sobald ich daran gehindert werde. Also gebe ich ihr nach, und so stehe ich nun hier und gaffe wie die anderen und wie du auch. Ist es nicht so?«

Bach seufzte und sah an Börners Kopf vorüber auf das Tor. »Ich weiß nicht, vielleicht ist es anders bei mir. Ich hab' Christoffer begleitet. Er sitzt dort auf dem Baum und will das Spektakel sehen. Wegen des Jungen bin ich mitgegangen, aber vielleicht auch ein wenig aus jenen Gründen, von denen du gesprochen hast. Wenn ich Derartiges und Schlimmeres bisher sah, war immer ein leises Grauen in mir, als stürbe ich ebenso einen kleinen Tod wie jener auf der Richtstätte seinen großen. Im Grunde ekelt mich davor, denn es sind allesamt Christenmenschen wie wir. Die Jung-

fern werden lange Zeit mit diesem Makel umherlaufen oder sich mit ihm verstecken müssen, wie sich jetzt schon ihre Eltern vor Scham im Haus verstecken. Diese Gerechtigkeit ist manchmal ein Ding, das mir nicht einleuchten will.«
»Bravo, mein lieber Vetter. Der Zweifel sprießt in dir, wie das junge Gras im Mai. So ist es recht. Im übrigen, bevor das lamentable Geschehen beginnt, muß ich dir sagen, daß es sich hier nicht um Gerechtigkeit handelt, sondern um ganz profane Politik. Der hochweise Rat hat nicht in Ruhe und mit Überlegung entschieden, sondern hat Hals über Kopf und von verzwickten Umständen in die Ecke getrieben, auch, um es allen gerecht zu machen, ein Urteil gefällt und ist entschlossen, es mit Force zu vollziehen.« Börner unterbrach seine Rede, da ein Raunen und sodann sich ein Geschrei erhoben, weil der Wagen im Tor erschien, ein ordinärer Mistwagen, vom Stadtklepper gezogen, der sich wiederum im Besitz des Henkers befand und von ihm eingestellt war. Der Henker saß neben seinem Knecht, der die Zügel hielt. Hinter ihnen auf dem Wagen standen die Zwillinge, die achtzehnjährigen Jungfern des Schreiners Lampe. Sie klammerten sich schwankend aneinander, während der Wagen aus dem Tor rollte und zwei Stadtknechte hinterherliefen. Voraus, voll Gravität und in stolzer Unbekümmertheit, trabte das Schlachtroß des Stadtleutnants, als wäre es die tierische Ausgabe des Hans Georg Vetter, der auf ihm saß und mit gleichem Stolz seiner Pflicht oblag.
Die beiden Jungfern, bunt und schön, sahen aus, als hätten sie nur einen Halt, nämlich sich selbst und eine die andere. »Wenn man die beiden so sieht, könnte man denken, die verdoppelte Erscheinung der Jungfrau von Orleans würde zum Scheiterhaufen gebracht.« Börner sah auf den schreienden Haufen, der sie umgab. »Nic Tam inaestimabile es qam anim mulditudinis.«

»Du widersprichst dir«, sagte Bach, »du achtest die Meinung der Bauern von Rudisleben. Hier aber hältst du die Meinung des großen Haufens für verachtenswert. Und wer weiß, weshalb er schreit. Vielleicht ist er gegen das Urteil.«

»Du bist der größten Narren einer, Herr Vetter.« erregte sich Börner. »Siehst du nicht, daß die Leute aus Lust schreien. Es gibt eine Komödie! Dem Volk wird etwas vor die Füße geworfen, womit es sich verlustieren und woran es seine Wut verrauchen lassen kann, mitunter die Wut des Individuums auf sich selbst sogar, auf die eigene Bosheit und Unvollkommenheit.«

»Ich weiß nicht«, meinte Bach darauf und sah unschlüssig in die Menge, »es kann doch nicht sein, daß wegen zweier Kiepen voll Birnen in den Köpfen eine solche Bosheit herrscht. Vielleicht kehrt sie sich gegen den hochweisen Rat, von dem du sprichst.«

»Wir werden sehen«, antwortete Börner und sah gespannt auf den Stadtleutnant, dessen Gaul in Gemeinschaft mit den Stadtknechten die Menge teilte, damit der Wagen bis zum Rand des Teiches fahren konnte.

Nun ging alles sehr rasch. Henker und Knecht sprangen vom Wagen und hantierten an dem riesigen, eisernen Schloß, mit dem der Hebelarm, woran der Korb hing, verankert und befestigt war. Börner sah spöttisch auf die Vorrichtung und das Hantieren der beiden. »Kunst und Wissenschaft«, brummte er, während die umstehende Menge zu schweigen begann, »haben enorme Fortschritte gemacht. Aber die Menschen selbst und ihre Gedanken trampeln immer noch auf der Stelle.«

Bach sah ihn verwundert an, aber unterdes erschollen schon die Trommeln der Stadtknechte, und der Leutnant zog kraft seines Amtes bedächtig einen Wisch aus den Tiefen seines

Rockes. »Nach dem Beschluß eines wohlweisen und ehrbaren Rates werden die beiden Jungfern Lampel wegen Felddiebstahls und Beleidigung sowie Tätlichkeit gegenüber einer Amtsperson zur Strafe des Korbes und zur Erstattung von zwei Talern, dem Wert des Diebsgutes, verurteilt. Allen zum Exempel und zur Warnung bei derartigen und ähnlichen Vergehen, gegeben zu Arnstadt, fünfundzwanzigster August siebzehnhundertdrei. Feldhaus, wohlemeritierter Bürgermeister der Stadt Arnstadt.«
»Was hat die Sache mit Kunst und Wissenschaft zu tun?« flüsterte Bach und sah Börner an, während der Korb zum Ufer schwang und herabgelassen wurde.
»Sieh doch hin, wie sinnreich alles eingerichtet ist. Die Folterinstrumente haben eine Vollkommenheit erreicht, daß sie sich tausendmal besser als das Zusammenleben der Menschen handhaben lassen.«
»Was hat das mit der Kunst zu schaffen?«
»Sei still jetzt, ich sag' es dir nachher.« Börner starrte begierig auf die Verrichtungen des Henkers und seines Knechtes. Sie stopfen mit Hilfe der Stadtknechte die beiden bleichen Jungfern in den Korb, schlossen sorgsam den Deckel, damit er sich von innen nicht öffnen ließ, und machten sich auch am Boden des Korbes zu schaffen. Ein Seil wurde dort befestigt. Die Menge schwieg jetzt, nur einzelne ermunternde oder spöttische Zurufe erklangen. Der Henker, mit kennerischem Blick, überzeugte sich mit aller Sorgfalt von der Richtigkeit der Sache und musterte dann die Gegengewichte, drei verschieden große Steine, in denen Eisenringe eingelassen waren. Er wählte den größten und ließ ihn am Hebelarm befestigen. Dann prüfte er die Balance, indem er den Korb hochziehen ließ. Er sah, daß sie gut war, und Hebelarm samt Korb schwangen vom Ufer weg und hoch über den Teich. Wieder schlugen die Trommeln, der Knecht hielt

mühelos das Ende des Hebelarms mitsamt dem Stein, der Henker versetzte dem Korb mit einer langen Stange heftige Stöße, daß er sich immer schneller drehte, und Bach stellte sich vor, wie die Jungfern im Korb hockten und durch die Ritzen die wirbelnde Welt sahen, Bäume und Menschen in rasender Bewegung, den immer schneller wiederkehrenden Sonnenuntergang im Westen mit der schwarzen Silhouette der Burg davor, die immer aufs neue auftauchte und verschwand, und wie die Jungfern zuletzt nur noch die fliehenden, rotglühenden Linien des Sonnenlichts sahen und unter sich das anfeuernde und beifällige Geschrei der Menschen hörten und wie ihnen der Gedanke kommen mußte, sie wären in der Hölle und tausend Teufel schrien um die Wette, bis schließlich mit einem heftigen Ruck der Henker am Seil zog und der Boden des Korbes herabfiel und so ihr Höllensturz begann. Sie polterten jäh aus dem Korb, mit erhobenen Händen und einem gleichzeitigen, schrillen Schrei, der spitz und heftig über dem Gebrüll der Menschen stand, als wolle er in den Himmel steigen. Mit flatternden Röcken, die eine Sekunde lang die weiße Haut der Beine entblößten, stürzten sie ins Wasser und tauchten unter. Aber nicht ganz, denn beider Haare waren noch zu sehen, sie standen hoch und sahen aus, als wären es Schweife von Eichhörnchen, zumal die Haare der Jungfern auch noch rot und die beiden damit sowieso verdächtig waren. Unterdessen drehte sich der Korb, allein und verlassen, in sinnloser Hast immer weiter.

Endlich tauchten die Köpfe auf, und beider Münder schnappten zur selben Zeit nach Luft und Leben. Die Leute rundum, die auf einmal geschwiegen hatten, begannen wieder zu schreien, während die Jungfern, von den schweren Röcken nach unten gezogen, wie junge Hunde mit ihren Händen aufs Wasser schlugen, damit der Kopf oben blieb.

Und verzweifelt traten sie das Wasser unter sich, als haßten sie es in wilder Wut und in panischer Angst. So kamen sie, wenn auch langsam, unter Gelächter und Gebrüll dem Ufer immer näher, wo die Menschen sich zusammendrängten, damit ihnen nichts entging. Und wie die Zwillinge nun mühsam ans Ufer kamen und sich gemeinsam – sie schienen immer alles zur selben Zeit zu tun – aufrichteten und Wasser spien, während ihnen die Tränen aus den Augen rannen und das Wasser vom Leib und aus den Röcken, da erst begann ihre eigentliche Strafe. Sie liefen taumelnd und wie gehetzt durch das Spalier der Menge, die sie verhöhnte, und sie liefen unter dem Geschrei der Kinder, die nebenher rannten und ihren Spaß hatten.
Bach und Börner sahen den beiden stumm hinterher. Sie gewahrten, wie ihr taumelnder und gebückter Gang sich langsam verlor, wie sie sich aufrichteten und sicherer gingen, je weiter sie sich entfernten, und wie sie schließlich, ohne sich umzuwenden, mit erhobenen Köpfen und scheinbar unbekümmert um Hohn und Spott, durch das Wachsenburger Tor sich entfernten.
Christoffer tauchte auf, und Bach sah ihn an und musterte sein Gesicht, ohne eine Miene zu verziehen. Die Menschen strömten nach dem Tor, ihre Stimmen klangen lebhaft und laut, als wollten sie irgend etwas übertönen oder unterdrükken, was in ihren Leibern oder Köpfen verborgen war.
»Ich sagte, Herr Vetter, daß Kunst und Wissenschaft vorankommen, daß aber der Mensch immer noch der Wolf ist, der er von jeher war.« Börner wandte sich um und wies auf den Hebelarm. »Mit welcher Mühe man sich da etwas ausgeklügelt hat. Würde man nur halb soviel Gedanken darauf verwenden, wie Menschen miteinander auskommen können, so wäre viel mehr gewonnen.«
»Gut, das mag schon sein«, Bach sah mißmutig und traurig

auf den Korb, der sich immer noch sachte drehte und langsam zum Stillstand kam. »Aber was hat das alles mit Kunst zu tun?« Sie hatten sich umgewandt und gingen langsam zum Tor.

»Das will ich dir sagen«, entgegnete Börner, »du hast mir gestern auf dem Nachmittag in deiner Kirche eine schöne Fuge gespielt, so klar und einfach und dennoch so kunstvoll, wie ich's noch keinmal gehört habe. Zur selben Stunde aber, am selben Nachmittag, ist ein Mann aus Dornheim mit Namen Johann Heinrich Bockel im Hexenturm jämmerlich gestorben. Er lag schon ein Dreivierteljahr ganz unten im Turm wegen zweimaligen Ehebruchs und ist vom Ungeziefer aufgefressen worden. Am Morgen hat er noch gelebt, und am Abend, als man den Topf mit dem Essen herunterließ, hatten ihn die Ratten so angefressen, daß er tot war. Du hast zur selben Zeit etwas ganz Neues gemacht, hast die Musik fortgeführt, und eine Viertelmeile davon entfernt hat ein Christenmensch, was immer er auch gemacht hat, mit den Ratten gekämpft, freilich ohne Kraft und ohne etwas zu bewirken. Ist das nicht ein schönes Bild? Wir saßen im Licht und delektierten uns an einer Fuge, die ganz aus deinem Kopf kam, und zur selben Zeit saß ein Dritter im Dunkel und hatte sich der Ratten zu erwehren. Das Leben ist so, daß zur selben Zeit dieses und jenes geschehen kann. Und wenn man es miteinander in Verbindung bringt, so ergibt sich, daß das eine das andere begleitet. Wir machen, als wohlbestallte Organisten, die Musik zu all dem Jammer, der uns umgibt, womöglich sogar«, Börner lachte bitter auf, »womöglich sogar, um ihn vergessen zu machen. Je lauter die Musik, desto leiser die Klagen.«

Bach, der mit niedergeschlagenen Augen auf die Erde gesehen hatte, hob den Kopf und sah der Menge hinterher, die sich ebenso durch das Tor in die Stadt quetschte, wie sie es vorher in umgekehrter Richtung getan hatte. »Das sind verquere Gedanken«, sagte er und wußte doch, daß Börner im tiefsten Grunde recht hatte. Es war eine teuflische Logik in seinen Worten, wie man sie auch drehte und wendete. »Verquere und obstinate Gedanken, die nicht richtiger werden, indem du sie fortwährend wiederholst. Die Musik ist allein zur Ehre Gottes und zum Trost für die Menschen. Sie müssen noch etwas anderes haben, wenn die Welt so ist, wie sie ist. Es wäre dann jegliches Beginnen ohne Zweck.«

Sie waren durch das Tor gekommen. Bach wies auf die Rosenstöcke vor den Häusern. »Dann sind«, sagte er ärgerlich, »auch diese Rosen sinnlos und ganz für die Katz.«

»Das sind sie auch. Und wie die Rosen nichts bewirken, ändert auch die Musik nichts an der Welt. Im Gegenteil, dies alles dient nur dazu, die Gedanken der Menschen zu obskurieren, damit sie um so weniger im Grundsatz etwas ändern.«

Bach blieb stehen und sah Börner an, als bemitleide er ihn. »Jetzt wirst du närrisch.«

Christoffer, der sich noch immer bei den zwei Organisten befand, sah beide mit großen Augen an und verfolgte gespannt ihre Auseinandersetzung.

»Du müßtest ja sofort die Finger von der Orgel lassen«, fuhr Bach heftig fort, »wenn du alles negierst. Wer kann Menschen rühren, wenn er selbst nicht gerührt ist? Wer kann Affekte hervorrufen, wenn er selbst nicht von ihnen erfüllt ist?«

Börner blieb gleichfalls stehen, hochrot im Gesicht. Erregt und wütend entgegnete er: »Ich war gerührt von deiner Fuge, und ich kann sehr wohl traurig sein beim Spiel, wenn die Passagen traurig sind und matt. Das kannst du mir nicht vorwerfen. Nur, daß sie auf die Dauer etwas bewirken, das bezweifle ich entschieden. Weder kannst du damit etwas besser noch etwas schlechter machen.«

Sie standen sich gegenüber wie zwei Streithähne, beobachtet von Christoffer, der seitab stand und verwundert und erschrocken von einem zum andern sah. Beide musterten sich kalt, als wären sie innerhalb von wenigen Minuten Feinde geworden. Bach sagte leise: »Du weißt nicht, was du sagst. Das hieße ja, unsere Arbeit ganz in Frage stellen. Aber Orgelschlagen und musizieren ist mein Leben, verstehst du! Es ist alles, was ich kann und worauf alles beruht. Wenn es nichts bewirken soll, dann wäre es nicht nur unnütz, sondern ich wäre es auch!« Damit wandte er sich abrupt um und lief weiter. Börner folgte ihm, und während er einen Schritt hinter ihm lief, sagte er ruhig und mit fester Stimme: »Ich will mich immer in Frage stellen, lieber Vetter. Du kannst machen, was du willst. Schlag nur die Orgel, so gut es geht, und mach deine Fugen, wie es dir gefällt. Ich aber will noch etwas anderes, als vor dem Prospekt sitzen und nur geradeaus gucken und auf die Tasten. Ich will auch noch seitwärts sehen, was sich dort begibt.«
Bach schwieg darauf. Sie verließen die Rosengasse und kamen bis zum Brunnen vor der Kohlgasse. Beide blieben stehen und sahen sich an. »Du bist«, sagte Bach, »scheint mir, so starrsinnig wie keiner sonst, aber dein Starrsinn ist dennoch bewundernswert. Ich kann nicht leugnen, daß er mich anzieht. Es ist etwas dran. Man muß auch seitwärts und auch hinter sich sehen. Das geb' ich dir zu.«
Börners Gesicht hellte sich auf. »Dann kann ich wohl darauf hoffen, daß wir übermorgen zu zweit hinter dem Flurzug herstolpern.«
Christoffer ergriff von hinten Bachs Rock und zog daran. »Onkel Sebastian, ich komme auch mit. Es gibt keine Schule übermorgen wegen des Flurzugs. Die Lehrer sagen, die Schüler sollen mitgehen, damit sie die Grenzsteine im Gedächtnis behalten.«

»Siehst du wohl«, sagte Börner und verzog das Gesicht dabei, »was Hänschen nicht lernt, lernt Hans nimmermehr. So werden brave Bürger erzogen, damit sie ihr Eigentum schätzen lernen.«
Bach drückte ihm die Hand. »Hoffen kannst du, aber eine Zusage geb' ich trotzdem nicht. Ich habe vorerst genug von der Menge Volks, die mich eben noch umgab. Was ich gesehen und gehört hab', muß mir erst in den Kopf und wieder hinaus. Einen Gruß an deine Frau und an den Küchenschreiber.«
Er lief los, hinein in die Kohlgasse, wandte sich aber plötzlich noch einmal um und rief zurück: »Nein, nicht an den Küchenschreiber, nur an deine Frau!«
Er sah erleichtert, wie Börner nickte und zum Markt lief. Bach und Christoffer standen und sahen ihm nach. »Bist du im Streit mit Herrn Börner?« fragte Christoffer.
»Keineswegs. Es sieht nur so aus. Wir haben nur verschiedene Meinungen.« Er wandte sich um, stockte in seiner Rede und sah auf den alten Mann, der ihnen entgegenkam und seine Kiepe auf dem Rücken trug. Sie war gefüllt mit Gräsern und Kräutern, wie Bach sah. Der Mann lüftete den Hut, und Bach tat es ihm gleich. »Verschiedene Meinungen«, wiederholte er, »wie man leben soll.«
»Da ist er wieder«, sagte Christoffer, »der Herr Axt mit seinen Kräutern. Jetzt läuft er nach Hause und hängt sie zum Trocknen auf, und dann zerstößt er sie und macht wer weiß was für Tinkturen.«
Bach sah, wie er sich entfernte, wie die Kiepe auf dem Rükken schwankte und wie er fortwährend den Hut zog, wenn jemand an ihm vorüberging.

Der große Flurumgang

Der siebzehnte Tag Bachs in Arnstadt war ein Donnerstag. Man schrieb den dreißigsten August, und Bach erhob sich von seinem Strohsack, als dieser Tag fünf Stunden alt war. Er setzte sich auf den Rand des Bettes, noch müde und gepeinigt von Bildern, die ihn auch in der Nacht vorher schon heimgesucht hatten. Da waren Ratten durch seinen Schlaf gehuscht, und das Spiegelbild eines Weidenkorbes war ihm erschienen.

Eine Wasserfläche hatte er gesehen, die unendlich weit und verlassen war. Das glatte, schimmernde Wasser wurde immer wieder von konzentrischen Kreisen überflutet und bewegt, jemand rief seinen Namen, und er wollte antworten, vermochte es aber nicht und wußte plötzlich, daß er träumte und daß die Stimme nicht Bestandteil des Traumes war, sondern vor seiner Kammertür erklang. So riß er sich aus Traum und Schlaf und wußte, daß Christoffer ihn rief wegen des Flurumgangs und daß er antworten mußte.

Jetzt saß er auf der Bettkante und sprach nach einem Blick zu dem hellen Fenster sein Morgengebet.

»Ermuntere dich, mein Geist, in dieser Morgenstunde, und feure meinen Mund zum Lobe Gottes an. Ich rühme Gottes Huld, die, nach den dunklen Schatten, ein helles Tageslicht mir wieder aufgesteckt. Daß mir mein Bette nicht zum Grabe können werde, daß mich kein Feind gestört, kein Unfall hat berührt und daß ich sonst noch frei von anderen Beschwerden, das alles hast Du, Herr, ganz glücklich ausgeführt. Nun kommt der neue Tag mit einer neuen Bitte, nimm sie auch gnädiglich in Christo Namen an. Dieweil ich von mir selbst nichts Gutes kann vollbringen, so sei Du überall bei, in und neben mir; laß alles, was ich tu, durch Deine Kraft gelingen. Gehe mir, mein Hirt, stets auf dem Fuße nach, und laß mich nicht im Netz der Eitelkeit verwirren. Gib, daß ich heute mag mit frommen Leuten wandeln, auch bei der bösen Schar stets unanstößig sei. Laß denken, reden, tun mich nach Gewissen und schließ mich überall in Deine Vorsicht ein. Ich gebe Dir die Hand, laß sie was Gutes machen, ich gebe Dir den Fuß, führ ihn auf ebner Bahn. Versalze mir die Welt, die im Argen liegt, und halt das wilde Fleisch durch Dein Gesetz im Zaum. Nun ich befehle Dir mein Leben und mein Leiden, und sollte beides auch den Tag zu Ende gehen, so will ich gern mich auf Dein Geheiß bescheiden, laß mich im Tode noch auf Christum feste stehen. Hoffe zu Dir, mein Gott, daß kein Donner uns an diesem Donnerstag erschrecke und das Sonnenlicht um unsern Scheitel sei. In dieser letzten Hoffnung will ich an die Arbeit gehen und an dem Joche noch, so lang ich lebe, ziehn. Amen.«

Er trat ans Fenster und sah die weißen Nebel hinter der Stadt, im Tal zwischen den Höhenzügen, auf die die grelle Morgensonne lange Schatten warf. Die Nebel reichten bis zum Fuß der Burg und bis zur halben Höhe des Berges, wo der Wald endete. Von da an glänzte die nackte, rote Erde in den Sonnenstrahlen, und ihm schien, als würde der Widerschein dieser Röte bis in sein Zimmer geworfen. Auf der Spitze des Berges standen die weißgrauen Mauern, als hingen sie in der Luft, leicht und wie schwebend über dem Nebelmeer. Hinter der Burg war es dunstig. Das Land verlor sich im ungewissen, aber er wußte, daß dort, hinter den beiden anderen Burgen, Wechmar lag. Und noch viel weiter nach der Abendseite zu lag Eisenach. Das war weit, aber dennoch gehörte alles zusammen. Ohrdruf kam noch dazu,

das nur drei oder vier Meilen linker Hand von Wechmar sich befand.
Wenn er, statt am Flurumgang teilzunehmen, nach Wechmar lief und von dort nach Ohrdruf und zurück nach Arnstadt, er wäre zu Mittag wieder in seiner Kammer und hätte das Vergnügen gehabt, Verwandte und Freunde gesehen zu haben. Statt dessen machte er sich jetzt auf, um einem kriegerischen Aufzug hinterherzustolpern. Warum tat er das wohl? Die Frühpredigt fiel aus. Er brauchte nicht an der Orgel zu sitzen, aber der Superintendent hatte sagen lassen, die Männer der Kirche sollten mit den Bürgern gehen, es sei notwendig und käme auf jede Person an. So würde er mitlaufen wie ein geduldiges Schaf. Ohne Degen freilich und als letzter. Er hatte keinen Streit mit Bauern und Dorfschulzen wegen der Grenzsteine. Er würde nur die Flur sehen und kennenlernen. Das war auch etwas.
Er zog sich rasch an und ging hinunter an den Brunnen im Hof, um sich zu waschen. Danach saßen sie alle vier in der Küche und löffelten die Morgensuppe, wobei ihm die Frau Tante mitteilte, daß anderntags eine Kommission des Rates kommen wolle wegen des Gestanks im Hause und wegen der Kloake und des Schweinekobens des Nachbarn. Sodann packte sie Brot und Speck in ein Tuch für Christoffer und Bach, damit sie nicht verhungerten unterwegs. Es sei die Dauer des Flurumgangs nicht abzusehen, und allerlei Zufälle könnten eintreffen, meinte sie. Hierauf, um ihre Ermahnungen abzurunden, schärfte sie ihrem Sohn ein, keinen unnötigen Eifer zu zeigen und sich christlich zu betragen, vor allem, wenn es zu einem Tumult käme, sich seitab und zurückzuhalten, wo ihn kein Stein treffen könne. Desgleichen sprach sie auch zu Bach. Er sei Diener der Kirche und habe alle Hitze zu verbergen, sich auch nicht vorzudrängen oder gar das Wort zu ergreifen. So schieden sie aus dem Haus

unter ihren guten Wünschen. Es war fast, als zögen sie in ein fremdes, ungewisses Land. Und wirklich, als sie hinaustraten auf die Gasse und die Burschen und Männer sahen, die gleich ihnen zum Marktplatz liefen, da bemerkten sie, daß alle sich ähnlich versorgt hatten. Sie trugen ebensolche zusammengeknotete Tücher mit Proviant und zuweilen noch ihre Knotenstöcke, gewaltige Prügel mitunter. Manche sogar hatten tapfer und entschlossen ihre Degen an die Seite gehängt, in weiser Voraussicht und wohl wissend, daß alle Zeichen auf Sturm standen.

Vor dem Rathaus schien es, als wäre Markttag, so viel Menschen waren versammelt. Wie doch der Patriotismus, dachte Bach, die Leute zusammenwirft und in Bewegung setzt. Er staunte, was sich da alles in einer mühsam bewahrten Ordnung in Reih und Glied stellte. Christoffer schloß sich den Schülern an. Bach lief an dem Wurm entlang, der vom Brunnen vor der Kohlgasse zwischen Rathaus und Langem Stein sich hindurchschlängelte und neben der Neuen Kirch endete.

Er kam bis an die Spitze des Zuges. Dort traten sie schon voller Ungeduld die staubige Erde, da sie es nicht abwarten konnten, endlich lsozumarschieren. Lärm und Geschrei allenthalben. Er erblickte Börner, der neben der Kirche stand und sich das Chaos mit verkniffener Miene ansah. Er ging zu ihm hin, begrüßte ihn, und beide standen nun und sahen auf die Farbenpracht und den Aufwand.

Zuvörderst standen der Flurschütze mit seiner Hacke und der Stadtschütze mit seiner Muskete. Sie machten die Spitze, und dieser Umstand war ihnen wohl in die Glieder gefahren und hatte sie gestrafft. Sie sahen martialischen Blicks zur Morgenseite hin, stracks in die Sonne, als wollten sie blind werden, und standen so bewegungslos und steinern wie die Figuren auf den Brunnen der Stadt.

Hinter den beiden befanden sich die Nickmänner. Sie verkörperten die vier Stadtviertel. »Dies sind«, sagte Börner, »die zwei Weißbäcker Schönewerk und Ziehn, der Schneider Preß und der Tagelöhner Heinrich Nikol Fröbel. Sieh sie dir an. Sie sind das schlechte Gewissen in Person, weil sie alles machen, was man von ihnen verlangt. Den ersten drei geht es um ihre Waren, und der letzte hat gar nichts zu sagen.«
»Und wozu dienen die drei Zimmerleute mit den Äxten hinter ihnen?«
»Es sieht fast so aus, als wollten sie den Nickmännern auf die Köpfe hauen, nicht wahr? Aber sie haben nur den Weg frei zu machen, falls ein Hindernis den Zug stoppen läßt.«
Hinter den Zimmerleuten befanden sich sechzehn Reiter, wie Bach zählte. Unter ihnen gewahrte er Schellhase, den Kastenschreiber, der ihm sein Salär auszuzahlen hatte. Er wunderte sich, daß Schellhase auch zu Pferd sitzen konnte, vergaß ihn aber sogleich, weil er in der Lücke zwischen zwei Pferden und zwanzig Fuß dahinter den Doktor Axt erblickte. Er stand reglos unter der Galerie und starrte auf das morgendliche Schauspiel. Bach machte Börner auf ihn aufmerksam und fragte, ob der Herr Axt tatsächlich ein Botanikbuch geschrieben hätte.
»Nicht nur das«, bekam er zur Antwort, »es ist der hellste Kopf in der ganzen Stadt. Er hat alle Nadelhölzer beschrieben und sogar ein Traktat herausgegeben über die Frage, ob ein christlicher Medici die Frucht einer Schwangeren abtreiben dürfe oder nicht. Die Kirchenobrigkeit ist ihm deshalb derart böse, daß man es ihm nicht verdenken kann, wenn er immer komischer und abweisender wird. Sieh doch hin! Er steht da und zeigt allen einen Vogel.«
Tatsächlich sah nun Bach, wie der alte Johann Konrad Axt mit schöner Regelmäßigkeit den Zeigefinger seiner Rechten

an die Stirn führte, ohne offenbar auch nur einen Laut von sich zu geben. Er stand nur neben dem ersten Pfeiler der Galerie, blickte auf den trampelnden Zug und stieß sich mit dem Finger vor die Stirn, das war ihm offenbar genug.

»Wie hat er denn die Frage mit der Schwangeren gelöst?«

»Der Medici darf, hat er gemeint und hat auch bewiesen, warum. Er hat sogar ein Traktat über das Antimon geschrieben.«

»Was ist das?«

»Was weiß ich. Es hat irgendwas mit Gold zu tun. Ich glaube, der Herr Axt war drauf und dran, Gold zu machen, was ihm aber nicht gelungen ist. Als Ersatz ist aber immerhin das Traktat entstanden.«

Wie Börner das sprach, kam der Bürgermeister Feldhaus hoch zu Roß am Zug entlang und gab das Kommando für den Abmarsch. Schützen und Nickmänner setzten sich brav in Bewegung und marschierten den Berg hinab zum Holzmarkt. Das Roß des Bürgermeisters stand hinterwärts grad vor ihnen und äpfelte vor lauter Aufregung, weil es mitsamt seinem Herrn die Parade abnehmen durfte.

Es kamen nun die Fourierschützen. Sie waren zu dritt. Einer von ihnen trug ein Schreibgerät mit sich, im Falle es unterwegs etwas zu vermerken gab. Dann rollte die Kalesche der Stadt vorüber, bespannt mit zwei Pferden und besetzt mit dem Stadtschreiber sowie drei Ratsherren, und dahinter schritten die zwölf Nickmänner der letzten drei Jahre. Sie machten einen recht frohen Eindruck, wahrscheinlich, weil sie ihrer Last ledig waren.

Sodann marschierte das klingende Spiel vorüber, acht Kerle, von denen vier pfiffen und die anderen vier unentwegt trommelten.

»Sie machen einen Lärm«, sagte Bach, »daß es mir leid tut um meine Ohren.«

»Trommeln und Pfeifen müssen sein«, erwiderte Börner, »es hält die Leute zusammen. Soll ihnen einen Halt geben. Sie laufen ja sonst auseinander und wer weiß, wohin.«
Hinter den Pfeifern – die Tambours liefen voran – marschierten in Reih und Glied zweiunddreißig Musketiere, die von sieben Gefreiten und dem Stadtleutnant Georg Vetter hoch zu Roß angeführt wurden. In den Musketenläufen spiegelte sich die Morgensonne. Sie blitzten über den Köpfen, daß es für manche Leute eine Lust war, der Kriegsmacht zuzuschauen. Es standen nämlich an der Ecke des Rathauses jene Weibsbilder, die in der Frühe des Donnerstags sonst immer auf den Kirchenbänken saßen, während Bach oben die Orgel schlug. Er erkannte einzelne wieder und sah, wie sie die Augen aufrissen und die Musketiere bewunderten. Hin und wieder schrien sie und winkten ihnen zu, aber jene taten, als kümmerte es sie nicht. Sie stampften die staubige Erde vor der Galerie, während rechts von ihnen der Herr Axt noch immer beharrlich und voller Eigensinn seinen Finger zur Stirn führte. Er unterbrach diese Tätigkeit auch nicht, als nun viele Bürger der Stadt vorüberzogen und hintennach das junge Volk kam, das von ihren Lehrern in guter Ordnung postiert war und, wenn auch widerwillig, sich fügte.
»Warum«, fragte Bach und wandte sich an Börner, »untersagt der Feldhaus dem Johann Konrad Axt nicht sein Verhalten? Traut er sich nicht?«
»Das will ich dir sagen. Der Axt hat den Ruf eines Narren, und wenn Feldhaus hinritte, so wüßte er genau, daß er von ihm ausgelacht würde. Dem aber will er sich nicht aussetzen.«
Als nun der Zug vorüber war, wollten die beiden hinterher, aber da hörten sie die Stimme des Doktor Axt. »Die Herren Organisten sind mit von der Partie?«

Beide blieben stehen und wandten sich um. »Oh, ja«, antwortete Börner, »auf Befehl der Obrigkeit müssen wir dabeisein. Ihnen freilich, Herr Doktor, kann niemand etwas befehlen.«
Der alte Mann, der hinter ihnen hergelaufen war, zog eine Grimasse und musterte dabei Bach mit einem schnellen Blick. »Wenn's gestattet ist«, sagte er, »begleite ich Euch bis zum Längwitzer Tor. Ich dachte«, fuhr er fort und sah Bach dabei noch immer an, »Ihr wäret älter, Monsieur Bach. Jetzt sehe ich, daß Euch nicht einmal ein Bart gewachsen ist. Wieviel Jahre zählt Ihr denn?«
»Im Frühjahr war ich gerade achtzehn.«
»Das ist ein Alter, da fliegt man wie ein Vogel. Ich weiß gar nicht mehr, ob ich jemals dieses Alter hatte. Es ist so weit fort von mir, daß es mir vorkommt, als hätte ich mich da in einem anderen Leben befunden.«
»Können Sie sich gar nicht mehr entsinnen?«
»Wozu sollte ich das? Der große Krieg war gerade acht Jahre vorbei, und die Zeit war so erbärmlich, daß alleweil Jammern und Wehklagen waren. Man konnte alle Rippen zählen. Ich weiß nur, daß ich nicht einmal imstande war, die Jungfer zu bespringen, die ich mir gerade ausgesucht hatte, so schwach und elend war ich.«
Bach wurde rot im Gesicht. Börner lachte.
Der Doktor musterte Bach erneut und fragte, während sie schon am »Schwan« vorüberliefen: »Ihr habt wohl noch keine?«
Bach schwieg eine Weile, dachte an seine Base und sagte: »Noch nicht.«
»Das solltet Ihr aber. Es gibt ja deren genug. Wenn Ihr nichts weiter habt und man Euch fortwährend hinter die Löffel schlägt, so gibt es nichts Besseres als eine Liebste. Man weiß dann nämlich, wer und was man ist.«

»Ich habe ja meine Orgel und die Musik!«
Der Doktor blieb stehen und sah ihn verwundert an. »Spielen könnt Ihr. Ich hab' Euch gehört und war entzückt. Aber glaubt nicht, Monsieur Bach, daß Euch das auf die Dauer genügt. Wenn einer so spielt wie Ihr, dann wird er entweder auf Neider stoßen oder auf Leute, die so unverständig sind, daß sie Euch angreifen. Wenn einer etwas anders macht als bisher, dann kommt es soweit, daß er zum Narren gemacht wird, gleich, ob er's ist oder nicht.«
Bach schwieg eine Weile. Dann sagte er plötzlich: »Könnten Sie mir sagen, Monsieur Axt, warum Sie vorhin den Leuten einen Vogel gezeigt haben?«
»Das kann ich sehr wohl sagen. Ich habe nicht einzelne gemeint damit, sondern diesen ganzen Flurumgang. Es ist eine Komödie, versteht Ihr, ein prächtiger Firlefanz, den ihr beide Organisten durch eure Anwesenheit verzieren sollt. Und da ich gegen allen Firlefanz bin, habe ich ihnen einen Vogel gezeigt.«
»Habt Ihr keine Angst, daß man Euch in die Demnitz steckt oder in den Hexenturm wirft?«
»Ich? Warum sollte ich Angst haben? Jetzt geht es stark auf die Siebzig zu. Mein Leben ist zu Ende, da kann es mir gleich sein, ob mich der Tod im Bett erwischt oder ob mich die Ratten fressen im Hexenturm wie den Bockel aus Dornheim. Warum sollte ich jetzt Angst haben, wo ich doch früher keine hatte und mit aller Welt in Streit lag? Das ist ein fremdes Wort für mich. Und im übrigen hat Euer Berufskollege recht, wenn er sagt, daß mir keiner befehlen kann. Ich bin mein eigener Herr und erteile mir selbst Befehle.«
Er lachte seinen Worten hinterher, als freute er sich über alles, was er gesagt hatte.
Bach sah ihn an und hatte dabei das Gefühl, als ob Neid in ihm wäre oder auch nur Bewunderung. Sie standen alle drei

im Schatten des Hexenturms und sahen hoch zu den flatternden Tauben und dann wieder durch die Wölbung, wo die Strahlen der Morgensonne grell auf dem grauen Gemäuer lagen. Bach gab dem Doktor die Hand, fragte aber zugleich, ob der Herr nicht mitgehen wolle, der Unterhaltung wegen und des Pläsiers halber.
»Ich kann nicht, Monsieur Bach. Ihr müßt mich entschuldigen. Das bißchen Kraft, das mir noch in den Knochen steckt, brauch' ich für meine Kräutersammlung. Zudem lassen es meine Beschaffenheit und Veranlagung nicht zu, daß ich mich in der Masse bewege. Ich bin, wenn Ihr wollt, wie ein Einsiedel, der immer allein bleiben will. Mein ganzer Haß gilt dem Firlefanz, gleich, wie er sich zeigt, und jeder Ansammlung von mehr als fünf Leuten, wo man sich dann verhalten muß wie alle und jeder. Ich bekomme sogleich Zufälle und allerlei Beschwerden. Vor allem der Atem ist es, der mir dann einen Streich nach dem anderen spielt. Es ist, als säße mir ein Kloß im Halse. Auch ein gewisser Ekel zeigt sich, den ich mitnichten verbergen kann. Doch Ihr solltet mich einmal in meinem Haus besuchen. Es steht in der Rittergasse. Ihr seid immer willkommen.«
Der Doktor marschierte daraufhin von ihnen weg, zwischen dem »Ritter«, vor dem der Wirt und Kammeragent Hönike stand und ihnen eifrig zunickte, und der Stadtmauer hindurch, wo Axt in ihrem Schatten eilig davonlief mit etwas schlenkernden und absonderlichen Bewegungen, so daß es aussah, als trüge er seine Kiepe auf dem Rücken.
»Ist das nicht ein außerordentlicher Mann?« rief Börner und sah verwundert hinter ihm her. »Es ist etwas an ihm, was alle erschreckt und abstößt und gleichzeitig anzieht und fasziniert.«
»Sagt man nicht, daß er mehr von den Kräutern und weniger von den Menschen hält?«

»Das scheint nur so. Ich glaube es jedenfalls. Wer weiß, ganz im Innern ist er vielleicht ein tieftrauriger Mensch, der so einsam ist wie keiner von uns. Aber jetzt müssen wir uns beeilen, der Zug ist längst über die Brücke. Wir verpassen sonst das Schauspiel bei Angelhausen.«

So liefen sie unter dem Hexenturm hindurch, an den geöffneten Schlagbäumen vorüber und über die steinerne Brücke immer fort auf der Straße nach Stadtilm, die langsam anstieg. Dabei schritten sie gewaltig aus und überholten den Flurzug, bis sie an dessen Spitze gelangten. Das war in halber Höhe des Berges, wo die Flurgrenze der Stadt verlief. Nun ging es nach rechts am Küchenteich entlang, und hier, am Grenzstein, kurz vor Angelhausen, standen die Vertreter des Dorfes. Als nun die Kriegsmacht der Stadt heranrückte und Trommeln und Pfeifen über den Teich schallten, sagte der Schulze von Angelhausen mit Namen Hans Lietz zu seinen Gerichtsschöppen Kieser und Henning, daß er für einen kurzen Augenblick geglaubt habe, die Schweden oder Kroaten kämen aus dem Busch und wollten das Dorf überfallen. Alles Kriegerische erinnere ihn an die Zeit, als er noch Kind war und sie wie die Hasen in den Hayn geflüchtet wären.

»Nur Weiber sind keine dabei«, bemerkte daraufhin der Gerichtsschöppe Henning.

Unterdessen war der Zug herangekommen und hielt an. Noch immer lärmten die Tambours und die Pfeifer. Feldhaus stieg vom Pferd, der Stadtschreiber und die Ratsherren aus der Kutsche. Die Begrüßung erfolgte mit aller Höflichkeit. De Zuana, der Stadtschreiber, stellte sich in Positur. Er begann folgendermaßen zu reden, nachdem der Bürgermeister den Tambours und den Pfeifern Schweigen geboten hatte. »Ehrbare, ehrengeachtete, günstige, gute Freunde, Feldnachbarn und Gönner! Ein wohlweiser Rat und die gesamte Bürgerschaft zu Arnstadt lassen einer ehrbaren Gemeinde, als ihren lieben Feldnachbarn, ihren Gruß und alle Willfährigkeit vermelden, auch freundlich danken, daß auf gegebene Nachricht und Einladung dieselben bei gegenwärtigem Flurumgang an diesem Ort durch etliche ihrer Mitbewohner sich eingefunden. Wir sind erbötig, solches in dergleichen und anderen Begebenheiten nach Möglichkeit zu erwidern. Wir sind, wie sie gemerkt, zu weiterem nicht gekommen, als nur ihre Flur und Grenze zu berühren und ferner in allem gute Richtigkeit und Nachbarschaft zu halten.«

Die Ratsherren nickten dazu. Der Schulze von Angelhausen antwortete, bedankte sich für die freundliche Ansprache und stellte fest, daß es keine Zwistigkeiten gäbe mit der Stadt. Es setzte ein allgemeines Händeschütteln ein. Wieder wurde getrommelt und gepfiffen, die Fouriere ergriffen einen zehn- oder elfjährigen Jungen und stießen ihn, wie es üblich war, sachte mit der Stirn auf den Grenzstein, damit er ihn im Gedächtnis behielt. Schon ging es weiter, wobei Schulze und Gerichtsschöppen ein Stück mitliefen.

»Und so«, sagte Börner, »geht's den ganzen Tag, es sei denn, es kommt etwas dazwischen.«

»Was soll dazwischenkommen? Man ist doch recht freundlich zueinander!«

»Ja, nach außen hin mag es so scheinen. Aber die Bauern sind eigensinnig. Vor allem vergessen sie nichts. Nicht die kleinste Ungerechtigkeit und ginge es nur um ein Fußbreit Erde. Du wirst schon noch sehen.«

Der Zug ging über einen Berg bei Angelhausen, über die Straße nach Gehren und immer weiter bis zu dem Steinkreuz, wo eine alte Eiche stand und wo sich die Angelhäuser verabschiedeten. Nun begann ein Wald, und sie liefen an dem alten, zusammengefallenen Walpurgiskloster vorüber.

Von da aus stiegen sie hinab ins Geratal. Der Wald gehörte dem Grafen. So wurde die Abordnung der Stadt vom Förster und vom Federschützen der Herrschaft begleitet. Als sie den Weg im Tal erreicht hatten, standen dort die Vertreter vom Dorf Siegelbach. Sogar der Triglismüller war erschienen, ein robuster Mann mit einem weißlichen Gesicht, wahrscheinlich von dem vielen Mehl, mit dem er es zu tun hatte. Das Zeremoniell war das gleiche, nur der Schulze Nikol Meyer hatte sowohl bei Rede als auch bei Gegenrede ein unablässiges Grinsen im Gesicht, und es war, als gäbe er es dem Schulzen von Espenfeld weiter, denn als sie den Berg wieder hochliefen bis zum Kreuzchen, stand dieser Schulze namens Nikol Sippa mit ebendemselben Grinsen neben dem Stein zusammen mit sieben Bauern, die nicht weniger grimassierten.
Bach wunderte sich, und Börner meinte, es liege wohl daran, daß vor Zeiten ein großer Hader zwischen ihrer Dorfschaft und der Stadt vorgefallen war und daß das Dorf recht bekommen hatte. Damit hätten sie einen ganzen Steinwurf Landes rechtmäßig zugesprochen bekommen. Und immer, wenn Flurumzug sei, erinnerten sich die Bauern an diesen Streit und seien stolz darauf, ihren Willen durchgesetzt zu haben.
»Das war«, sagte Börner, »vor einhundertzanzig Jahren. Daran kannst du sehen, daß nichts vergessen wird.«
Bach sah auf die Bauern und auf den Schulzen, die ihm jetzt vorkamen wie listige Füchse, während Stadtschreiber und Bürgermeister verkniffenen Gesichts ihren Text herunterleierten.
Die von Espenfeld gingen mit durch das Tal der Weiße und bis zum Bittstedter Löbchen, wo der Schulze Hans Steirer stand mitsamt sechs seiner Bauern, von denen allein drei auf dem Namen Eschner hörten. Das waren jene, denen das

Land nach der Pfarrwiese und dem Pfennigsberg zu gehörte. Der Zug führte über die Kupferstraße, jenem Weg, Bach erinnerte sich, auf dem er damals mit seinen Verwandten von Ohrdruf nach Arnstadt gelaufen war.
Gleich darauf kamen sie auf den Eulenberg unter dem Getöse der Trommeln und Pfeifen. Beide Organisten, des Lärms müde, ließen den Zug weitergehen und blieben auf der Spitze des Berges stehen. Die Sonne stand seitlich hinter ihnen und warf ihre langen, schwarzen Schatten den Berg hinab. Unten an der Straße, die von Arnstadt nach Holzhausen führte, entsprang eine Quelle, die als glitzernder Bach durch die Bürgerwiese im Tal führte und zwischen dem Kalkberg und dem Griesberg durch Äcker und Krautland lief, um sich schließlich in der Ferne zu verlieren. Man sah weit ins Land. Bach hatte das Gefühl, er könne die Spitze des Doms in Erfurt sehen. Er sah bis Weimar und auf der anderen Seite über die Burgen hinweg bis Wechmar und Gotha.
Das Land war so weit und so unendlich, daß ein freies und glückliches Gefühl in ihm entstand, als wäre er nicht mehr auf sich selbst angewiesen, sondern eins mit allem, vor allem aber mit der Natur, die ihn umgab. Er dachte, daß er imstande sei, diese Weite und Unendlichkeit in Töne zu setzen, und daß andere, die sie hörten, dieses Gefühl nachempfinden müßten. Den Flurumzug, diesen Wurm, der sich unter ihnen trommelnd und schreiend dem Holzhäuser Weg näherte, schloß er freilich davon aus, als hätte er nichts in dieser Natur zu suchen. Und wirklich war er, so dachte Bach, nur ein Fremdkörper auf der Farbe der Erde und zwischen dem Grün der Pflanzen. So winzig und unbedeutend und vorübergehend erschien er ihm angesichts des Ewigen und immer Bestehenden unter seinen Augen, daß man ihn ganz vergessen konnte.
So standen die beiden Organisten eine ganze Zeit lang und

sahen schweigend über das Land. Schließlich sagte Bach, es müßte möglich sein, die Empfindungen auszudrücken, die man habe in einer solchen Landschaft und Natur.
»Das würde eine erhabene Musik sein«, antwortete Börner.
»Aber ich könnte es nicht.« In den Worten des Organisten lag ein spöttischer Unterton.
»Es dürfte nicht die Abbildung dieser Berge und Täler sein, sondern die Verwandlung dessen, was ich sehe, in menschliches Denken und Fühlen, und zwar so, wie es nur von mir gedacht und gefühlt wird, unabhängig davon, ob andere ebenso denken und empfinden.«
»Ein Bauer, der den ganzen Tag auf dieser Erde herumkratzen und Schweiß vergießen muß, wird es sowieso anders sehen. Er denkt an die Widerstände, die ihm begegnen. Oft sogar wird er die Natur hassen, weil sie ihm alle Kraft nimmt. Einen Baum beurteilt er nach seiner Nützlichkeit. Bringt er keinen Nutzen, wird er ihn herausreißen. Die schönen Gefühle sind ihm einen Furz wert.«
»Das hätte dabei keine Bedeutung. Und außerdem bin ich mir dessen nicht sicher. Ich habe auch Bauern kennengelernt, die voller Ehrfurcht waren im Angesicht einer weiten und erhabenen Landschaft.«
»Wie war es denn, als du diese Fuge erfunden hast, die du mir vorspieltest. Wie kam die in deinen Kopf?«
Bach schwieg eine Weile, wandte sich um und sah zur Mittagsseite, wo am Horizont Wälder standen, weißlichgrau unter fernem Dunst und von ungewissen Konturen vage begrenzt.
»Wie soll ich das wissen? Es hat eben im Kopf gearbeitet. Wie das geht, weiß ich nicht. Die Fuge hat, glaub' ich, etwas mit dem zu tun, was ich am ersten Tag in Arnstadt empfunden habe. Da war der Hexenturm, da war die Komödie in

der gräflichen Kanzlei und schließlich der Blick vom Berg herab auf die Stadt und auch der Tumult im Ratskeller. Was du gesagt hast, gehört auch dazu. Wiederum hat es mit dem allem vielleicht auch nur insofern zu tun, daß es lediglich einen Anstoß gab, dergestalt, daß alles schon in meinem Kopf war und nur angeregt wurde davon.«

Börner sah schweigend hinab zur Bürgerwiese, wo Wildenten aufflogen, dem Wasserlauf folgten und über Birken und Weiden sich zwischen Kalk- und Griesberg verloren. Bach hingegen sah noch immer auf die Wälder am südlichen Horizont.

»Du darfst nicht denken«, sagte Börner leise, »daß ich nicht ebenso empfinde. Was ich alles gesagt habe, hat sich während eines Dezenniums in mir eingefressen. Als ich zwanzig war, was hatte ich da für hochfliegende Pläne und wie sah ich da alles um mich herum. Eine Blume konnte mich entzücken. Einer Vogelstimme war ich so nah, daß ich mich selbst wie ein Vogel fühlte.« Börner machte eine Pause, fuhr aber dann hastig fort: »Ich glaube wie du, daß dies unendlich wichtig ist und daß es das Menschsein erst ausmacht, aber wie es mit der Zeit vom Alltäglichen überwunden wird, das wirst du bald verspüren. Dieses Alltägliche und zutiefst Böse ist in mich eingedrungen, und nun bin ich von Haß und Mißtrauen und Neid erfüllt. Ja, von Neid auch, wenn sich einer das alles erhalten hat, denn ich konnte es nicht. Du mußt also, zum Teufel, dich nicht um das scheren, was ich sage und wie ich mich verhalte. Ich hoffe, es überwindet dich nicht. Glaub mir, es ist mein sehnlichster Wunsch, wenn es dir manchmal auch anders erscheinen sollte.«

Bach wandte sich um und legte ihm die Hand auf die Schulter. »Jetzt müssen wir wohl, ob wir wollen oder nicht, wieder hinterherlaufen. Sie sind ja schon bei den Holzhäusern an der Bürgerwiese.«

Die Gans von Haarhausen

Während sie den Berg hinabliefen und dem Weg immer näherkamen, hörten sie wiederum die Trommeln und Pfeifen, daraufhin, nach deren Stocken, die fernen stereotypen Begrüßungsworte von beiden Seiten. Neben ihnen, aus einem Rain, flog ein Schwarm Feldhühner auf, bewegte sich schwirrend ein Stück fort, fiel nieder wie ein Wurf grauer Steine und lief eilig und ängstlich über den abgeernteten Acker. Der Flurzug hatte, immer am Wassergraben entlang, den Roßbach erreicht und wand sich nun zum Kalkberg empor. Die beiden Organisten schnitten den Weg ab und liefen von der Bürgerwiese zum Kalkberg in Richtung des Steinbruchs, der weiß und wie geborsten im Sonnenlicht leuchtete. So erreichten sie vor dem Flurzug die Spitze des Kalkberges, der dem Weinberg an Höhe kaum nachstand. Es schien ihnen jetzt noch mehr, als stünden sie inmitten des Landes, weil nun zu beiden Seiten weite, gestreckte, sanfte Täler lagen. Im Nordosten sahen sie unzählige Dörfer samt ihren Kirchtürmen, so daß es ihnen vorkam, als hätten sich die winzigen Häuser unter den Türmen versammelt und blickten zu ihnen auf. Das nächste Dorf, welches sie sahen, war Rudisleben, diesseits der Gera, die als grüner Streifen durch die Ebene lief.
Auf der Spitze des Kalkberges hatten sie noch von unten her eine menschliche Gestalt bemerkt, die verschwand, sobald sie nähergekommen waren. Jetzt sahen sie, daß es ein Reiter war, der eiligst quer über die Felder ritt in Richtung Rudisleben.
Börner starrte hinter ihm her. »Mir scheint«, sagte er, »daß

dies der Kaspar Rödiger ist, ein Bauer aus Rudisleben. Der sollte bestimmt achtgeben und melden, wenn sich der Flurzug nähert. Ich erkenne ihn an der Gestalt. Er ist so lang wie breit und war auch im Ratskeller dabei.«

Bach, der mit seinen Gedanken ganz woanders war, sah hinter dem Reiter her, hob den Blick zum Horizont und sagte: »Seltsam ist jener Zustand, während ich sitze und Noten aufs Papier schreibe. Ich meine, während ich etwas erfinde. Es ist so, als sei ich nur zur Hälfte oder nur zu einem geringen Teil vorhanden. Bin mir selbst gar nicht mehr bewußt oder doch erst wieder danach, zu einem Zeitpunkt, wo ich sehen muß, daß es so gut nicht ist, und es traurig vergleiche mit dem, was Böhm oder Buxtehude geschrieben hat. Dann erst spüre ich mich wieder.«

»Aber diese Fuge, die du gemacht hast, braucht keinen Vergleich zu scheuen.«

»Ich weiß nicht. Ich bin immer unzufrieden mit dem, was ich gemacht habe. Immer wollte ich etwas ganz anderes und Besseres machen. Nichts genügt mir.«

Inzwischen war der Flurzug herangekommen und verhielt am Grenzstein, der die Arnstädter und die Haarhäuser Äkker voneinander schied. Die Herren stiegen aus der Kalesche. Wer nicht da war, waren die Haarhäuser. Die Ratsherren machten ratlose Gesichter. Einer meinte, daß er doch von der Bürgerwiese aus einen Mann auf dem Kalkberg gesehen habe. Der könne doch nicht auf Nimmerwiedersehen verschwunden sein.

Börner wies daraufhin in das Tal hinab und meinte, daß er dort reite und keineswegs einer von Haarhausen sei, sondern eher einer von Rudisleben.

Nun starrte alles in Richtung des Dorfes und hinter dem Reiter her, der nur noch ein winziger Punkt auf den abgeernteten Feldern war und sich immer weiter entfernte.

»Sie lauern auf uns wie die Spitzbuben«, ergrimmte sich einer der Ratsherren und sah wütend in das Tal, als sei es an allem schuld.
Von der Stadt her, auf dem Weg nach Haarhausen, kam ein Fuhrwerk, bog unter dem Kalkberg ab und fuhr auf den Flurzug zu. Auch einige Reiter waren dabei. Es stellte sich heraus, daß es der Proviantwagen war vom Rat. Die Reiter hingegen waren Bediente des Grafen, voran der Herr Amtmann Rudloff und der gräfliche Stallmeister Alexander von Hoym.
Der Schulze von Haarhausen war unterdes noch immer nicht zu sehen, und so erließ der Bürgermeister den Befehl, daß man warten und derweilen ein wenig speisen solle, um sich zu stärken und für das Kommende zu rüsten. Also ließ sich alles nieder auf das spärliche Gras des Berges, Musketiere wie Bürger und ebenso die Schuljugend. Die Ratsherren mitsamt dem Herrn Bürgermeister und dem Amtmann hatten einen gesonderten Platz. Vom Fuhrwerk her wurden volle Kannen Bier geschleppt, und alle mampften das Mitgebrachte in sich hinein.
Der Amtmann, hageren und tieftraurigen Angesichts, sprach ernste Worte, während er sich auf sein Schnupftuch setzte. »Herr Feldhaus, unser gnädiger Herr Graf läßt Ihnen noch einmal bestellen, daß er gar nicht glücklich ist über den Flurumgang und ihn gern verschoben, wenn nicht gar ausgelassen gesehen hätte. Da er nun aber einmal stattfindet, empfiehlt er Euch dringend, alle Gewalt in dem besagten Flurstreit mit den Rudislebern zu meiden. Er verspricht, in diesem Fall dem Stadtregiment gewogen zu bleiben und zu vermitteln, so weit und so gut es geht.«
Der gräfliche Stallmeister von Hoym nickte bei diesen Worten mit seinem großen Kopf. Bürgermeister und Ratsherren hörten stumm zu und sahen verbissen und unter unablässi-

gem Kauen nach Rudisleben, als kämen von dort haufenweise ihre Feinde gezogen. Dennoch bedankte sich Feldhaus und meinte, daß es der Stadt nur auf das alte, angestammte Recht ankomme. Das wolle sie behalten, und daran müsse sie erinnern. Sie sei es ihren Bürgern schuldig. Recht müsse Recht bleiben.
Daraufhin wieder der Amtmann: »Schon, schon, Herr Bürgermeister, aber der Herzog von Weimar hat sich reingemengt, und mit dem will es mein Herr nicht noch mehr verderben.«
Jetzt meldete sich der Herr Stadtschreiber de Zuana zu Wort, nachdem er hastig ein Stück Schinken gekaut und hinuntergeschluckt hatte: »Wir wissen wohl, Herr Amtmann, daß das Oberste Gericht dem Herzog in Weimar obliegt, doch solange kein endgültiger Spruch vorliegt, müssen wir auf unserem Recht beharren.«
Mißmutig schwieg der Amtmann, während ihm der Stallmeister einen bedeutungsvollen und besorgten Blick zuwarf.
Seitab der Gruppe, wo der Stadtleutnant mit seinen Musketieren saß, schrie einer, daß Reiter kämen, ob das vielleicht die Haarhäuser wären. Tatsächlich kam vom Ried her, wo ehemals ein See gelegen, die Haarhäuser Abordnung in derart gemächlicher Gangart, daß dem Stadtschreiber die Zornesader auf der Stirn anschwoll. »Die nehmen sich so viel Zeit«, sagte er wütend, »daß man denken könnte, sie hätten sie gepachtet.« Dabei gab er den Trommlern und Pfeifern ein Zeichen, die nun auf der Stelle ihr Mittagsmahl unterbrachen und zu lärmen anfingen.
»Man hofft«, sagte Börner spöttisch, »daß sie daraufhin etwas schneller reiten. Aber wie ich sehe, tun sie es ums Verrecken nicht.« Er wandte sich an Bach. »Es läuft alles auf Einschüchterung heraus. Hundert Leute stehen zwei Bauern

gegenüber. Und die Hundert machen einen Krach, als müßten sie die eigene Angst betäuben.«
Bach sah, daß die Gäule der beiden Bauern, statt in Trab zu verfallen, im Gegenteil immer gemächlicher und langsamer liefen, als ob sie wie träumend durch die Flur streiften. Je näher sie dem Lärm kamen, desto bedächtiger setzten sie Huf vor Huf. Der Stadtschreiber zog ein Gesicht, als wäre er beim Zahnbrecher, legte es aber sogleich in freundliche Falten, als die beiden nahe heran waren. Nun setzten das Hüteschwenken und die gegenseitige Begrüßung ein, wenn es sich der Stadtschreiber auch nicht verkneifen konnte, einen kleinen, vorsichtigen Verweis zu erteilen.
»Ihr habt Euch, mit Verlaub gesagt, nicht sehr beeilt, Herr Schulze.«
Der Herr Augustinus Spittel ließ sich mühsam von seinem Roß herab, ebenso sein Gerichtsschöppe, dessen Pferd, wie Bach sah, auf einem Auge blind war. Es starrte weiß und blicklos über den Kalkberg in den blauen Himmel, als wollte es sagen, daß ihm der Flurzug gestohlen bleiben und sonstwohin ziehen könne.
»Wir sind, Herr Stadtschreiber, dringend geschäftehalber auf'm Amt in Ichtershausen gewesen. Ruft die Herrschaft, müssen wir reiten, ob wir wollen oder nicht. Die Herren haben sich ja derweilen, wie ich sehe, aufs beste verlustiert.« Er sah mit mürrischem Gesicht auf die Bierkanne, die im Gras stand.
»Ihr könnt«, sagte der Stadtschreiber nun wieder und verzog sein Gesicht ein wenig, »gern Euren Durst stillen. Wollen aber erst die Formalitäten hinter uns bringen, damit wir um so schneller weiterkommen.«
Er begann seinen Spruch aufzusagen, unterdes der Schulze noch immer begierig auf die Kanne sah.
Wie der Stadtschreiber schwieg und ungeduldig auf die

Antwort des Schulzen wartete, riß der sich von dem schönen Anblick los und sah den Bürgermeister an.
»Herr Feldhaus, es steht durchaus nicht zum besten zwischen dem Dorf und der Stadt. Es muß was ausgeräumt und auf der Stelle entschieden werden. Erst dann kann ich blöken, wie Ihr wollt.«
»Was habt Ihr denn, Herr Spittel? Nach meinem Wissen gibt es nichts, was offenstünde zwischen uns.«
»Doch, da gibt's was, mit Eurer Erlaubnis. Sagt mir ein Mitnachbar, er heißt Görg Unbereit, daß er seine Gans vermißt. Im Dorf ist sie nicht aufzufinden. Er sucht sie überall, sie bleibt verschwunden. Nun kommt er in die Stadt und denkt, sie mag vielleicht dorthin geflogen sein, weil die Luft 'ne andre ist. Stellt Euch vor, er findet sie in der Schar, die jenem dort gehört!« Der Schulze hatte sich umgewandt und wies mit der Rechten auf den Feldhüter der Stadt, der sich eben hinter einer Gruppe von Musketieren verkriechen wollte.
Bürgermeister und Ratsherren rissen ihre Augen auf. Unter den Umstehenden entstand ein Gelächter. Der Bürgermeister winkte heftig, daß sie still schwiegen, und brüllte: »Kallenberg, kommt einmal her!«
Der Feldhüter kroch hinter den Musketieren hervor und näherte sich zuerst mit verlegener Miene. Dann aber, je näher er kam, packte er fester seine Hacke, ging aufrecht und stellte sich mit entschlossenem Gesicht vor seinen Herrn.
»Der Herr Augustinus Spittel, Schulze von Haarhausen, beschuldigt Euch, eine Gans aus Haarhausen in Eurem Besitz zu haben. Der Eigentümer Görg Unbereit hätte sie bei Euch wiedererkannt. Habt Ihr etwas dazu zu sagen?«
»Mit Eurer Erlaubnis, ich weiß von keiner Gans aus Haarhausen. Mit Gottes Hilfe zieh' ich seit dem Frühjahr acht Gänse auf, keine mehr und keine weniger. Hab' sie alle

durchgebracht und kann keine davon entbehren. Da kommt so ein Narr und will eine Gans von meinen Gänsen. Wie sollte ich das zulassen. Meine Alte täte mir die Augen auskratzen, ließe ich's zu.«
»Aber eine davon«, schrie der Haarhäuser Schulze, »gehört dem Unbereit und ist gestohlen oder zugelaufen.«
Der Gerichtsschöppe unterstützte seinen Schulzen, indem er hinterherrief: »'Ne Dorfgans is größer als 'ne Stadtgans. Geht hin, Herr Bürgermeister, und beguckt sie Euch. Is größer als die anderen. Hab' se gesehen. Is dem Unbereit seine. Hat'n grauen Hals und graue Flügel und 'n grauen Bauch. Sonst is se weiß. Is dem Unbereit seine.«
Der Bürgermeister sah auf seinen Feldhüter und setzte eine drohende Miene auf. »Kallenberg, zum Teufel auch, wollt Ihr Euch wohl dazu äußern. Wir müssen weiter.«
»Weiß von keiner Gans aus Haarhausen. Alles Geschwätz. Meine Gänse sind auch grau und weiß und groß. Alles Narrengeschwätz.«
Der Haarhäuser Schulze, puterrot im Gesicht, wandte sich stracks um und machte Anstalten, sein Pferd zu besteigen. Sein Gefährte tat es ihm gleich.
Bürgermeister und Ratsherren glotzten wütend auf ihren Feldhüter. Der Stadtschreiber sah verzweifelt auf den Schulzen, dessen linker Stiefel schon im Steigbügel steckte. »Herr Schulze!« rief er hastig und lief zu ihm hin, »Herr Schulze Spittel!« Er zog ihn an seinem braunen Rock und sprach halblaut auf ihn ein. Keiner verstand etwas. Spittel nahm seinen Stiefel aus dem Steigbügel, und der Stadtschreiber führte ihn hin zur Kanne. Der Gerichtsschöppe folgte ihnen. Die Ratsherren ließen den Feldhüter stehen. Allesamt standen sie nun rund um die Kanne, tranken sich zu und murmelten untereinander.
»Mein Gott«, sagte Börner und lachte dabei, »wenn diese

dumme Gans eine Ahnung davon hätte, daß wegen ihr die Weltgeschichte ins Stocken geraten ist, und wenn sie sehen und begreifen könnte, daß wegen ihr mehr als hundert Leute hier im Grase liegen und nicht weiterkommen, dann wäre sie so stolz wie ein Adler.«

Tatsächlich war die ganze Heeresmacht umgesunken und lag zum Teil schnarchend im Gras. Nur die Schuljungen balgten sich im Steinbruch und spielten Fangen. Die Sonne brannte ohne Mitleid herab auf den Berg, so daß die deliberierenden Ratsherren sich immer wieder den Schweiß von der Stirn wischten. Eine neue Kanne wurde vom Fuhrwerk geholt, und hin und wieder hörte man ein lautes Wort des Haarhäuser Schulzen und sah, wie er mit der linken Faust in die Luft über sich fuhr, wie im Trotz oder Grimm. Seine Rechte nämlich hielt den Bierkug und mußte ihn, wenn der Schulze nicht gerade sprach, zum Munde führen.

»Jetzt wird es mir aber zu dumm«, erregte sich Bach, »die Sonne wandert immer weiter fort, und ein Ergebnis ist so schnell nicht zu erwarten. Sie saufen wie die Löcher, und wir sind dazu verurteilt zu verdursten wie das liebe Vieh.«

Kaum hatte er's gesagt, traten die Ratsherren von der Kanne weg, wandten sich um, und der Stadtschreiber schrie über das schlafende Volk: „He da, aufgewacht. Es geht weiter!«

Die Leute rappelten sich mühsam hoch. »Wir als gegenwärtige Obrigkeit sind zu folgendem Schluß gelangt. Am heutigen Abend wird einer der Stadtknechte mitsamt einer Amtsperson die bewußte strittige Gans nach Haarhausen bringen und sie auf dem dortigen Dorfanger aussetzen. Sollte sie ihren ordentlichen Ein- und Ausgang finden, so gehört sie dem besagten Görg Unbereit. Der Feldhüter wird sodann nach Ermessen des Rates mit entsprechender Strafe belegt.«

Alles staunte über den gescheiten Spruch, aber schon trat

der schwankende Schulze von Haarhausen einen Schritt vor und verkündete mit gewichtiger Stimme, daß man, wenn es so wäre, nichts mehr zu erinnern wüßte und gute Feldnachbarschaft gehalten werden könne. Und er trampelte mitsamt dem Gerichtsschöppen hinter sich zu seinem Pferd, wo er sich sicherer fühlte und einen Halt hatte. Ein Bürger half ihm ebenso hinauf wie andere jenen Ratsherren in die Kalesche halfen, die auch schon schwankten und mit verdächtig roten Köpfen und glasigen Augen in die Gegend starrten.

Der Flurzug setzte sich schwerfällig in Bewegung. Es ging den Kalkberg hinab und direkt in die Höhle des Löwen, wie Börner sagte.

Die Schlacht bei Rudisleben

Aber noch war es nicht soweit. Unterm Erdfeldchen in der Rehestädter Ecke angelangt, trafen sie auf die Vertreter jenes Dorfes, wobei alles wie gewünscht ablief. Der Zug wandte sich sodann in östliche Richtung geradenwegs auf Rudisleben zu. Hier war die Landschaft eben wie ein Tisch und so menschenleer, daß alle dachten, die Bauern von Rudisleben hätten sich auf das schmählichste in ihren Häusern verkrochen.

Doch kaum war der Flurzug nur noch fünfhundert Schritt von der Gera entfernt, begann im Dorf die Glocke zu läuten, und ein heftiges Gerenne und Gelaufe war am Rande des Dorfes zu sehen, wo sie vorüberziehen mußten. Die Glocke, als überschlage sie sich, war so durchdringend, und ihr Klang fuhr der Streitmacht so hart und unnachsichtig in Glieder und Knochen, daß alle wie erstarrt und wie in einer Art banger Erwartung abwechselnd auf den Turm und dann wieder auf den Dorfrand glotzten. Aus den Fenstern der Kalesche hingen die Ratsherren und hielten ihre roten Köpfe in die Luft. Der Bürgermeister Feldhaus ritt tapfer und unverdrossen vorneweg. Als die Glocke zu klingen begann, hatte er den Tambours und Pfeifern ein Zeichen gegeben, und die trommelten und pfiffen nun los, aber es schien, als verlören sich ihre Bemühungen und der Klang ihrer Instrumente in der blauen Luft um sie herum. Immer wieder klang die Glocke hindurch, und je näher sie dem Fluß und der Brücke kamen, um so sieghafter und lauter klang sie den Bürgern der Stadt in den Ohren.

Der Amtmann Rudloff und der Stallmeister von Hoym warfen unruhige Blicke sowohl zum Dorfrand, als auch auf die Teilnehmer des Flurzuges, besonders auf die Musketiere, die mit bleichen und entschlossenen Gesichtern immer weitermarschierten. Der Amtmann ritt an die Seite des Bürgermeisters und sprach auf ihn ein. Je länger und dringlicher er redete, desto mehr verzog sich Feldhausens Gesicht. Hinzu kam, daß an der Brücke, die vor ihnen auftauchte, fünf oder sechs Personen standen, die unverwandt auf die näherkommenden Städter sahen.

Feldhaus hielt widerstrebend an, sein Pferd warf den Kopf in die Höhe und prustete laut, der Bürgermeister gab ein Zeichen, und die Spitze der Kolonne hielt an, während sie hinten noch immer weitermarschierten, so daß das Heer der Städter immer kompakter wurde und schließlich zum Stehen kam. Unmutige Flüche und Rufe erhoben sich. Die beiden Organisten liefen unterdessen bis vor zur Spitze und sahen, daß der Amtmann samt dem Stallmeister auf dem Weg zur Brücke waren.

»Da steht«, sagte Börner halblaut zu Bach, »meine ganze Verwandtschaft. Der Landfähnrich Martin Börner ebenso wie mein Onkel Hans Valten. Rechts davon steht der Schulze Paul Löbering. Der große Hagere fehlt auch nicht, wie du siehst. Sie wollen niemanden durchlassen. Was mich wundert, ist, daß so wenige den Durchgang verwehren wollen.«

»Dabei war vorhin ein Gelaufe im Gange, daß man denken konnte, es sammle sich ein ganzes Heer von Bauern an der Brücke.«

»Eben, daran dachte ich auch, aber die sind allein, wie man sieht.«

Amtmann und Stallmeister stiegen von ihren Pferden und schwatzten mit dem Schulzen und mit dem Landfähnrich, aber kein Wort war zu verstehen.

»Ich begreife nicht«, sagte Bach, »warum der Graf so ein starkes Interesse daran hat zu schlichten. Es kann ihm doch gleich sein, wie sich das Ganze regelt.«
»Da irrst du sehr. Er will keinerlei Aufruhr. Das macht einen schlechten und unchristlichen Eindruck. In Gotha und Eisenach und vor allem in Weimar hieße es dann, der Graf sei nicht imstande, seine Länder ordentlich zu regieren. Das will er sich nicht vorwerfen lassen.«
Wie nun die Vertreter der Herrschaft mit Schulze und Landfähnrich die Köpfe zusammensteckten, sah Bach, daß von der Stadt her immer mehr Personen gerannt kamen, sicher der Neugier halber, wie es nun ausgehen würde. Er erkannte, das allen voran der Wirt vom »Ritter« lief, Herr Hönike. Wieselflink, was man ihm gar nicht zutrauen mochte, lief er zwischen Weidengesträuch und Krautland stracks zum Flurzug und stellte sich schwer atmend auf eine gute Position, von wo er alles gut observieren konnte.
Bach wandte den Blick von ihm weg, da er befürchtete, er würde von ihm begrüßt. Es kamen Amtmann und Stallmeister auf ihren Pferden wieder zurückgeritten, und Rudloff verkündete mit lauter Stimme, daß der Herr Löbering, Schulze des Ortes, der Auffassung sei, es sei des Dorfes Flur, durch die der Flurzug gehen wolle. Sie wollten es aber nicht zulassen, daß die Bürger über die Brücke und durch das Obergehege zögen. Eine Beschwerde beim Obergericht in Weimar sei anhängig, und in jeder Minute werde Antwort und Entscheid erwartet.
Feldhaus verzog das Gesicht und schüttelte den Kopf zum Zeichen, daß er nicht einverstanden war. Desgleichen taten die Ratsherren in der Kalesche. Der Herr Hans Christian Rudloff beschwor sie daher mit denkbar ernster und sorgenvoller Miene: »Wir sollten doch, Ihr Herren, auf das weimarische Reskript warten. Es ist ja unterwegs, wie mir der

Schulze glaubhaft versicherte. Vor zwei Stunden noch haben Sie geduldig wegen einer Gans deliberiert, da können Sie doch ebenso . . .« Der Herr Amtmann wurde brüsk vom Herrn Stadtschreiber unterbrochen, der geradezu grob ihm ins Wort fiel und schrie: »Ist es da, das Reskript, sollen sie es uns zeigen, ist dergleichen aber nicht vorhanden, müssen wir, so Gott will, weiterziehen. Das sind wir der Bürgerschaft schuldig.«

Nun ritten Amtmann und Stallmeister des Grafen wieder zurück und tuschelten ebenso wie vorher mit jenen von Rudisleben.

Hönike, der Wirt vom »Ritter«, war noch etwas näher herangerückt und musterte begierig das Geschehen.

Der Flurzug rückte langsam, aber stetig weiter vor. Jene, die ganz hinten sich befanden, drückten die Vorderen immer näher an die Brücke. Der Landfähnrich von Rudisleben trat ihnen ein paar Schritte entgegen und protestierte gegen den Vormarsch. Aber es half alles nichts. Die Hinteren drückten immer weiter, und die Vorderen mußten, ob sie wollten oder nicht, ein Bein vor das andere setzen. Der Landfähnrich sprang zurück zu seinen Leuten, Amtmann und Stallmeister ritten flugs auf die Seite und schienen erschrocken und verbittert, weil sie nichts erreicht hatten.

So drängte alles nach vorne, in einer Art dumpfen und blindwütigen Dranges, der wie von selbst entstanden war und sich nun ebenso entlud gleich einem Gewitter, das sich zusammengebraut hatte und, wie immer auch, nach einem Ausweg suchte. Mensch und Tier setzen Fuß vor Fuß, das eine Wesen so blind und so bedenkenlos wie das andere und angestachelt von vielerlei Beweggründen, an die freilich niemand mehr dachte.

Nun aber geschah etwas, was keiner für möglich gehalten hätte. Die beiden Organisten sahen wie durch Zauberhand

Brücke und Ufer des Flusses von einem Augenblick zum anderen völlig verwandelt. Da erhoben sich nämlich die Waffen der Bauern, als da waren Dreschflegel und Rodehacken, Sensen und Knüppel, Sicheln und Reichgabeln und schließlich uralte, verrostete Musketen und armlange Pistolen. Dies alles wurde emporgereckt und fuhr in der Luft hin und her, als wolle man drohen und warnen.

Bach trat erschrocken ein paar Schritte zurück und weg vom Flurzug. Börner folgte ihm, und so standen sie nun auf der Seite und sahen aus, als wollten sie sich aus allem heraushalten und seien nur zufällige Observanten.

Durch den Zug der Bürger lief eine Welle des Stockens, die Spitze verhielt einen winzigen Augenblick, die Hinteren prallten auf die Vorderen und traten ihnen auf die Hacken, so daß ein fortgesetzter Stau durch den Zug lief, als wäre ein Stein ins Wasser geworfen worden. Aber dennoch, trotz der drohend erhobenen Waffen an der Brücke, ging es weiter wie zuvor, nur mit noch größerer Wut und unter sich erhebendem Geschrei, das zumeist aus Flüchen auf die Bauern bestand. Das weiße, abgewetzte Holz der Dreschflegel und die blinkenden, sorgsam gespitzten Zinken der Reichgabeln kümmerte das aber mitnichten, denn im Gegenteil erschienen nun die Gesichter und Köpfe der Bauern am Rand der Brücke und zwischen dem Weiden- und Erlengesträuch. Es war, als heckten Brücke und Büsche immer neue Köpfe und Leiber, so viele wurden es, und als hätten sich die Bauern ganzer Landstriche bei Rudisleben versammelt. Auf der anderen Seite des Flusses, wo Steinhaufen aufgeschichtet waren, war jetzt deren Sinn zu erkennen, denn die halbwüchsigen Jungen der Bauern tauchten plötzlich wie aus der Erde gewachsen hinter den Haufen empor und packten die Steine mit ihren kleinen und schmutzigen Fäusten.

Und als hätten sie das Werfen seit Wochen eingeübt,

schmissen sie alle zur selben Zeit, so daß geradezu in den Bürgerhaufen ein mörderischer Hagel fuhr. Das war der Auftakt, eine Art Begrüßung, an die niemand auch nur im Traum gedacht hatte. Ebenso aber, wie die Steine herabfielen, hoben die Bürger ihre Hände über den Kopf mitsamt der Musketen und Prügel und Degen. Es schien, als flehten sie den Himmel an, daß er sie schützen und Unheil verhüten möge. Gleichzeitig liefen die Bürger in dumpfer Wut und unter Geschrei immer weiter, so daß die Spitze die Brücke erreichte. Die Bauern hingegen erhoben sich vollends zu ihrer ganzen Größe und stürzten ebenfalls vorwärts. So prallten beide Heere aufeinander. Die Pferde scheuten und bäumten sich auf. Jene vor der Kutsche drängten zur Seite und wieherten vor Angst. Sie waren von Steinen getroffen worden. Das weiße, buchene Holz der Dreschflegel klatschte dumpf auf die Flanken der Tiere, und sie rasten rechts von der Brücke in panischer Furcht ins Wasser, mit der Kalesche hinter sich und mitsamt den bleichen, entsetzten Ratsherren.
Die beiden Organisten, ebenso erschrocken wie die Ratsherren, flüchteten noch weiter auf die Seite, so daß sie fünfzig Fuß vom Schlachtfeld entfernt einen sicheren Überblick behielten. Wie damals im Ratskeller rieb sich Börner die Hände. Die Furcht wurde bei ihm verdrängt von einer vergnügten Schadenfreude. »Sieh doch mal«, rief er Bach zu, »der Hagere vom Ratskeller hat mit seinem Dreschflegel vier Mann mit einem Schlag in die Flucht gejagt.«
Und wirklich, der Haufen der Bürger löste sich in seine Bestandteile auf und floh ebenso wie die Pferde der Kalesche, die im Wasser noch immer den Schlamm traten und versuchten voranzukommen. Die Ratsherren verbargen sich im Innern der Kalesche wegen der gezielten Steinwürfe. Des Bürgermeisters Gaul war hart getroffen worden, stieg auf

den Hinterbeinen empor und hing gewissermaßen über dem Kampfgeschehen, was dazu führte, daß der Herr Feldhaus abgeworfen wurde und in seinem eigenen Heer umherirrte, um es anzufeuern zu Tapferkeit und Mut. Dies gelang ihm aber nicht. Einem Stadtbürger, der mit Vehemenz an den beiden Organisten vorüberrannte und dabei aus vollem Halse schrie, steckte eine Reichgabel im Hintern. Sie war durch seine lederne Hose gefahren – ob geworfen oder gestoßen, konnte später nicht mehr eruiert werden – und hatte sich mit ihren zwei Zinken in seinen Hinterbacken verfangen. Bach, von Mitleid gepackt, sprang hinterher, ergriff ohne Bedenken den Gabelstiel und riß die zwei Zinken aus Hintern und Hose. Er dachte, nun hätte das Schreien ein Ende, aber das war durchaus nicht der Fall. Der Mann schrie lauter als zuvor vor Schmerz oder vor Wut. Bach warf die Gabel beiseite und begab sich wieder zu Börner. Der sah mit verklärtem Blick auf das Desaster des Stadtheeres und hatte dieserhalben gar nicht bemerkt, daß Bach seiner Bestallung zuwidergehandelt hatte, indem er sich der Reichgabel bemächtigte. Bach aber begriff plötzlich, was er getan hatte, und schwor sich, fortan keinen Finger zu rühren, was immer auch geschehn mochte. Später erfuhr er, daß es der Perückenmacher Theodor Möller gewesen war, dem er die Gabel aus dem Arsch gezogen. Er hatte das Vergnügen, zum Dank von dem ehrenwerten Manne eine recht billige Perükke zu bekommen.

Jetzt aber war noch immer die Schlacht im Gange. Freilich verlor sie sich immer mehr in städtische Gefilde, da die Bürger sich schmählich zurückzogen und aller Mut verschwunden war. Am Fischgalgen, wo das Obergehege endete, sammelte sich der verstreute und geschlagene Haufen, die Bauern standen mit stolz erhobenen Köpfen wiederum an der Brücke, ihre Glocke dröhnte noch immer vom Dorf her, die halbwüchsigen Bauernjungen führten Freudentänze auf, blieben aber dennoch achtsam in der Nähe der Steinhaufen. Noch weiter hin, wo das Dorf begann, standen die Weiber und schwangen ihre Kopftücher, als wären sie auf der Kirmes.

Bach und Börner liefen in gehöriger Entfernung vom Geschehen zum Fischgalgen und sahen dort die Bescherung. Die Blessierten lagen und standen beisammen und jammerten zum Erbarmen. Stadtschreiber und Bürgermeister sowie der Fourier mit dem Schreibzeug standen bei ihnen und machten ein Protokoll. Der Stadtschreiber war durchnäßt bis an die Brust, er mußte durchs Wasser geflüchtet sein. Die Kalesche lag noch in der Gera direkt vor der Brücke. Als wäre nichts geschehen, diktierte De Zuana tapfer das Protokoll, indem er die Blessierten der Reihe nach musterte: »Johann Heinrich Schlaun – mit der Hacke ein Loch in den Kopf geschlagen, Friedrich Günther John – mit einem Stein ein Loch in den Kopf geworfen, Christian Bastian Rödiger – mit einer Hacke ins Gesicht geschlagen, ein Auge und die Backe kaputt, Nikol Lorenz Scholle – mit einem Stein das Knie zerworfen.«

Der Perückenmacher Theodor Möller kehrte sich um und hielt dem Stadtschreiber seinen entblößten und blutenden Hintern entgegen. De Zuana beugte sich vor, besah den Schaden und sagte zum Fourier: »Theodor Möller – mit einer Reichgabel verfolgt und gestochen sowie«, er sah auf den blanken Kopf des braven Mannes, »die Perücke heruntergerissen. Wo ist sie denn geblieben, Monsieur Möller?«

»Der Erzlump von Bauer hat sie in die Gera geworfen. Eine mit echten Haaren. Sie war ihre zehn Taler wert.«

»Gebt dem Fourier einen möglichst genauen Steckbrief von dem Bauernlümmel.«

Und so ging es weiter. Wohl an die zwanzig Personen waren schwer blessiert und begaben sich hinkend und jammernd entlang der Gera in die Stadt. Jene, die nicht laufen konnten, wurden mit dem Wagen gefahren, der das Essen und das Bier gebracht hatte. Der verstörte und in seiner Ehre stark angeschlagene Rest schleppte sich mit aller Vorsicht in Richtung Dornheim, um die Vertreter der letzten Dorfschaft zu begrüßen. Amtmann und Stallmeister des Grafen waren verschwunden. Sie waren sicher zur Berichterstattung zum Schloß geritten. Ebenso war auch Hönike wie vom Erdboden verschluckt. Er saß gewiß bereits in seiner Kammer und schrieb an dem Bericht nach Weimar, dachte Bach. Sie gingen beide, er und Börner, an der Gera entlang und den Blessierten hinterher, deren Stöhnen und Jammern über das Wasser des Flusses klang. Der aber floß wie von altersher, als kümmere ihn das alles nicht.
Die Perücke, dachte Bach, schwimmt jetzt bald durch Erfurt. Irgendwann, nach Tagen oder Wochen, erreicht sie das Meer und gibt der Welt Kunde von der großen Schlacht bei Rudisleben am dreißigsten August des Jahres siebzehnhundertdrei.

Markttag

Am folgenden Tag lagen für Bach zwei Briefe auf der Posthalterei. Einer von ihnen kam aus Weimar, von dem Fuhrmann Weller, worin er ihm verwundert mitteilte, es seien ihm fünf Taler übersandt worden, freilich ohne daß ein Absender angegeben worden wäre und ohne ein einziges Wort. Nun frage er an, ob der Herr Organist der Absender sei und wenn, dann wolle er ihm von ganzem Herzen danken. Er solle ihm doch eine Nachricht geben und würde ihm dann, wenn sich seine Vermutung bestätige, die Taler wieder zurücksenden, da er ein solches Geschenk unter keinen Umständen annehmen könne.

Bach saß vor dem Brief und begann zu lachen. Jetzt wurde er, ob er wollte oder nicht, erneut in die Sache verwickelt.

Der zweite Brief kam aus Gehren und versetzte ihn in heftige Erregung. Maria Barbara schrieb ihm, daß die Frau Mutter neben ihr säße und jede Zeile diktiere, es sei demnach nicht ein Brief von ihr, sondern von der Frau Mutter. Sie wolle sich aber, ehe sie es vergesse, für den schönen, bronzenen Doppelknopf bedanken, den er ihr verehrt habe.

Sodann kam die Tante zu Wort. Die Taler wären richtig angekommen, und er soll das Instrument nur recht fein in acht nehmen und nicht so heftig darauf herumhämmern, wie er es in Gehren getan habe. »Was den Doppelknopf betrifft, so verstehe ich nicht recht, was er bedeuten soll. Wenn Du Dich erdreistest, der Jungfer ein solches Geschenk zu machen, dann ist wohl ein verborgener Gedanke im Spiel. Oder willst Du sie veralbern und hinters Licht führen? Du mußt Dir wohl bewußt sein, daß derartige Liebesgaben, um es rundheraus zu sagen, ein Versprechen darstellen, das eingelöst werden muß. Ich denke nur, daß Du Dich erklären solltest. Die Jungfer wird daher am kommenden Sonnabend in aller Frühe mit Leuten von hier nach Arnstadt zum Markte laufen und wird Dich am Vormittag bei meiner Schwester, ihrer Tante Frau Regina Wedemann, in des Bürgermeisters Haus erwarten. Ich habe der Jungfer mit aller Strenge aufgetragen, was sie Dich fragen und wie sie sich verhalten soll. Meiner Schwester hab' ich auch eine Nachricht zukommen lassen. Nun sieh zu, daß Du Dich schicklich verhältst und daß es einen Anstand gibt, der Dich und auch die Jungfer ehrt.

Was den Degen betrifft, so könntest Du wohl Dein Salär besser verwenden und bei Dunkelheit im Hause der Tante bleiben. Wenn Du freilich immerfort in Wirtshäuser läufst und nächtens erst nach Hause schwanken mußt, dann kommst Du um den Degen nicht herum. So zieht eines das andere nach sich, doch besser wäre es, Du würdest den Kopf gebrauchen und weniger die Hand, nur weil es Dich gelüstet, Deine Taler zum Bierwirt zu tragen. Das war es, was ich sagen wollte.

Nun gehab Dich wohl! Dies wünscht Dir Deine Dir trotz allem wohl gewogene Frau Tante Katharine Bachin.«

Bach saß da und starrte auf den Brief, seine Augen suchten noch einmal den Anfang und lasen ihn erneut. Es schmerzte ihn, wie sie schreiben konnte »eh ich's vergesse«, aber dieser Gedanke ging unter in der Überlegung, daß er sie anderntags, am Sonnabend, sehen würde. Jene Vorstellung beherrschte ihn nun ganz und gar, und er stellte sich das Wiedersehen vor. Er würde vor ihr stehen, von einem Augenblick auf den anderen, freilich im Angesicht ihrer Tante, die er nur ein einziges Mal nach dem Frühgottesdienst gesprochen hatte. Er dachte, daß sie anders war als ihre Schwester, die Tante in Gehren. Sie war viel jünger, vielleicht nur doppelt so alt wie er. Mit ihr würde er besser zurechtkommen. Er glaubte sogar, daß sie, wenn er sie bäte, ihn mit Maria Barbara allein zu lassen, darauf eingehen könnte.

Nun hatte er die schönsten Intuitionen. Er stellte sich vor, mit Maria Barbara bis hoch zur Schwedenschanze zu gehen oder am Schönen Brunnen vorbei bis zum Schornstein, und daß er dabei über alles sprechen könnte, was ihn bewegte. Dann, als er den Brief noch einmal gelesen hatte, mußte er lachen, weil die Tante ihn mit ihren Worten förmlich festnagelte, als hätte er mit dem Doppelknopf gesagt, daß nun geheiratet werde. Sogleich dachte er an das Mentzersche Handbüchlein. Er hatte es inzwischen gelesen und die Artikel über den Ehestand und das Verhalten der Eheleute zueinander noch im Kopf. Was ihn bewegte, war mitunter der Gedanke, ob es bei ihm nur Begehrlichkeit war und der Wunsch nach einem Menschen, mit dem er vertraut sein könnte, oder ob er sie wirklich und ganz und gar liebte, so daß ihn nichts mehr anfechten konnte. In Lieb und Leid fest beieinander halten, hieß es bei Mentzer, Liebe und Treue sollen rein, unverfälscht und beständig sein. Das war es, worum seine Gedanken kreisten, selbst dann noch, als er den Brief des Fuhrmanns Weller beantwortete. Er schrieb ihm, daß die Taler nicht von ihm wären, er sie demnach behalten müsse. Es sei den Hohlwegslaurern offenbar nur auf die Briefe angekommen. Vielleicht hätte sie der Diebstahl der fünf Taler gereut. Er solle sie daher getrost ausgeben und ohne Sorge sein.

Am Nachmittag erschien die ehrenwerte Kommission des Rates im Haus der Tante. Sie bestand aus dem Ratskämmerer Johann Dietrich Petzold, dem Ratsherrn Jakob Christoph Schmidt und dem Stadtknecht Christian Morgenstern. Die Herren liefen zuerst schnüffelnd im Erdgeschoß und sodann im ersten Stock umher, runzelten ihre Stirnen und trabten zum Nachbarn, den Bach sogleich vom Hof her jammern hörte, und kamen nach kaum einer halben Stunde wieder zurückgelaufen. »Der penible Geruch, Frau Bachin«, ließ sich der Ratsherr vernehmen, »ist weiß Gott nicht von der Hand zu weisen.«

Bach, der im Treppenhaus stand, hörte, wie die Tante heftig lospolterte: »Das ist kein penibler Geruch, sondern ein grausamer Gestank! Warum sich wählerisch ausdrücken? Der Nachbar hat mich injuzieret vor dem Haus, auf offener Straße, als ich ihm sagte, daß er Unflat und Gestank ändern soll. Er hat mich heftig gescholten, mich, eine wehrlose Witwe.«

Wieder war die versöhnliche Stimme des Ratsherrn zu vernehmen. »Ja, doch, Frau Bachin, wir haben es ihm vorgehalten, und er sieht es ein, will sich entschuldigen und in Zukunft christlich aufführen. Es ist wahr, Kloake und Schweinekoben des Herrn Nachbar liegen an der Wand an. Es ist seine Sotte, die herübertritt.«

»Und was soll nun werden mit dem Gestank und mit der Schwelle, die ganz verfault ist?« erregte sich die Tante.

»Beides muß, wie sich's gebührt, drei Schuh von der Wand weg. Wir haben es ihm ans Herz gelegt, und der hochweise Rat wird ihm diesen Beschluß schwarz auf weiß mitteilen und es von ihm verlangen. Ihr könnt Euch ganz darauf verlassen, Frau Bachin!«

Daraufhin war ein unverständliches, mißtrauisches Murmeln der Tante zu hören. Sie begleitete die Herren zur Tür und ließ sie hinaus. Da stand bereits der Nachbar und entschuldigte sich tatsächlich bei ihr. Bach hörte ihn sagen, daß er sich christlich mit ihr versöhnen und alles tun wolle, um die lamentablen Umstände zu beseitigen.

Nun ging Bach zur Treppe hinab. Die Tante kam von der

Tür zurück und sagte mit ärgerlicher Stimme: »Da siehst du, wie es ist, wenn eine arme, wehrlose Witwe etwas von der Obrigkeit will. Ich rede seit einem halben Jahr. Es geschieht nichts. Kaum aber sagst du dem Feldhaus etwas, schickt er eine Kommission, und es ändern sich die Dinge. Es ist etwas ganz anderes, wenn ein Mann im Hause ist.«
Bach sah sie traurig an und sagte kein Wort. Er dachte: Frau Tante, du weißt nicht, wie es gelaufen ist und unter welchen Umständen ich's Feldhaus sagte. Wenn er mir nicht verpflichtet wäre wegen des Wellers, könntest du lange auf eine Kommission warten.
Es schlug gerade sieben Uhr, als Bach am anderen Morgen die Kohlgasse verließ und zum Markt ging. Er sah, wie der schwarze Adler am Rathaus seine Flügel schwang und wie die wilden Männer die Stunden zählten. Bis hin zur Klostermühle standen schon die Fuhrwerke aus den gothaischen Dörfern, und der Markt war voller Menschen und Buden. Er lief an der Südseite des Marktplatzes entlang. Da standen die Weiber der Bürger und der Bauern an ihren Tischen und boten vor allem Hülsenfrüchte an, auch Korn in Vierteln und Achteln.
Dies war der Kleinmarkt, das »Dippchen« genannt. Die Stimmen der Stadtschreiber überschlugen sich vor lauter Eifer, während die Frauen aus den Dörfern verkniffene Gesichter machten, da der »Wisch« noch nicht geworfen war. Solange er an der Ecke des Rathauses hing, durften nur die Städter kaufen und verkaufen. So standen die Bauersfrauen und sahen neidisch auf die Tische ihrer Konkurrentinnen. Manche liefen umher und sahen in die Töpfe der anderen, und Bach hörte manch abfälliges und starkes Wort, das sogleich wütendes Geschrei hervorrief. »Ich will dich lehren«, schrie die Frau eines Stadtbürgers, die Bach kannte, da sie in der Kohlgasse wohnte, »meine Gerste schlecht zu ma-

chen!« Vor dem Tisch stand eine Bauersfrau und sah räsonierend in die Schüsseln. »Sie ist ebensogut wie deine und noch besser, du verkommene Landläuferin.«
Jene aus dem Dorf war aber nicht weniger aufs Maul gefallen. »Bin ich eine Landläuferin, bist du eine Kommißhure und noch dazu eine Betrügerin mit solch schlechter und geringer Ware.«
Bach ging schnell weiter, vom »Grimmen Löwen« bis vor zum »Güldenen Greif«, aber noch immer hörte er die beiden keifenden Stimmen. Er lief unter der Galerie hindurch, wo auf den Tischen Bäckerwaren angeboten wurden, aber auch Strumpfgarn und Nadlerwaren. Fäden aus gelbem Schwefel hingen herab und weiße Dochte. Vor der Galerie wurden Gemüse und Obst feilgeboten, und Bach sah zwischen die Pfeiler hindurch auf das bewegte Treiben und bis auf die Türme der Liebfrauenkirche, die hell und glänzend am Ende der Stadt standen und mit ihren Spitzen das Eichfeld zu berühren schienen, das sich jenseits des Weißetals erhob. Der Markt vor ihm wogte hin und her unter ständigem Geschrei und gellendem Rufen, aber Liebfrauenkirche und Eichfeld hinter ihm lagen stumm unter der Morgensonne und über der Stadt, ganz unberührt und regungslos. Es gab keinen größeren Gegensatz, aber niemand schien ihn zu bemerken.
Vorn, an der Ecke der Galerie, wurden Heringe, Forellen und Lachse verkauft. Ihre Leiber schillerten silbern. Sie glänzten, als kämen sie eben aus ihrem Element. Ihnen gegenüber, auf dem Langen Stein vor dem Rathaus, lagen geschlachtete Gänse, im Federkleid noch. An den herabhängenden Hälsen sah Bach verkrustetes Blut auf den weißen Federn, und sie lagen in einer Reihe, als schliefen sie erschöpft und müde vom gestrigen Tag. Dort, auf dem Langen Stein, wurde auch Butter verkauft. Die Tüchter, mit der sie

abgedeckt war, leuchteten weiß und rot, und ein paar Schritte weiter, wo Eier verkauft wurden, ließ eine Frau, offenbar eine Magd, die eben kaufen wollte, eines der Eier auf den grauen Stein fallen, was sogleich ein heftiges Schelten der Verkäuferin hervorrief. Mehr zur Mitte des Platzes hin, wo Tuche verkauft wurden und Beutler und Posamentierer ihre Buden hatten, stritt ein Beutler mit einem Käufer lautstark über die Qualität seiner Handschuhe. Er behauptete heftig, sie seien aus Kalbsleder, während der Käufer immer wieder schrie, daß es Schafleder wäre und er ihn betrügen wolle. Wie sie übereinkamen, konnte Bach nicht mehr in Erfahrung bringen, da er nach rechts zum Ledermarkt lief, wo die Frauen der Lohgerber Sohlen zuschnitten und verkauften. Gegenüber, an der Neuen Kirch, füllten die Erfurter Gemüsehändler ihre Tische mit Zwiebeln und Gurken und warteten darauf, daß der »Wisch« geworfen wurde. Ebenso warteten dort, an der Südseite der Kirche, die Töpfer aus Bürgel und Kranichfeld. Sie hatten unterdessen ganze Berge ihrer Waren aufgestellt. Die Fremden priesen bereits ihre Waren, verhalten noch und mit verstohlenem Blick auf den »Wisch«, wo schon der Marktmeister stand und ihn jeden Augenblick werfen konnte.

Bach blieb stehen. Er hörte alle Stimmen und dies in den verschiedensten Tonlagen, keifend und schimpfend, heftige, gellende Rufe und Lobpreisungen, sanftes Gemurmel und lautes Gelächter, Flüche und Weinen sogar, und alles flog durcheinander und kam von überall her, vom Markt und von den Wänden des Rathauses und der Kirche, so daß ihm schien, als sei alles durcheinandergemengt und nicht zu unterscheiden. Doch dann, je länger er stand, war es ihm, als klänge eine Melodie in allem, die Worte der Marktfrauen stiegen auf und ab, als würden sie gesungen und nicht einfach nur dahingerufen. Die Abstufungen in der Tonlage waren deutlich zu unterscheiden, und das Geschwätz der Spatzen in den Linden war ein immerwährender, fast kreischender Hintergrund, als würde oben in den Bäumen ein Continuo gehalten. Es gab einen Concentus aller Geräusche, selbst alles Spitze und Unerträgliche ordnete sich ein und diesem Concentus unter. Er lief weiter und sah durch die Gasse auf den Holzmarkt, wo halbwüchsige Jungen vom Wald mit ihren Schiebekarren standen und Wellenholz verkauften.

Nun mußte Bach, ob er wollte oder nicht – das Herz klopfte ihm, als er vor dem Haus des Bürgermeisters stand –, hineingehen und mit der Base sprechen und ihrer Tante. Er dachte, daß es noch früher Morgen war, somit unschicklich vielleicht und allzusehr nach Eifer und Ungeduld aussah, wenn er in solcher Herrgottsfrühe kommen würde. Er könnte, wenn er wollte, erst noch über den Holzmarkt und um's Karree durch die Zimmergasse zurückgehen und dann erst das Haus betreten. Wieder war jenes beklemmende Gefühl vorhanden, diesmal aber gemischt mit Freude und Hoffnung. So stand er, hörte den Lärm des Marktes, sprach sich Mut zu, raffte sich zusammen und schellte an der prächtigen, verzierten Tür.

Maria Barbara

Eine Magd öffnete ihm und lief voraus. Es ging eine Treppe empor in den ersten Stock und dort in die große Wohnstube des Bürgermeisters. Zuerst sah er die Jungfer Wedemann, die vor einem der Fenster saß und mit einer Handarbeit beschäftigt war. Sie hob den Kopf und sah ihm entgegen, im Gesicht einen erwartungsvollen Ausdruck, mit einem Quentchen Spott gemischt, wie Bach dachte. Aber vielleicht, redete er sich schnell ein, war es auch ein wenig Freude. Er war verwirrt in diesem Augenblick und wußte nicht, wohin er den Kopf wenden sollte. Eine grenzenlose Verlegenheit hatte sich seiner bemächtigt, denn der Jungfer gegenüber, vor dem nächsten Fenster, saß Maria Barbara, wandte ihm den Kopf zu und sah ihn mit großen Augen an, die ganz dunkel erschienen, da das Fenster sich hinter ihrem Kopf befand.
Er ging zwei Schritte in die Stube, die Magd schloß die Tür hinter ihm, und er übersah das Zimmer in seiner ganzen Länge und Breite, noch immer verlegen und in Ermangelung der richtigen Worte, die er doch sagen mußte.
So wünschte er einen guten Morgen, gab zuerst der Jungfer Wedemann die Hand und trat dann zu Maria Barbara. Jetzt fiel das helle Licht auf ihr Gesicht, die Sonne stand schon über dem Hexenturm und warf die Rechtecke der Fenster mitsamt den Sprossen auf die Wand gegenüber, wo auch der Kopf Maria Barbaras als Schattenriß erschien und seiner nun ebenfalls, da er sich hinabbeugte und die Kühnheit hatte, sie zu umarmen. Er wußte selbst nicht, von wo ihm dieser plötzliche Mut zugeflogen war, sondern spürte nur

eine plötzliche, heftige Zuneigung, viel stärker als in den Tagen zuvor. Und er sah, indem er Maria Barbaras Kopf umfaßte, ihrer beider Schatten auf der Wand, schwarz und wie unauflöslich auf dem gelblich-braunen Fichtenholz. Er dachte, daß er Maria Barbara nun immer lieben müßte nach dieser Regung, die ihn selbst überraschte.
Ihr Gesicht, in jähem Schrecken erst blaß und dann in ein plötzliches Rot getaucht, zog sich hastig zurück. Die Augen richteten sich wie hilfesuchend oder entschuldigend zur Tante, deren Hände die Arbeit fallen ließen.
»Es scheint alles ausgemacht zwischen euch«, sagte die Jungfer Wedemann verwundert und lächelte dabei.
»Von meiner Seite schon«, sagte Bach und atmete auf, als er ihr Gesicht sah.
Regina Wedemann, als einzige der vielen Töchter vom vormaligen Stadtschreiber noch unverheiratet und vielleicht sogar ein bißchen neidisch auf ihre Nichte, die im Begriff war, es recht glücklich zu treffen, sah sie forschend an. »Vielleicht sagst du auch etwas, Maria Barbara!«
Die Base hatte sich jetzt wieder gefaßt. Das Rot war verschwunden. »Was soll ich sagen? Er kommt herein und läßt mich nicht einmal Atem holen. Als wir im Wald waren vor vierzehn Tagen, hat er mich ebenso überfallen, wenn auch nur mit Worten. Mich anzufassen hat er sich nicht getraut, aber gewollt hat er's wohl.«
»Das ist nicht wahr. Wie kannst du so etwas sagen?«
»Und es ist doch wahr. Ich hab's gespürt!«
»Vielleicht hast du's gewollt und dir eingebildet!«
Jetzt wurde Maria Barbara fuchtig. »Du bildest dir etwas ein! Glaubst, du könntest mich stehenden Fußes haben und ohne wenn und aber. Aber eines sag' ich dir: Es braucht viele Mäuse, die Katze totzubeißen.«
»Wer spricht vom Totbeißen? Ich will dich liebhaben und

nicht totbeißen. Es scheint, als hätte dich deine Frau Mutter mit einem ganzen Korb voll Instruktionen versehen.«
»Ich hab' meinen eigenen Kopf und will auch gefragt werden«, antwortete sie und sah ihn trotzig und fast böse an.
Jetzt mischte sich die Frau Tante ein. »Ihr seid noch nicht versprochen, zankt aber schon mit einer Verbissenheit, wie man sie zumeist erst nach Jahren antrifft. Ihr müßt aber anders beginnen, wenn es etwas Rechtes werden soll.« Sie warf ihrer Nichte einen strafenden Blick zu. Die sah ungerührt zurück. »Was soll ich denn darauf antworten, wenn er meint, ich hätte keinen eigenen Kopf?«
»Mein' ich gar nicht!« rief Bach. »Ich . . .«
»Du schweigst still«, unterbrach ihn die Tante heftig, »sonst geht es wieder los, und ihr streitet noch bis nach dem Mittag. Da soll sie aber schon wieder zurücklaufen, und ihr habt nichts erreicht.«
»Was sollen wir denn erreichen?« Unschuldig wie ein Kind und ebenso erstaunt sah Maria Barbara auf ihre Tante, die nun ihrerseits unwillig wurde. »Ihr sollt euch verständigen und vertragen miteinander!«
»Aber warum will sie denn nach dem Mittag schon wieder zurück?« rief Bach.
»Weil ihre Mutter es so verlangt. Sie soll mit den Marktleuten laufen. Wie kann sie denn allein gehen bei solch unsicheren Wegen?«
»Aber ich hätte sie doch morgen nach dem Gottesdienst nach Gehren zurückgebracht! Ich würde . . .«
Wieder schnitt ihm die Jungfer Wedemann das Wort ab. »Da gibt es kein hätte oder würde. Meine Schwester verlangt, daß sie heute noch zurückkommt. Sie würde ja, wenn ihre Tochter über Nacht ausbliebe, von einer Sorge in die andere fallen.«
Bach schwieg darauf, sah auf Barbaras Kopf und sodann auf

dessen Schatten an der getäfelten Wand, der ein Stück weitergewandert war und das Profil ihres Gesichts exakt wiedergab, allerdings in vergrößerter Gestalt und ein wenig verschoben. Die aufgesteckten Haare erschienen auf dem Fichtenholz höher als in Wirklichkeit, ebenso die Stirn. Der Mund war ein wenig mehr geöffnet, und Bach sah deutlich die vollen Lippen und das abgerundete Kinn.
»Worum ich Euch bitten wollte«, sagte Bach, »da es schon so wenig Zeit gibt für uns«, er stockte und sah von Maria Barbara auf die Jungfer Wedemann, »wenn ich vielleicht mit Maria Barbara durch die Stadt oder um sie herumgehen könnte, so gäbe es die Möglichkeit, ein Gespräch zu führen, daß uns allein betrifft.«
Die Jungfer sah ihn an mit einem prüfenden Blick, erhob sich, öffnete eines der Fenster, und der gedämpfte Lärm auf dem Holzmarkt wurde sogleich lauter. Manche der Halbwüchsigen schoben schon ihre Schiebekarren um die Ecke des »Schwan« und machten sich auf den Weg zurück in ihre Walddörfer. Regina Wedemann wandte sich um. »Es geht schon auf neun. Wenn ihr zum Essen zurück seid, soll es mir recht sein. Mein Schwager, der Herr Bürgermeister, will sein Patenkind am Tisch haben, darauf besteht er. Und wenn es geht, hat er gesagt, sollst du mit dabeisein. Er möchte wissen, was sich ergeben hat.«
Bach versprach es. Maria Barbara zog zuerst ein Gesicht, als wollte sie das Haus nicht verlassen, doch es schien ihm, als spiele sie ihm nur etwas vor, als seien ihre Heftigkeit und Abwehr in Wahrheit so ernst nicht gemeint, denn als sie aus der Tür traten, da war es, als wäre sie von allem befreit und freue sich über die drei Stunden, in denen sie allein sein konnten.
Sie liefen von dem Trubel des Marktes weg, durch die Gasse unterm Berg bis auf den Riedplatz, der mit Fuhrwerken

dicht bestanden war. Über dem Toreingang des Hauses »Zum Großen Christoffel« stand der heilige Christophorus, riesengroß auf die Wand gemalt, hielt sich an seinem Stekken fest und sah zum Fürchten grimmig über den Platz. Unter ihm, rechts vom Tor, thronte in der kleinen gewölbten Öffnung die Frau Wiedmerin, des Hauseigentümers Ehefrau, hinter ihrem Tisch und verkaufte Butter und Käse.

Bach griff nach der Hand Maria Barbaras. Sie sah ihn eine Sekunde lang an, ohne etwas zu sagen oder es ihm zu verwehren.

So liefen sie am Haus »Zum Römer« und »Zum Kranich« vorüber, standen einen Augenblick lang vor dem Riedtor, sahen zum Jacobsturm, bei dem die Spitze ebenso hoch war wie der gemauerte viereckige Turm, besahen sich das Leben vor der Posthalterei und liefen, noch immer innerhalb der Stadt, an der Mauer entlang den Berg hoch. Bach kam es vor, als rannten da zwei Kinder, die sich an der Hand hielten, ohne einander ein Wort zu sagen. Tatsächlich war noch kein Laut gefallen, seitdem sie das Haus »Zur Goldenen Krone« verlassen hatten. Dennoch war keine Verlegenheit zwischen ihnen, noch immer hielt er ihre Hand gepackt, als wollte er sie nicht mehr loslassen, ihre Finger waren rauh, die Hand hart von der Arbeit, und er fühlte so den Gegensatz zwischen den beiden Händen, denn seine war weich und geschmeidig.

Nachdem er dreimal mit Christoffer Gras geholt und die Sense geschwungen hatte, hatte er Blasen bekommen, da er diese Arbeit nicht gewohnt war.

Am Neuen Tor angelangt, gingen sie hindurch und wollten hoch auf den Berg, aber kaum hatten sie die Wölbung verlassen und standen wieder in der Sonne, schrie der Torwächter von oben herunter und konnte es nicht unterlassen, ihnen einen guten Tag zu wünschen. Noch dazu war er so

neugierig wie ein altes Weib. »Herr Organiste, wer ist denn die fremde Jungfer neben Euch?«
Es wollte Bach scheinen, als ginge der Torwächter zu weit. Er war schon im Begriff, ihm eine kräftige Abfuhr zu erteilen, doch dann, nach einer kleinen Pause, schrie er zum Turm hoch: »Es ist meine zukünftige Eheliebste, wenn's Euch recht ist. Habt Ihr etwas dawider zu sagen?«
»Um Gott's willen. Mir soll es recht sein. Macht es nur, wie es in der Schrift heißt: Halte dich mein eine Zeit lang, und hure nicht, und laß keinen anderen zu dir; denn ich will mich auch dein halten.«
»Wo steht denn dieses? Ich kann mich nicht entsinnen.«
»Ja, nämlich, da sieht man's wieder. Selbst ein Organiste weiß nicht alles. Ich aber könnte einen guten Prediger abgeben, fände ich mich im Latein zurecht. Dies sagt der Prophet Hosea im dritten Kapitel, Vers drei. Aber ich will Euch nicht aufhalten. Geht nur und liebt Euch. Meinen Segen habt Ihr.«
Bach bedankte sich, und sie liefen zum Berg hoch. »Wie kann denn ein Torwächter«, fragte ihn Maria Barbara, »von einem Augenblick auf den anderen einen solchen Vers zitieren?«
»Das ist mir auch ein Rätsel. Am ersten Tag, als ich in der Stadt war, ging ich durchs Tor und kam mit ihm ins Gespräch. Da hat er auch schon zitiert wie ein Magister. Er sagt, er lese fortwährend die Bibel.«
Vor der Schwedenschanze setzten sie sich ins Gras und sahen auf die Stadt, die weit unter ihnen lag. Wieder tastete er nach ihrer Hand und hielt sie fest. Der Lärm des Marktes war noch zu hören, wenn auch gedämpft und fern von ihnen. Im Wald und in den Gärten sangen Vogelstimmen, und über ihren Köpfen schwammen kleine, weiße Wolken unmerklich in östliche Richtung. Er legte den Kopf ins Gras

und sah in den Himnel, wo die weißen Tupfen zerfaserten und verschwammen in der Bläue.
»Hast du nachgedacht über das, was der Kantor über uns sagte?«
Sie sah zu ihm herunter mit unwilligem Gesicht. »Ich hab' dir doch gesagt, daß so etwas nicht eine Sache des Nachdenkens ist.«
»Bei mir schon. Vierzehn Tage lang habe ich dich nicht gesehen. Derweilen hat mir der Kopf weh getan vom Nachdenken, aber immer war es mir, als wäre das, was ich mir dabei erzählte, nur für dich bestimmt, als stündest du neben mir und hörtest zu.«
»Wer's glaubt, wird selig. Was soll denn das gewesen sein?«
»Alles mögliche. Alles, was um mich herum war. Jetzt, da du neben mir sitzt, ist es aber so weit weg, daß ich gar nichts mehr erzählen kann.«
»Es ist auch besser, wenn es dir die Sprache verschlägt. Wir können doch nebeneinander sitzen und still schweigen.«
»Aber deine Frau Mutter hat dir doch allerlei aufgetragen!«
Sie beugte den Kopf zu ihm herab und machte dabei ein so ernstes Gesicht, daß er lachen mußte.
»Mir ist nicht zum Lachen«, sagte sie heftig und zog ihre Augenbrauen in die Höhe.
Er griff nach ihrem Kopf, zog ihn zu sich herab, sah ihr in die Augen und sagte leise: »Euer Mißtrauen ist aber zum Lachen.«
Sie wollte den Kopf zurückziehen, aber er hielt ihn fest und spürte, wie ihr Widerstand geringer wurde. Sie sagte ebenso leise: »Wenn ich dir ganz und gar vertrauen kann, könnte ich die Aufträge der Frau Mutter vergessen.«
»Vergiß sie!«
Er zog sie vollends zu sich herab und brachte einen unge-

schickten Kuß zustande, da Maria Barbara ihren Kopf wegzudrehen versuchte. Aber wieder hielt er ihn fest, und so lag schließlich ihre Wange auf seinem Gesicht, und eine heiße Welle der Zuneigung erfaßte beide. Sie lagen mit geschlossenen Augen und ganz still unter den Vogelstimmen und mit der Bläue und den kleinen, weißen Wolken über sich. Er öffnete die Augen und sah ihre Haut und ein Ohr und ihre Haare, die sich aufgelöst hatten und hinter denen der Himmel verschwamm. Jetzt bin ich glücklich, dachte er. Das andere gibt es nicht mehr. Nur uns beide gibt es auf diesem Berg über der Stadt. Und sie denkt ebenso. Zur selben Zeit aber spürte er, wie sich etwas in ihm zu regen begann, als erfasse sein Glück den ganzen Körper und durchströmte ihn, und das gleiche schien Maria Barbara zu spüren, denn als wäre sie erschrocken, richtete sie sich auf wie verwirrt oder beschämt, ordnete die Haare und wandte ihr Gesicht von ihm ab.
Er hob die Hand und berührte sie, richtete sich auf und küßte sie wieder. Da sah er, daß ihre Augen ganz dunkel waren und glänzten, als weinten sie oder stünden kurz davor. Dabei aber lächelte sie, fuhr mit dem Handrücken über die Augen und sagte schließlich: »Es ist schade, daß ich heute schon wieder zurücklaufen muß. Ich wollte so gern morgen zum Hauptgottesdienst gehen, damit ich dich hören kann.«
Er sah hinab auf den Marktplatz und hin zu seiner Kirche. »Hören kannst du mich trotzdem. Wir gehen in die Kirche, und ich spiele dir was vor.«
»Geht das?«
»Warum nicht? Ich hole den Schlüssel, wir nehmen Christoffer mit, und er tritt die Balken.«
»Aber wenn man sieht, daß wir allein in der Kirche sind, werden die Leute ihre Mäuler wetzen.«

Bach winkte ab. »Was schert mich das? Sie klatschen und tratschen über alles. Die Stadt ist eben so. Du siehst ja, wie klein und wie eng sie ist. Da kennt jeder des anderen Grillen. Sie polieren ihre Zungen, als wären es Bratenwender oder Schermesser. Mir soll das gleich sein.«
Sie erhoben sich beide. Aus den drei Toren der Stadt, die sie sehen konnten, rollten Fuhrwerke ins Land. Die Marktleute, die schon ihr Geschäft gemacht hatten, zogen nach Hause. Von den Türmen schlug es elf Uhr, und für eine Weile übertönten die Glockenschläge den Lärm des Marktes.
Sie liefen den Berg hinab zum Neuen Tor. Bach dachte, ungehindert hindurchzukommen, doch er hatte sich verrechnet. Sie rannten Hand in Hand auf das Tor zu, aber da hörten sie bereits den Torwächter die Wendeltreppe herabpoltern. Wieder hatte ihn die Neugier übermannt und bewirkt, daß er sich den beiden in den Weg stellte. »Ihr rennt ja, Herr Organiste, als wär der Teufel hinter Euch her.« Dabei musterte er eindringlich Maria Barbara.
»Wir haben's eilig, nichts weiter.«
»Ich will Euch nicht aufhalten, doch, was mich wundert, ich kenn' die Jungfer nicht. Aus welchem Haus kommt sie denn? Ihr seid kaum drei Wochen in der Stadt, aber schon habt Ihr ein solches Anhängsel. Das dünkt mich sonderbar schnell.«
Bach packte die Hand Maria Barbaras fester und zwängte sich mit ihr am Torwächter vorüber. »Eben sagte ich zu ihr, daß ich wetten wollte, Ihr kämt vom Turm herunter. Sie ist nicht aus der Stadt, sondern kommt von woanders her. Nichts für ungut. Ein andermal, wenn mehr Zeit ist, kommen wir auf den Turm und führen ein Gespräch, wenn es Euch recht ist.«
Und damit glitten sie unter dem Torbogen weg hinein in die Stadt und ließen den verdutzten Torwächter stehen.

Bach lief ins Haus der Tante, holte den Schlüssel und bat Christoffer mitzukommen. Der Tante sagte er, daß er bei Feldhaus zum Mittagessen eingeladen sei.
Sie gingen nun zu dritt über den Markt. Hier hatte sich das Geschrei erheblich verstärkt. Die Erregtheit der Leute hatte zugenommen, und alle möglichen Schimpfworte flogen hin und her. Vor einem Tisch, wo Garn verkauft wurde, bildete sich ein Auflauf, weil eine Frau eine andere, nämlich die Verkäuferin, als Wollenhure bezeichnet hatte. Die zwei standen sich mit hochroten Gesichtern gegenüber, versuchten noch Steigerungen zu erfinden, wobei Bach im Vorübergehen den Ausdruck Jedermannshure und daraufhin von der Gegenseite die schöne Bezeichnung Kannaille vernahm, wonach das Vokabular offenbar erschöpft war und man sich in die Haare fuhr. Wie es endete, erfuhren sie nicht, da sie sich schnell durch das Gewühl bis zur Kirche drängten und hineingingen.
Als Bach die schwere Tür von innen abschloß, war ihm, als befänden sie sich in einer anderen Welt. Der Lärm vom Markt klang wie ein fernes Brausen, aus dem sich nur einzelne Schreie erhoben und Rufe der Fuhrleute, aber auch diese wurden von den dicken Mauern gedämpft und störten nicht.
Er versuchte, Maria Barbara zu bewegen, mit ihm hochzugehen zur Orgel, doch sie weigerte sich und wollte unten sitzen bleiben. Es gehöre sich nicht für eine weibliche Person, und er käme wohl in eine üble Situation, wenn es die Obrigkeit erfahre.
So blieb sie unten, während er auf der Bank vor der Tastatur Platz nahm. Während des Gebets begann das Orgelwerk zu atmen, Christoffer tat seine Pflicht, und er hörte, wie sich die Bälge füllten. Ihm war noch immer, als säße er neben ihr auf dem Berg und sähe ihren Kopf vor dem hohen Himmel

mit den kleinen, weißen Wolken. So begann er zu präludieren, mit diesem überschäumenden Gefühl von Freude und Gewißheit. Die Passagen einer Toccata türmten sich auf wie der Himmel, den er noch vor Augen hatte, und wie die Landschaft, die auf und ab stieg und sich in weiter Ferne verlor. Die Gestalt Maria Barbaras war dabei immer gegenwärtig, als wären sie es beide, die Himmel und Landschaft in sich aufnahmen, und als wären sie selbst ein Teil davon. Die Toccata war wie ein Feuerwerk ihrer Empfindungen, die sie nicht mit Worten ausgedrückt hatten. Aber sie war auch voll von drängenden, kühn aufeinandergesetzten, vollen Harmonien, die den Kirchenraum stoßweise und fast gewaltsam erfüllten, so ungewöhnlich und heftig, daß Bach vor der eigenen Vermessenheit erschrak und die Toccata nach weniger als drei Minuten ausklingen ließ. Einen winzigen Augenblick lang schöpfte er Atem – ihm schien, als täte er es gleichzeitig mit der Orgel – und ließ die Fuge folgen, jene, die er in Ansätzen schon Börner vorgespielt hatte. Da kam es ihm vor, als wäre sie schon vor Tagen ein Frage-und-Antwort-Spiel mit Maria Barbara gewesen. Jetzt aber, mächtiger und inniger als zuvor, floß sie dahin in viel freudigerer und gelösterer Bewegtheit wie ein Widerspiel zwischen ihr und ihm, in einem ständigen Hin und Wider des Austauschs von Gedanken und Beziehungen, als lösten sich Spannungen und als verknüpften sie sich erneut, ein tändelndes Spiel leuchtete mitunter auf, und alles zusammen strebte einem Höhepunkt zu, rasch und wild, und floß zusammen in einem einzigen Strom von gemeinsamer Empfindung.
Er hatte etwa zehn Minuten lang gespielt, eigentlich nur für sie. Jetzt wandte er sich um und sah hinab. Maria Barbara saß mit gebeugtem Kopf auf ihrer Bank, als höre sie noch die letzten Töne und sei ganz in sich versunken.
Er ging mit Christoffer hinunter und sah, wie sie sich erhob

und ihm entgegenkam, wieder waren ihre Augen tiefdunkel und glänzend, und er mußte lächeln über sich, da er dachte, sie müsse sich auf der Stelle äußern zur Toccata oder zur Fuge, seine Eitelkeit verlangte derartiges, er spürte es deutlich und war dennoch froh, daß sie es nicht tat, sondern still schwieg und nur seine Hand ergriff und sie drückte.
Draußen, nachdem Christoffer weggegangen war, meinte sie, daß er dieses Stück nicht spielen könne vor den Kirchgängern. Es sei so ungewöhnlich und neu, daß es fast fremd wirke, als käme es von woanders her und nicht von dem, was man kenne. Er antwortete, daß es auch jetzt noch nicht fertig sei. Es werde noch lange dauern, bis er es in die richtige und endgültige Form gebracht habe.
Es war kurz vor zwölf, als sie wieder in der Stube des Bürgermeisters saßen. Da war die ganze Familie beisammen. Feldhaus selbst befand sich an der Stirnseite des Tisches. Mit den Kindern waren es acht Personen. Die Erwachsenen, nämlich Margarete, die Frau des Bürgermeisters, ihre Schwester Regina Wedemann und Feldhaus selbst sowie sein großer Sohn, sahen auf Bach und Maria Barbara, als erwarteten sie eine Erklärung. Feldhaus erlaubte sich, ihn grob anzufahren. »Was hast du für Heimlichkeiten vor mir?« Er wandte sich an die anderen. »Da sprach ich noch mit ihm vor ein paar Tagen und lobte mein Patenkind über den grünen Klee, und er brummt nur dazu, als wüßte er von nichts etwas. Dabei war für ihn schon alles abgemacht und beschlossen. Führt mich hinters Licht und läßt mich im ungewissen.«
Bach verzog das Gesicht, lächelte unschuldig und antwortete nicht.
»Was ist denn nun?« Feldhaus erwartete beharrlich eine Erklärung. »Gibt es ein Versprechen zwischen euch?«
Bach sah auf Maria Barbara, die mit rotem Gesicht dasaß

und kein Wort sagte. Sie sah ihn an, beide wandten den Kopf zu Feldhaus und nickten zur selben Zeit.
Die Gesichter aller vier hellten sich auf, und der Bürgermeister rief die Magd. Sie solle die Karaffe mit den Gläsern bringen. Während das Paar nun die Glückwünsche entgegennahm, wurde Wein eingeschenkt, und man trank auf das Wohl der beiden. Feldhaus verehrte seinem Patenkind einen bestickten Lederbeutel, in dem es noch dazu verheißungsvoll klimperte.
Nach dem Tischgebet, das der Hausherr sprach, ließen sie sich nieder. Es gab eine heiße Biersuppe, in dem Stücke altbackenes Brot und Korinthen schwammen. Sodann, zur Feier des Tages, wurde ein großes, in Bier gedämpftes Stück Ochsenfleisch aufgetragen, offenbar ein außergewöhnliches Ereignis im Haus des Bürgermeisters, denn die Kinder staunten und sahen es mit großen Augen an.
Am Ende der Tafel schaffte die Magd ein Kompott aus Äpfeln und Birnen herbei, was womöglich für die Kinder ein noch größeres Ereignis war.
Es war schon nach eins, als Bach Maria Barbara zu dem Fuhrwerk auf den Holzmarkt brachte, mit dem sie zurückfahren wollte. Er lief bis zum Längwitzer Tor mit, bestellte Grüße an die Schwestern und die Frau Mutter und blieb am ersten Schlagbaum stehen, um ihr hinterherzuschauen. Das Fuhrwerk rumpelte über die steinerne Brücke immer weiter fort, und er sah, bevor der Wagen abbog zur Straße nach Gehren, wie sie noch einmal die Hand hob und ebenso winkte wie er. Dann, als der Wagen hinter Buschwerk und Bäumen verschwand, stand er allein, obwohl Menschen vorüberliefen und Fuhrwerke an ihm vorbeirollten. Es war ein plötzliches, schmerzhaftes Alleinsein, nur mit dem Wissen im Kopf, daß er sich immer auf sie verlassen konnte und daß sie ebenso fühlte wie er.

Die Beichte

Der Schlagbaum neben ihm ragte steil in den Himmel und wies auf die Wolken, die nicht mehr klein und weiß waren. Es schien, als verdunkle sich der Himmel von der Abendseite her. Immer mehr düsteres Gewölk zog sachte heran und ballte sich zusammen.

Ihm gegenüber, aus dem Gasthof »Zum Wacholderbaum«, der noch vor der Mauer lag und seine breite Front wie einladend dem Weg vorwies, erklangen Geschrei und Geschimpfe, die Tür wurde aufgerissen, und zwei Männer trugen einen dritten heraus, einer hielt die Hände, der andere die Füße gepackt. Vor der Tür schienen sie zu streiten, wohin sie ihn schmeißen sollten. Schließlich besannen sie sich, währenddem der Mann nicht einmal zuckte, sondern schlaff zwischen den vier Händen lag, als ob er schliefe. Sie schleppten ihn an der Hausfront und der Toreinfahrt entlang bis zum Uferrand der Gera, holten aus und warfen ihn mit einem Schwung den Rand hinab. Dort standen Sträucher, und er fiel krachend ins Geäst, wo er hängenblieb, sich herumwälzte und, als sei er baß erstaunt, auf das fließende Wasser glotzte. Die beiden aber standen oben auf der Böschung, wollten sich ausschütten vor Lachen und gingen schwankend und zufrieden wieder zurück zu ihren Bierkrügen.

Bach wandte sich um und lief in die Stadt. Hinter dem Hexenturm ging er links zwischen der Riedmauer und den vielen Scheunen hindurch bis zum Riedtor.

Hier blieb er stehen und dachte sich, daß er einen Schlußpunkt setzen müsse unter alles, was ihn bedrückte. Jetzt, da er einig geworden war mit Maria Barbara und da für ihn

ein neues Leben begann, mußte er das andere beenden und klare Verhältnisse schaffen. Er hatte es versäumt, sich zur Beichte beim Superintendenten anzumelden. Wenn er aber mit ihm sprach, nachdem der Vespergottesdienst und die Beichtstunde in der Barfüßerkirche beendet waren, so wäre er ein Stück weiter. Der Gottesdienst hatte um ein Uhr begonnen. Jetzt war es zwei.
Er lief bis zum Haus »Zur Güldenen Sonne« und links durch die schmale Gasse hoch zur Barfüßerkirche. Da kamen ihm schon die Kirchgänger entgegen, darunter der Herr Magister Christian Schlegel, Bibliothekar der Stadt- und Kirchenbibliothek. Bach zog den Hut, der Herr Schlegel tat desgleichen und verwickelte ihn unversehens in ein Gespräch. Es war ihm darum zu tun, in Erfahrung zu bringen, was Bach über ein Buch dachte, welches er letztens ausgeliehen, und ob er die anderen neun Bände auch noch wolle ausgeliehen bekommen. »Es hat sie, Monsieur Bach, noch nie einer gelesen außer meiner Person. Die Kirchenobrigkeit, um es offen zu gestehen, sähe es gern, wenn es dabei bliebe, denn der Böhme ist so beliebt nicht.«
Bach erwiderte, daß er es schade fände und dies Verhalten nicht begreife. Es wolle deshalb nicht in seinen Kopf, weil der Schuster Jakob Böhme, nach seinen Schriften zu urteilen, ein wahrer Christenmensch gewesen sei, mit einem eigenen Kopf und mit tiefen Gedanken. Er wolle schon die anderen Bände auch lesen, aber immer nur einen Schritt nach dem anderen tun.
Der Herr Magister bemerkte darauf, mit einem fast verschwörerischen Blick und einem Aufheben des Zeigefingers, daß der Herr Organist darüber aber nicht reden solle. Er wisse ja, wie das mitunter zugehe wegen solcher Schriften. Er solle daran denken, daß er im Register stehe als Benutzer und daß er als Bibliothekar dies nicht vermeiden könne.

Und damit verabschiedete er sich in aller Freundschaft und lief von ihm weg zum Riedplatz hinunter.
Bach sah verwundert hinter ihm her. Was war das? Er konnte Bücher lesen, welche und wieviel auch immer. Es wollte ihm fast scheinen, als hätte er eine Warnung herausgehört oder eine Mahnung und als sei er im Begriff, den Pfad des Christentums zu verlassen.
Er wandte sich brüsk um, ging zur Barfüßerkirche und mußte feststellen, daß der Superintendent schon in sein Haus gegangen war, das sich gleich in der Nähe befand.
Wieder stand Bach unschlüssig und überlegte. Wenn er hineinging und ihn zu sprechen verlangte. Unziemlich war es schon, aber es mußte sein, koste es, was es wolle.
So zog er die Glocke. Es rumpelte verhalten im Flur, und etwas schlurfte heran. Eine Frau, offenbar die Magd, öffnete und steckte den Kopf durch die Tür. Der Herr Superintendent, meinte sie widerstrebend, habe sich soeben in sein Kabinett zurückgezogen. Sie wolle sehen, ob er sich nicht schon zu seinem kleinen Nachmittagsschlummer niedergelegt habe. Sie schlug ihm die Tür vor der Nase zu und schlurfte davon, bald danach aber wieder heran. Er solle es kurz machen, der Herr Oleareus sei nicht bei bester Laune und erschöpft von der Arbeit.
Er ging hinein und durch zwei Stuben ins Kabinett des Kirchenoberen. Der war schon im Schlafrock und lag mit aufgestülpter Zipfelmütze auf einem Ruhebett. Die gewaltige Perücke hing über einem Stuhl, und rundum an den Wänden standen und lagen Bücher in Regalen. Der Herr erhob sich mühsam und widerstrebend und blinzelte auf Bach, der in der Tür stand und eine Referenz machte.
Oleareus riß seine Augen zur Gänze auf, starrte ihn feindselig an – jedenfalls schien es Bach so –, wies auf den Stuhl, über dem die Perücke hing, riß sie herunter, warf sie auf

den Arbeitstisch, wo aufgeschlagene Bücher lagen, und erkundigte sich mürrisch, was der Herr Organist von ihm wolle.

Da war Bach nun in Verlegenheit, denn er sah wohl, daß er so willkommen nicht war. Er setzte sich und begann von dem Überfall auf Weller zu sprechen und wie er herausbekommen, wer diesen Überfall ins Werk gesetzt habe. Seine Sünde, fuhr Bach fort, bestünde darin, das Verbrechen zu tolerieren und dazu zu schweigen, nur um der fünf Taler willen, die Weller zurückerhalten habe. Er bitte den Herrn Superintendenten, seine Worte als eine Art Beichte zu betrachten und ihm einen Rat zu geben, wie er sich verhalten solle, um die begangene Sünde wieder gutzumachen.

Es waren während Bachs Worte vier oder fünf Minuten vergangen, und des Herrn Oleareus Gesicht wurde immer länger und griesgrämiger. Bach glaubte sogar, eine Art ratlose Angst und unterdrückten Zorn zu entdecken. Jäh erinnerte er sich an das Wohlwollen und an die Freude, die vor neunzehn Tagen auf diesem Gesicht gelegen hatten, als er, Bach, auf der gräflichen Kanzlei die Bestallung erhielt. Was für ein Unterschied. Und sagte er nicht bei dieser Gelegenheit, sie hätten mit den Bachen schon immer große Sorgen gehabt?

Der Superintendent schöpfte Atem, starrte ihn an und sagte mit gepreßter Stimme: »Wußte ich's doch. Es hört nicht auf. Ihr macht es ebenso wie Euer Onkel. Nein und nochmals nein.«

Er erhob jetzt seine Stimme. »Ich dulde es nicht, daß Ihr dem Wortlaut der Bestallung zuwiderhandelt. Es hat Euch nicht zu kümmern, was da geschieht. Das ist ein delictum facti transeuntis und geht Euch nichts an. Ihr sollt die Orgel schlagen und ansonsten schweigen. Still schweigen.« Der Herr Oleareus hatte mit dem rechten Fuß dreimal aufge-

stampft, und Bach sah, wie sein gestrickter Strumpf jedesmal ein Stück herabrutschte.
»Eine delikate Materie, Monsieur Bach. Nichts für Sie. Indem Ihr mir's gesagt, ist es gut und damit basta.«
Bach verschlug es die Sprache. Jetzt platzte er heraus: »Aber es ist ein delictum publicum, kein solches, wie Sie sagen, Herr Superintendent!«
Oleareus schien plötzlich etwas zusammengefallen und unsäglich müde. Er sagte leise: »Trutzig und stutzig immerfort. Hören Sie, Herr Organiste! Sie haben keine Sünde begangen. Sie haben einem Menschen geholfen. Es ist alles damit abgegolten.«
Bach erhob und verbeugte sich. Er ging rückwärts zur Tür. Der Superintendent hielt den Kopf geneigt, riß ihn aber auf einmal empor und rief: »Da sagte man mir vorhin nach dem Gottesdienst, Ihr hättet mit einer fremden Jungfer Eure Kirche betreten und sie hinter Euch abgeschlossen. Ist das wahr?«
Bach blieb stehen. Er nickte mechanisch, als ihm plötzlich der ungeheure Vorwurf bewußt wurde, den man da machte. Die Gedanken wirbelten im Kopf, Sekunden vergingen, dumpfes Schweigen herrschte im Kabinett.
»Mit Verlaub, Herr Superintendent. Wir waren nicht allein, der Sohn der Frau Bachin war dabei. Die fremde Jungfer ist meine Base, die Tochter des seligen Organisten von Gehren. Ich habe mich auf den morgigen Gottesdienst vorbereitet und die Orgel gespielt.«
»Die Jungfer war mit auf dem Chor?«
»Das war sie nicht. Sie saß unten im Schiff.«
»Sei es, wie es sei. Ihr müßt mich fragen und die Erlaubnis einholen. Es ist ein Verstoß gegen den Wortlaut Eurer Bestallung!«
Bach wollte etwas sagen, verbeugte sich aber statt dessen,

biß die Zähne zusammen und trat geschwind aus der Tür des Kabinetts.

Draußen atmete er auf, stürzte durch die beiden Stuben und lief den Flur entlang zur Haustür. Da war es ihm, als hingen überall in den Ecken Spinnweben und als seien seine Kehle und sein Brustkorb wie abgeschnürt und eingeengt von der dumpfigen und abgestandenen Luft, die ihn umgab. Er riß die Haustür auf und trat auf die Gasse, große Tropfen klatschten auf die Erde und ihm ins Gesicht, da er den Kopf hob und heftig atmete und in den wolkigen Himmel sah, der düster über der Stadt hing.

Er lief rasch von dem Haus weg, nicht zur Kohlgasse, sondern am Brunnen vor der Barfüßerkirche vorüber und die Kirchgasse hinunter. Er dachte, daß er jetzt im Freien wäre, wo er besser atmen und Luft holen könne, doch statt dessen glaubte er plötzlich, die Häuser rechts und links auf sich zukommen zu sehen, als wollten sie sich auf ihn stürzen und ihn zerquetschen.

Er blieb stehen und sah zu ihnen hoch. Da spürte er, wie klein und winzig sie waren, wie eng die Gasse war, wie niedrig die Wolken über dieser Stadt hingen und wie alles dazu angetan war, ihn in eine Ecke zu stoßen, aus der er nicht mehr entkommen konnte. Wieder reckte er sein Gesicht den großen Tropfen entgegen, als wäre der Regen das einzige, was ihn befreien und erlösen könnte.

Er sah die Wolken, die nach der Mittagsseite drängten, wo der Wald lag und wo sie sicher gänzlich niederstürzten, um in Tälern und Schluchten zu sterben oder zurückzufließen als graue Wassermassen, hinein in die Ebene und hinaus in das Meer wie immer schon, und in einem jähen Entschluß begann er zu laufen, unter dem Erker vom »Güldenen Greif« vorbei, dessen grauer Stein in der Nässe glänzte, unter der Galerie des Marktes hinweg und an den Leuten vorüber, die dort Schutz vor dem Regen suchten, zu seiner Kirche, die er links liegenließ, zum Hopfenbrunnen, wo der Geharnischte steinern und unverdrossen über den immer aufs neue zerspringenden Spiegel der Wasserfläche zur Morgenseite starrte, als erwarte er ungeduldig den Sonnenaufgang, und durch die Erfurter Straße, an deren Ende, als sei dort der Anfang der Welt, das regenverhangene Tor stand. Es war geöffnet, und er sah hindurch, aber dahinter waren nichts als graue, undurchsichtige, wehende und vom Wind gepeitschte Wasserschleier, die durch die Wölbung fuhren in immer neuen Stößen.

Er lief in die Rittergasse bis vor das Haus des Doktor Axt, das mit seiner mächtigen, breit gelagerten Giebelseite nach Süden zeigte. Bach stand vor dem Eingang, schwer atmend, hier war es trocken und still, nur vor ihm auf der Gasse klatschten die Tropfen und hatten den Staub in Schlamm verwandelt.

Er stand vor der bunten, geschnitzten Tür, sah an sich herab und auf den Schmutz an seinen Stiefeln und zog erst zaghaft und das etwas stärker am Glockenzug. Eine geraume Weile war es hinter der Tür so still wie in einer Kirche. Er zog noch einmal und hörte endlich tappende, vorsichtige Schritte, die immer näher kamen und plötzlich verhielten. Über dem Türknauf schob sich eine der hölzernen Verzierungen beiseite, und er sah geradenwegs in ein verdrießlich blikkendes, riesiges, menschliches Auge, von ihm getrennt durch eine winzige, runde, geschliffene Glasscheibe in der starken Bohlentür. Der Augapfel sah aus, als befände er sich allein auf der Welt oder als sei er eingeschlossen und abgesperrt und sähe von dort, ins Riesenhafte vergrößert, durch die Glasscheibe und nur durch sie auf die Welt und auf die Menschen wie auf etwas Fremdes, da er weder mit ihr noch mit ihnen etwas zu tun hatte.

Er fuhr entsetzt zurück, wie bei etwas Verbotenem ertappt, und sah, daß das Auge sogleich verschwand. Riegel wurden zurückgeschoben, die Tür geöffnet. Der Doktor Axt bat ihn einzutreten. »Ihr müßt entschuldigen«, meinte er, »daß es so lange dauerte. Die Magd ist übers Wochenende bei Verwandten, und was das Glas in der Tür betrifft, so dient es nur der Abschreckung unliebsamer Besucher, zu denen Ihr freilich nicht gehört.«
»Euer Auge war so groß wie das einer Kuh.«
»Das Eurige war nicht viel kleiner. Manchmal kommt es mir vor, als sähe alle Welt auf diese Weise einander an.«
Damit ging er voran durch eine mächtige Diele und durch einige getäfelte Stuben mit Holzdecken und uralten geschnitzten Truhen.
Ihr Weg endete in einer weißen, gekalkten Kammer, deren eine Wand Bücher ausfüllten. Vor einer anderen stand ein Skelett, dessen Knochen mit Nummern und Aufschriften versehen waren. An der Fensterseite, die nach dem Schloßgarten hin lag, standen Kästen mit chirurgischen Instrumenten. Dort befand sich auch ein Arbeitstisch mit Manuskripten und einem kunstvoll gearbeiteten Totenkopf, in dem ein Tintengefäß eingelassen war. Die Federkiele hingegen standen in einem alten, bronzenen Mörser mit drei Füßen.
Von der Decke hingen Kräuter, ebenso wie in den Stuben, durch die sie gekommen waren. Ein angenehmer, würziger Ruch durchzog und durchdrang das Haus, so daß man meinen konnte, man sei in einer Apotheke.
Der Doktor setzte sich an den Arbeitstisch und wies auf einen Lehnstuhl, der in der Ecke stand. »Ihr habt, wie ich sehe, im Gegensatz zu anderen Personen den Flurzug glücklich überstanden.«
»Hab' mich beiseite gehalten und nur das Ganze observiert.«

»Wollt Ihr ein Glas Wein?« Er erhob sich und lief zu einem kleinen Eckschrank in der Nähe des Skeletts. »Ich habe zum Dank dafür, daß ich dem Rödiger die Backe wieder angenäht, einen vorzüglichen Wein von ihm erhalten.« Er goß zwei Gläser voll und reichte Bach eines davon. Sie tranken einander zu. Bach richtete dabei die Augen zur Decke und sah über sich den Stengel einer Schafgarbe mitsamt den gefiederten Blättern und den gelben Blütendolden. Das Ganze schien ihm wie ein außerordentlich schönes, schwebendes und sachte schwankendes Kunstwerk der Natur und ebenso exakt und logisch gebaut wie das gelblichweißglänzende Skelett vor der Wand. Er lehnte sich zurück und sah auf den Doktor, der still schwieg und nur verstohlen lächelte.

»Herr Doktor, ich muß Euch etwas sagen und bitten, alles für Euch zu behalten. Ich will nur reden und hören, was Ihr darauf antwortet. Ursache ist, daß man hin und wieder in eine Sackgasse läuft und nicht weiterkommt. So muß man nach dem Weg fragen. Ich bin jetzt neunzehn Tage in dieser Stadt und, fast will es mir so scheinen, von einem Geschehen ins andere getaumelt, während man doch aufgerichtet und mit einem Ziel gehen muß. Nicht, daß ich mein Ziel nicht wüßte. Ich weiß schon, was ich will, aber viel zu oft glaubt man, es ist ein Irrweg, den man geht, so daß es an der genügenden Sicherheit mangelt.« Bach sah den Doktor forschend an. Das verstohlene Lächeln war verschwunden. Er saß aufgerichtet vor seinem Arbeitstisch und sah ihn aufmerksam an. So faßte sich Bach ein Herz und begann zu erzählen, zuerst von dem Abend im Ratskeller und dann von allem, was mit dem Fuhrmann Weller zusammenhing, und wie sich Küchenschreiber, Bürgermeister und Superintendent verhalten hatten. Schließlich sprach er auch von der Auseinandersetzung mit Börner über Sinn und Zweck der Musik. Alles, was Maria Barbara betraf, verschwieg er, auch

die Vorwürfe, die ihm der Superintendent gemacht hatte. Der Doktor schwieg eine Weile still, nachdem Bach geendet. Dann erhob er sich, füllte die Gläser erneut und setzte sich wieder auf seinen Platz, alles, ohne ein Wort zu sprechen.
Nun sah er ihn an, wieder mit jenem verstohlenen Lächeln, und begann leise zu antworten: »Ich sehe nicht, wo Ihr Euch etwas habt zuschulden kommen lassen. Ich sehe dies in keinem Fall. Im Gegenteil, Ihr habt Euch immer höchst ehrenhaft verhalten und mutig. An dem geschehenen Überfall könnt Ihr nichts ändern. Was Ihr habt ändern können, habt Ihr bewirkt. Der Weller hat seine Taler zurückbekommen. Hängt Ihr nun das Unrecht an die große Glocke – das wäre das einzige, was Euch noch bliebe –, so hättet Ihr nur Ungelegenheiten davon und Verdruß. Ihr kämt nicht mehr zur Arbeit, und man würde Euch wohl gar behindern und derartig anfeinden, daß Ihr die längste Zeit Organist gewesen seid. Das kann aber nicht Eure Absicht sein, nach dem, was Euch die Musik bedeutet.«
Er senkte den Kopf, starrte auf die gelbglänzenden Bohlen des Tisches und schwieg eine Weile. Dann hob er den Kopf, sah auf die Bücherwand und fuhr fort: »Mit Recht und Unrecht ist es wie mit dem Bösen und mit dem Guten. Wäre das eine nicht, so wüßten wir nichts von dem anderen. Vielleicht hat Gott sogar das Böse und das Unrechte in die Welt gebracht, damit wir das Gute und das Rechte erkennen. Es ist da zur Bewährung für die Menschen. Sie haben es in der Hand zu tun, wie ihnen beliebt. Bestehen sie die Probe, so werden sie leben und ins Paradies eingehen. Wenden sie sich dem Bösen zu, so werden sie verderben und mit ihnen die Welt. Es kommt darauf an, das Böse und Ungerechte zu benennen und immer wieder ans Licht zu ziehen, sich nicht einschüchtern zu lassen und mutig zu sein. Freilich so, daß man dabei selbst nicht ungeduldig wird und unklug han-

delt. Was nützte es, wenn man alles laut herausschreit und letzten Endes am Galgen hängt. Und Ihr seid ja noch jung und wollt etwas tun.
Was Euren Streit mit Börner angeht, so habt Ihr wahrscheinlich beide recht. Ich denke aber, nachdem ich Euch in der Kirche gehört habe, daß Ihr eine andere Musik macht als Börner. Bei ihm ist es, als schlage der Schuster eine Sohle auf den Schuh. Eine höchst ehrenwerte Arbeit findet statt oben auf der Orgelbank. Bei Euch aber hört sich das etwas anders an. Ich hatte, als ich am Sonntag in der Kirche war, den Eindruck, als wäret Ihr völlig eins mit der Orgel und mit der Musik, und mir kam es vor, als schnitze da oben einer ein höchst kunstvolles Gebilde und das mit großer Leidenschaft. Und so gesehen, hat sogar der Herr Oleareus recht, wenn er sagt, Ihr sollt die Orgel schlagen. Und wenn Börner behauptet, die Musik bewirke nichts, so braucht Euch das nicht zu kümmern. Eure Musik wird etwas bewirken. Selbst wenn auch nur einer der Kirchgänger wegen dieser Musik erhobenen Hauptes aus der Kirche geht, so wäre sie schon für etwas gut. Er hätte dann für einen kurzen Augenblick das Gute gesehen oder besser gehört und könnte demnach wohl auch das Böse erkennen.«
Wieder schwieg er und sah auf seine Bücher. Bach folgte dem Blick und gewahrte prächtige Folianten, so Gersdorfs »Feldbuch der Wunderarznei« und eine schöne, mit Gold verzierte Bibel. Außerdem, als er seine Augen am Regal entlangwandern ließ – er glaubte ihnen nicht zu trauen –, bemerkte er die zehn Bände des Jakob Böhme in der gleichen Ausgabe, wovon er einen aus der Bibliothek ausgeliehen.
Der Doktor fragte ihn, ob er wohl noch ein Glas Wein möge. Bach riß sich los vom Anblick der Bücher, bedankte sich artig und meinte, er müsse noch arbeiten wegen des Gottesdienstes am anderen Tag.

»Aber ich dachte, dies macht Euch gar keine Mühe. Mir schien, als ginge Euch alles ganz leicht von der Hand.«
»Herr Doktor Axt, so ist es nicht. Es scheint wirklich nur so. Ich muß vorher arbeiten wie ein Ochse im Geschirr und bin am Ende immer noch nicht zufrieden.« Er erhob sich und fuhr fort: »Ihr habt mir viel Mut gemacht. Jetzt ist es etwas leichter für mich. Wenn Ihr es nicht als zu aufdringlich betrachtet, so würde ich gern einmal wiederkommen. Ich wüßte schon, worüber wir ein Gespräch führen könnten.«
»Wenn ich nicht gerade im Wald bin, könnt Ihr mich immer besuchen. Ihr seid allemal willkommen.«
Der Doktor erhob sich gleichfalls, und sie gingen denselben Weg zurück, unter den Kräutern und ihren Gerüchen. An der Haustür bedankte sich Bach wiederum, verabschiedete sich und trat hinaus auf die Rittergasse. Der Himmel war noch bewölkt, doch nur noch wenige Tropfen fielen herab, und die Luft war frisch und klar.
Der Geharnischte auf dem Hopfenbrunnen stand blank und wie gewaschen und starrte noch immer reglos und erwartungsvoll zur Morgenseite und über die Zimmergasse.
Bach ging zur Kirche, zog den Schlüssel hervor und öffnete die Tür. Drinnen setzte er sich auf eine Bank, sah zum Altar und sprach halblaut ein Gebet des Schusters Jakob Böhme:
»Ich erhebe mein Herz zu Dir, oh, Gott, Du Brunnquell des ewigen Lebens, und danke Dir durch Jesum Christum, Deinem lieben Sohn, unserm Herrn und Heiland, daß Du mich diesen Tag in meinem Beruf und Stande vor allem Unfall bewahret und mir beigestanden hast.« Hier stockte er und fügte hinzu: »Ich danke Dir auch durch Jesum Christum, daß Du andere bewogen hast, mir beizustehen und Mut zu machen, und auch dafür, daß Du mir eine Gefährtin für dieses Leben beigegeben hast.

Ich befehle Dir nun meinen Beruf und Stand und das Werk meiner Hände in Deine Verwaltung und flehe mit meiner Seele in Dich: Wirke Du in meiner Seele, daß nicht der böse Feind, und auch keine anderen Einflüsse und Begierde, in meine Seele komme und hafte. Laß nur mein Gemüt in Deinen Tempel in Dir spielen und laß Deinen guten Engel bei mir bleiben, daß ich sicher in Deiner Kraft ruhen möge. Amen.«

Er saß noch eine Weile, erhob sich dann und ging hinaus. Die Wolkendecke über der Stadt war zerrissen, er sah Fetzen blauen Himmels, und über dem Eichfeld drängte ein greller Sonnenzipfel hervor und tauchte Berg und Wald in glitzerndes Licht. Noch weiter fort, zwischen dem Eulenberg und der Burg, kletterte ein Regenbogen in den Himmel und fiel ebenso wieder hinab in die Ebene. Die Sonne trat nun ganz aus den Wolken, und ihre Strahlen glitten schnell über die Stadt. Die Türme der Liebfrauenkirche glühten auf und hingen still vor der farbigen Brücke des Regenbogens, als wären sie untrennbar mit ihm verbunden.

Bach stand in der Mitte des Marktplatzes und sah stumm über dic Dächer und Türme auf das Licht am Himmel und bis zum Horizont, wo neue Wolken emporquollen und herankamen, so dunkel und schwer wie jene, die lautlos nach Osten zogen.